CHWILOTA

Cyfrol 1

CHWILOTA

Cyfrol 1

D. GWYN JONES

Cyhoeddwyd dan nawdd Cynllun
Llyfrau Cymraeg Cyd-bwyllgor Addysg Cymru

GWASG PRIFYSGOL CYMRU
1974

SBN 7083 0549 0

ARGRAFFWYD YNG NGHYMRU GAN CSP CYF C

RHAGAIR

DYMA'R gyfrol gyntaf o chwech, a daw'r gweddill i olau dydd, fesul un, cyn gynted ag y bo modd. Yna fe fydd gan blant Cymru enseiclopidia yn eu hiaith eu hunain. Gobeithio y bydd yn werth y disgwyl.

Pleser mawr i mi yw cael diolch yn gynnes iawn i bawb a'm cynorthwyodd wrth i mi baratoi'r gyfrol hon—

I Swyddfa Addysg Cymru am gydweithrediad parod, ac yn enwedig i Mr. R. Thatcher a'i staff yn Adran Gartograffig y Swyddfa Gymreig a baratôdd y mapiau a'r brasluniau (ag eithrio dau) o ddeunydd a roddais iddynt.

I'r World Book Encyclopedia am lawer o waith ymchwil ynglŷn â'r lluniau ac am ei gwneud hi'n bosibl i mi gael caniatâd i gynnwys nifer ohonynt.

I'r unigolion a'r cwmnïau eraill a roddodd ganiatâd parod i mi ddefnyddio lluniau o'u heiddo— ceir rhestr gyflawn o berchnogion hawlfraint ar ddiwedd y gyfrol hon.

I Gyd-bwyllgor Addysg Cymru am ei nawddogaeth, ac i aelodau staff yr Adran Gymraeg a'r Is-banel Golygyddol am eu diddordeb ac am lu o awgrymiadau gwerthfawr.

I Wasg Prifysgol Cymru am gyhoeddi'r gyfrol mewn ffurf mor raenus.

Ac i'm gwraig, Gwenllïan, am ei diddordeb, ei mawr amynedd pan fyddwn yn prysur sgrifennu am oriau heb yngan gair, ac am ddau fraslun o'i gwaith hi ei hun.

D. GWYN JONES
Caerdydd

Chwefror 1974

CYNNWYS

CYNNWYS—*Parhad*

CYMRU
yn dangos ffiniau siroedd a bwrdeistrefi sirol tan 1 Ebrill 1974

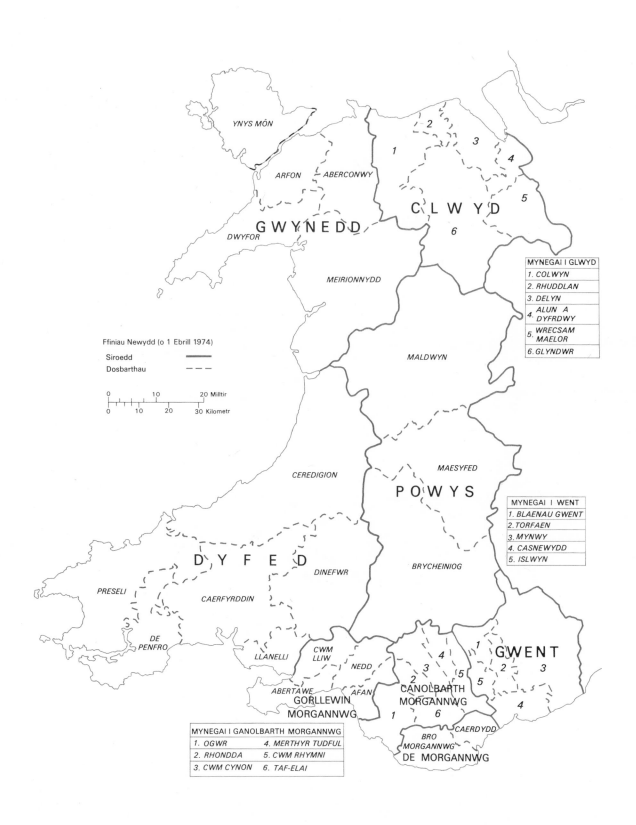

MYNEGAI I GLWYD
1. COLWYN
2. RHUDDLAN
3. DELYN
4. ALUN A DYFRDWY
5. WRECSAM MAELOR
6. GLYNDWR

MYNEGAI I WENT
1. BLAENAU GWENT
2. TORFAEN
3. MYNWY
4. CASNEWYDD
5. ISLWYN

MYNEGAI I GANOLBARTH MORGANNWG
1. OGWR   4. MERTHYR TUDFUL
2. RHONDDA   5. CWM RHYMNI
3. CWM CYNON   6. TAF-ELAI

Ffiniau Newydd (o 1 Ebrill 1974)

Siroedd ────────
Dosbarthau ─ ─ ─ ─

0   10   20 Milltir
0   10   20   30 Kilometr

CYMRU
yn dangos y ffiniau newydd a ddaeth i rym ar 1 Ebrill 1974.

ix

ABACUS

Wyddom ni ddim i sicrwydd pa bryd na pha fodd y dysgodd dynion gwahanol wledydd sut i rifo, ond fe wyddom fod y Chineaid, yr Indiaid, yr Eifftiaid, y Groegwyr a'r Rhufeiniaid ganrifoedd yn ôl yn defnyddio teclyn arbennig – yr abacus – i'w cynorthwyo i gyfri. Roedd yr abacus un ai'n ffrâm yn dal gwifrau â gleiniau arnyn nhw, neu'n fwrdd â pheli bach crwn yn rhedeg mewn rhigolau arno.

Deg glain oedd ar bob gwifren: wrth ddechrau cyfri defaid, dweder, defnyddiai dyn y rhes uchaf gan symud y gleiniau yn eu tro o un ochr i'r llall. Ar ôl symud y deg glain draw, symudai at yr ail res a symud un o'r rhes honno i'r un ochr i ddangos bod deg dafad wedi'u cyfri, a gwthiai'r deg yn y rhes uchaf yn ôl i'r ochr arall yn barod i ail-ddechrau cyfri – ac felly mlaen: bob tro roedd am nodi'r ffaith ei fod wedi cyfri deg, symudai'r glain nesaf yn yr ail res. Felly, os oedd ganddo 74 o ddefaid, byddai ganddo bedwar glain ar un ochr yn y rhes uchaf a saith yn yr ail res – ac i fyny at 99 dim ond y ddwy wifren uchaf a ddefnyddiai.

Wedi hynny, rhaid cynnwys y drydedd wifren hefyd: byddai'r gleiniau ar honno'n cyfri'r cannoedd, i fyny at naw cant, a'r bedwaredd wifren yn cyfri'r miloedd. Dyma sut yr edrychai'r rhif 1856 ar abacus o'r fath yma:

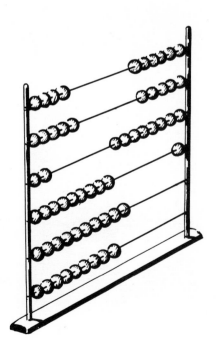

Os bwrdd oedd ganddo, rhoddai'r dyn belen fach yn y rhigol gyntaf am bob dafad, i fyny at ddeg; yna, cyn cyfri'r ddafad nesaf, gosodai un belen yn yr ail rigol a symudai'r deg cyntaf cyn dechrau eto. Fel hyn yr edrychai'r un rhif ar yr abacus hwn:

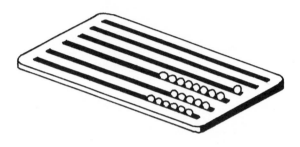

Yn ogystal â rhifo, gallai dyn ddefnyddio'r abacus ar gyfer adio a thynnu i ffwrdd a lluosi a rhannu. Pe bai, er enghraifft, am adio 248 a 175 byddai'n gosod wyth pelen (yn cyfateb i'r 8 sydd yn y rhif 248) yn y rhigol gyntaf ac yn ceisio ychwanegu pump (sef y 5 yn y rhif 175) atyn nhw, ond doedd dim lle i fwy na deg pelen mewn rhes; felly dim ond dwy belen y gallai eu gosod yn y rhigol gyntaf cyn bod honno'n llawn ac y byddai'n rhaid iddo symud y deg o'r rhigol honno a gosod un belen yn yr ail rigol i'w cynrychioli. Yna gosodai dair – y gweddill o'r pump – yn y rhigol gyntaf. Y cam nesaf oedd rhoi pedair pelen (y 4 yn 248) at yr un oedd ganddo yn yr ail rigol a cheisio ychwanegu saith (y 7 yn 175): ar ôl cyrraedd deg rhaid iddo symud y rhain eto a gosod un yn y drydedd rigol i'w cynrychioli. Erbyn hyn byddai wedi defnyddio pump o'r saith, ac felly rhoddai'r ddwy arall yn yr ail rigol. Yna, yn y drydedd rigol, gosodai ddwy ac un at yr un belen oedd yno'n barod. Bellach byddai ganddo bedair pelen yn y drydedd rigol, dwy yn y nesaf a thair yn y rhigol gyntaf, sef 423 – a dyna swm 248 a 175.

Os oedd am luosi, 345 x 3 er enghraifft, gosodai bob rhif, 3 a 4 a 5, yn y rhigolau pwrpasol deirgwaith, yn union fel pe bai'n adio 345 + 345 + 345 – a dyna yw lluosi, yntê? – a chael yr ateb 1035.

A'r un fath, ond i'r gwrthwyneb, gyda thynnu i ffwrdd a rhannu.

Heddiw bydd mam yn rhoi ffrâm o wifrau a gleiniau i blentyn i'w gynorthwyo i ddysgu rhifo, ond yn y Dwyrain Pell – yn China a Japan a rhannau o Rwsia – bydd swyddfeydd a siopau a hyd yn oed banciau yn dal i ddefnyddio abacus i wneud syms.

1

ABATY

Lle y bydd mynaich neu leianod yn byw ac yn gweithio ynddo yw abaty, gydag abad yn bennaeth ar fynaich ac abades yn ben ar leianod.

Ganrifoedd yn ôl codwyd llawer o abatai ym Mhrydain, yn aml mewn mannau diarffordd. Yno gallai'r brodyr neu'r chwiorydd (fel y'u gelwid nhw) addoli mewn tawelwch a threulio llawer o'u hamser yn gweddïo, yn myfyrio, yn darllen ac yn ysgrifennu – ac yn gweithio â'u dwylo. Sefydlwyd nifer o abatai yng Nghymru, fel y tystia'r adfeilion sy'n sefyll heddiw: yn eu plith roedd Aberconwy ym Maenan yn Nyffryn Conwy, Cymer gerllaw Dolgellau ym Meirionnydd, Ystrad Fflur yng Ngogledd Ceredigion, Llandudoch yng Ngogledd Preseli, Talyllychau yng Nghaerfyrddin, Mynach-log Nedd ger Castell Nedd yng Ngorllewin Morgannwg, Llanddewi Nant Hodni (Llantony) yn Nyffryn Ewias yng Ngogledd Gwent, a Thyndyrn yn Nyffryn Afon Gwy ar ffin ddwyreiniol yr un sir.

Yn ogystal â'r eglwys lle cyd-addolai'r brodyr, byddai'r abaty yn cynnwys nifer o adeiladau eraill, a phwrpas arbennig i bob un, ac mae olion rhai ohonyn nhw i'w gweld o hyd. Yn Nhyndyrn gallwn weld y festri (neu'r sacristi) lle roedd y llestri sanctaidd a'r gwisgoedd arbennig, a mynach yn eu gwarchod yn barhaus. Mae'r tŷ siapter (neu'r cabidyldy) yno byth, lle byddai un o'r brodyr yn darllen pennod beunydd ac yna'r lleill yn ei thrafod, a hefyd y gegin a'r ystafell fwyta (neu'r ffreutur). Byddai ystafelloedd cysgu'r mynaich yn agos at yr eglwys, yn gyfleus ar gyfer y gwasanaethau hynny a ddechreuai ar ganol nos neu yn blygeiniol iawn.

Fel arfer roedd fferm yn rhan o'r abaty, a gweithiai'r brodyr yn ddiwyd i dyfu bwyd iddyn nhw'u hunain, ac i'w ddosbarthu i'r tlodion a drigai yn y fro o'u cwmpas. Gallai teithwyr gael llety dros nos mewn abaty.

Cymerai llawer o'r mynaich ddiddordeb mawr mewn llenyddiaeth, ac mae'n siwr mai yn yr abatai a'r mynachlogydd y sgrifennwyd rhai o'r hen lawysgrifau Cymraeg. Mae'n debyg hefyd fod y sefydliadau hyn yn gyrchfan i feirdd a llenorion eraill, ac roedd yn beth cyffredin i fardd gyfansoddi cân i ganmol haelioni'r brodyr, fel y canodd Tudur Aled i letygarwch Abad Aberconwy – "Arglwydd yn rhoi gwleddau'n rhad".

Byddai rhai o Dywysogion Cymru yn y dyddiau hynny yn cyfrannu'n hael tuag at gynnal y sefydliadau hyn: rhoddodd Llewelyn Fawr gymorth o'r fath i Aberconwy, a'r Arglwydd Rhys gymorth tebyg i Ystrad Fflur.

Caewyd a diddymwyd pob un o'r abatai cynnar hyn gan y Brenin Harri'r Wythfed yn yr unfed ganrif ar bymtheg, ond mae rhai wedi'u hailagor

Dyma syniad arlunydd o'r olygfa yn Nyffryn Gwy cyn i Harri'r Wythfed orchymyn diddymu holl abatai'r wlad ar ôl iddo gweryla â'r Pab yn 1536. O gwmpas yr eglwys mae'r adeiladau lle roedd y mynaich yn byw, yn cysgu, yn paratoi bwyd ac yn ei fwyta, ac yn gweithio.

heddiw. Yn 1972, gerllaw pentre Prinknash yn Swydd Gaerloyw, agorwyd abaty newydd a godwyd i raddau helaeth gan y mynaich eu hunain gan ddefnyddio brics wedi'u gwneud o'r clai oedd i'w gael yn y fan a'r lle. Gwnâi'r mynaich lestri pridd o'r un defnydd a'u gwerthu i helpu talu'r costau. Cymerodd y gwaith hwn flynyddoedd lawer i'w orffen.

Lle diddorol yw'r abaty ar Ynys Bŷr, gerllaw Dinbych y Pysgod. Bob blwyddyn bydd miloedd o ymwelwyr yn tyrru i'r ynys i weld y mynaich wrth eu gwaith yn ffermio a gwneud peraroglau o wahanol flodau a llysiau sy'n tyfu yno.

Rhoddir yr enw abaty hefyd ar eglwys a fu unwaith yn ganolfan i sefydliad o'r fath er nad oes mynaich yno heddiw, fel Abaty Westminster yn Llundain. (Gweler hefyd – YNYS BŶR, WESTMINSTER.)

ABER

Dyma'r enw a roddir ar y fan lle mae afon yn llifo i mewn i afon fwy neu i'r môr. Yn aml cododd pentref neu dref yn y fan honno a chadwyd "aber" yn yr enw, fel yn Aberystwyth, Aberaeron, Aberafan, Abercuch ym Mhreseli yng ngorllewin Dyfed lle mae Cuch yn llifo i Deifi, ac Abercynon yng Nghanolbarth Morgannwg lle mae Cynon a Thaf yn ymuno.

Heddiw saif pentre Aberglaslyn tua phum milltir o'r môr, ond cyn codi morglawdd Porthmadog yn gynnar yn y 19 ganrif, yma roedd genau Afon Glaslyn, a hwyliai llongau bach i fyny at y fan.

Bydd pob afon yn cario gwaddodion o dywod a llaid ar ei thaith i'r môr ac yn eu gollwng yn yr aber, lle mae'r dŵr yn llifo'n arafach, nes bron â'i dagu. Fe welir hyn yn eglur pan fo'r llanw ar ddistyll gan adael bencydd a barrau o laid a thywod a gro yn y golwg fel yn aberoedd Conwy, Seiont, Mawddach, Dyfi, Teifi, Tywi, Gwendraeth, Llwchwr, Nedd ac eraill o afonydd Cymru.

Weithiau bydd afon yn ymrannu ger yr aber, gan gyrraedd y môr ar hyd nifer o welyau rhwng bencydd neu ynysoedd o waddodion. Mae'r rhannau allanol a'r arfordir ei hun yn debyg i dair ochr triongl, a defnyddir yr enw "delta" ar aber o'r fath, ar ôl enw'r llythyren Roeg Δ. Mae'n debyg mai'r delta mwyaf adnabyddus yn y byd yw genau Afon Neil yn yr Aifft, ac mae delta hefyd gan Amazon yn Brazil, Mississippi yn Unol Daleithiau America, a Volga yn Rwsia, a cheir delta anferth hefyd lle mae afonydd mawr Ganges a Brahmaputra yn llifo i Fae Bengal.

Y don o ddŵr sy'n llifo i fyny aber Afon Hafren. Tynnwyd y llun hwn gerllaw pentre Stonebeach yn Swydd Gaerloyw.

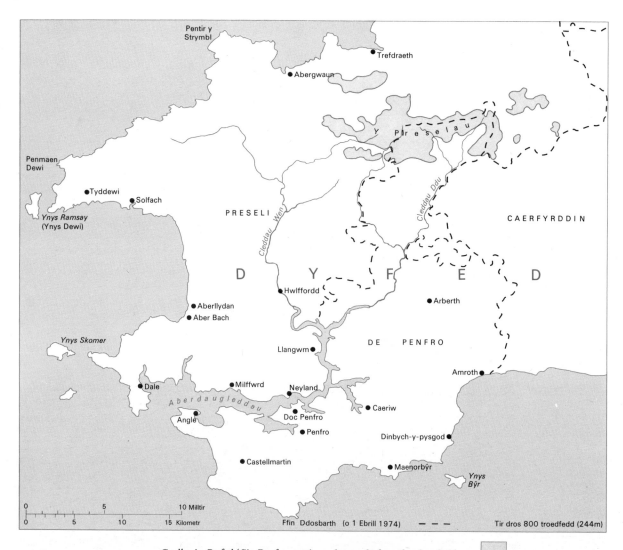

Gorllewin Dyfed (Sir Benfro gynt) yn dangos hafan Aberdaugleddau

Lle mae'r aber yn ddwfn a'r cerrynt yn ddigon cryf i gario'r gwaddodion i ffwrdd a chadw'r aber rhag siltio, gall porthladd godi. Tyfodd porthladd pwysig Lerpwl lle mae Afon Mersi'n llifo'n gyflym, ond dirywiodd Caer, a oedd unwaith yn borthladd, am fod cerrynt Afon Dyfrdwy yn arafach, ac wrth i waddodion grynhoi rhwystrwyd llongau mawr rhag cyrraedd y ddinas. Felly hefyd tref Caerfyrddin: gynt deuai llongau sylweddol eu maint i fyny at y cei yno.

Mae ffenomenon ddiddorol i'w gweld yn aber Afon Hafren. Ar ôl i'r afon adael dinas Caerloyw mae'r aber yn lledu'n raddol rhwng De Cymru a De-Orllewin Lloegr. Pan ddaw llanw uchel i mewn o gyfeiriad y môr a chyfarfod â llif yr afon, mae ton uchel yn llifo i fyny'r aber fel wal o ddŵr, fel sydd yn y llun. Ar adeg Alban Elfed (ecwinocs yr hydref) ac Alban Eilir (ecwinocs y gwanwyn) y bydd y don uchaf – gall gyrraedd pum troedfedd ar yr adegau hynny – a gall fod yn beryglus i gychod a gaiff eu dal ganddi, er bod rhai gwŷr mentrus yn mwynhau marchogaeth y don mewn canŵ a chael eu cario i fyny'r aber. (Gweler hefyd – AFON, NEIL, AMAZON, GANGES, LERPWL, CAER, HAFREN.)

ABERDAUGLEDDAU

Dyma'r enw ar hafan lydan naturiol sy'n ymestyn am dros ddeng milltir o'r gorllewin i'r dwyrain ac yn rhannu'r hen Sir Benfro yn ddwy. Bu'n lloches ac yn ddihangfa i longau ers canrifoedd lawer, ac i awyrennau-môr hefyd yn ystod yr Ail Ryfel Byd. Yn ei phen eithaf mae'r ddwy afon Cleddau – Cleddau Wen a Chleddau Ddu – yn llifo iddi ychydig filltiroedd i'r deau o dref Hwlffordd, canolfan lywodraethol Sir Benfro gynt, a'r ddwy afon hyn roddodd ei henw i'r hafan.

Ar lannau'r hafan saif pentre Dale a oedd ei hun yn borthladd pwysig unwaith a lle mae canolfan ar gyfer gwaith maes heddiw; Doc Penfro lle roedd gweithdai gan y Llynges a gwersylloedd gan y Fyddin a'r Awyrlu am gyfnod; Neyland – oddi yno roedd fferi yn cludo moduron dros y dŵr i'r "Doc" nes codi pont newydd dros yr hafan; a Milffwrd sy'n enwog ers blynyddoedd fel porthladd cychod pysgota.

O gwmpas pen gorllewinol yr hafan, yn ardaloedd Castell Martin a Dale a thu cefn i dref Milffwrd, mae tir bras sy'n cynhyrchu tatws cynnar, ac o Gastell Martin ei hun daeth brid enwog o dda duon hirgorn, enwog am eu cig a'u hufen melyn.

Bellach cododd cwmnïau olew burfeydd a chyfleusterau storio ar lannau'r hafan, a daw llongau olew anferth, rhai yn fwy na chwarter miliwn tunnell, yno i'w dadlwytho. (Gweler hefyd – PORTHLADD, OLEW.)

ABERGWAUN (poblogaeth 1971 – 4,960)

Tref a phorthladd yng ngogledd-orllewin Dyfed yw Abergwaun. Codwyd y morglawdd mawr yn nechrau'r ganrif hon yn y gobaith y byddai llongau'n galw yma ar eu ffordd o America, ond dirywiodd y fasnach hon pan ddechreuodd y Rhyfel Mawr, a bellach porthladd sydd yma ar gyfer llongau-fferi sy'n hwylio i Cork a Rosslare yn Iwerddon.

Ym mis Chwefror 1797 glaniodd mintai o filwyr Ffrengig ar y Garreg Wastad gerllaw Pentir y Strymbl ychydig i'r gogledd o'r dref – ymgais gan Ffrainc i dynnu sylw'r awdurdodau Seisnig a rhoi cyfle i fyddin o Ffrancod ymosod ar Iwerddon. Ond methiant fu'r fenter hon, a chyn pen dim roedd y goresgynwyr yn gosod eu harfau i lawr ar draeth Wdig gerllaw – diolch, medd yr hanes, i Jemeima Niclas a chwmni o fenywod mewn siolau cochion a dwyllodd y Ffrancod i gredu mai byddin fawr o filwyr mewn lifrai coch oedd yn gorymdeithio yn eu herbyn. Dywedir mai yng ngwesty'r *Royal Oak* ar sgwâr Abergwaun yr arwyddwyd y cytundeb rhwng Arglwydd Cawdor ac arweinydd y Ffrancod. Gerllaw traeth y Parrog mae coflech yn nodi'r fan lle ildiodd y goresgynwyr, ac mae llun a baentiwyd i gofio'r achlysur i'w weld yn Amgueddfa Caerfyrddin. (Gweler hefyd – IWERDDON.)

Y llong olew anferth British Explorer (215,000 *tunnell*) *yn dadlwytho olew yng ngorsaf ddadlwytho cwmni olew* British Petroleum *ar lan hafan Aberdaugleddau. Yn y cefndir mae'r tanciau mawr ar gyfer storio'r olew dros dro nes y caiff ei buro.*

Cofeb i goffáu glaniad y Ffrancod ger Abergwaun. Ar y garreg mae'r arysgrif hon:
ON THIS BEACH AT 2 O'CLOCK ON 24 FEBRUARY 1797, TWO DAYS AFTER LANDING AT CARREG GWASTAD, A FRENCH INVADING
FORCE OF 1200 TROOPS COMMANDED BY COLONEL TATE, AN AMERICAN CITIZEN, LAID DOWN THEIR ARMS IN UNCONDITIONAL
SURRENDER TO THE 1ST BARON CAWDOR OF CASTLEMARTIN, COMMANDING THE FOLLOWING LOCAL UNITS
PEMBROKESHIRE YEOMANRY   CARDIGAN MILITIA
FISHGUARD FENCIBLES   PEMBROKE FENCIBLES
NAVAL RATINGS FROM MILFORD HAVEN

ABERTAWE (pob. 1971 – 171,320)

Dinas bwysig yw Abertawe yng ngorllewin Morgannwg, lle mae Afon Tawe'n llifo i Fôr Hafren. Gyda datblygiad diwydiannau copr, tun, haearn a sinc yn y cylch yn ystod y bedwaredd ganrif ar bymtheg, cynyddodd y boblogaeth o ryw 6,000 yn 1801 i dros 160,000 erbyn 1931, a bellach hi yw'r ail ddinas o ran maint yng Nghymru. Adeiladwyd dociau helaeth sy'n mewnforio metelau crai ar gyfer diwydiannau'r ardal, ac olew crai sy'n cael ei buro a'i drin yn Sgiwen gerllaw. Mae llongau'n cario teithwyr a'u ceir oddi yma i Cork yn Iwerddon.

Yn ystod y ddeunawfed ganrif a hanner cynta'r bedwaredd-ar-bymtheg gwneid llestri porslen gwych yn Abertawe: erbyn heddiw ychydig sydd ar gael y tu allan i amgueddfeydd, ac mae'n rhaid talu prisiau uchel iawn amdanyn nhw.

Rhwng Abertawe a'r Mwmbwls, bum milltir i ffwrdd ar hyd glan bae godidog, rhedai'r rheilffordd gyntaf yn y byd i gario teithwyr: rhedodd y trên olaf arni yn 1960.

Yn 1920 sefydlwyd un o Golegau Prifysgol Cymru yma, a datblygodd hwn yn helaeth iawn wedi'r Ail Ryfel Byd. Ceir yma hefyd Goleg Addysg ar gyfer hyfforddi athrawon, a choleg sy'n paratoi myfyrwyr ar gyfer bod yn weinidogion gydag enwad yr Annibynwyr.

Yn Abertawe y ganed y bardd a'r llenor Eingl-Gymreig, Dylan Thomas.

Bomiwyd Abertawe'n drwm yn ystod y rhyfel, ond ail-gynlluniwyd canol y ddinas a chodwyd adeiladau modern braf, yn cynnwys cartref newydd i'r farchnad sy'n dal i werthu danteithion lleol – cocos a chregyn gleision (misgl), a bara lawr a wneir o fath arbennig o wymon.

Un o'r prif adeiladau yw Neuadd y Ddinas, ger glan y môr, canolfan llywodraeth leol bwrdeistref Abertawe gynt. Yno yn Neuadd Brangwyn mae'r darluniau anferth a baentiwyd gan yr arlunydd Frank Brangwyn – yn wreiddiol ar gyfer Oriel Frenhinol Tŷ'r Arglwyddi yn Llundain. Dyrchafwyd Abertawe i urddas dinas yn 1969. Er Ebrill 1, 1974, mae Abertawe'n rhan o sir newydd Gorllewin Morgannwg. (Gweler hefyd – IWERDDON, PRIFYSGOL CYMRU, RHEILFFYRDD, COCOS, BARA LAWR.)

Llun o'r awyr o ran o ddinas Abertawe.

Ynghanol y llun mae Neuadd y Ddinas—y Guildhall—*gerllaw glan y môr sydd i'w weld yn y blaendir. Yn y gornel isaf ar y chwith mae'r Pafiliwn a enwyd ar ôl Madam Patti y gantores enwog.*

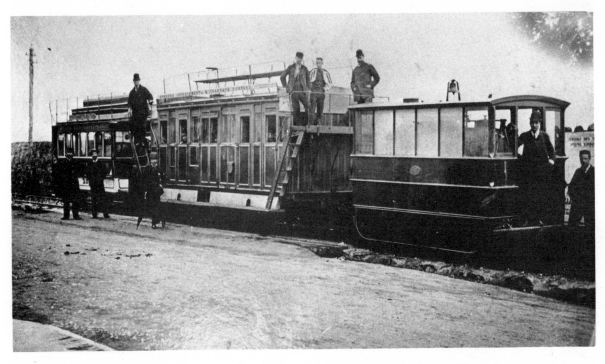

Dyma'r injan stêm gyntaf a fu'n rhedeg ar y rheilffordd rhwng Abertawe a'r Mwmbwls.

ABERTHGED

"Rhodd" yw ystyr syml aberthged, yn enwedig rhodd a gyflwynir yn aberth, ond erbyn heddiw daeth y gair i olygu'n arbennig yr ysgub o ŷd a blodau'r maes a fyddai'n cael ei chyflwyno yn ystod seremonïau Gorsedd Beirdd Ynys Prydain.

Rhan o ddefod yr Orsedd ar ddiwrnod cyhoeddi'r Eisteddfod Genedlaethol ac yn ystod wythnos yr ŵyl oedd Seremoni Cyflwyno'r Aberthged. Dechreuai'r ddefod â dawns flodau gan gwmni o blant y fro. Drwy symudiadau'r ddawns byddai'r plant yn esgus casglu blodau ac yn dynwared twf a blaguro ac ymagor clwstwr o flodau yn yr heulwen. Yna cerddai un o ferched yr ardal, gyda dwy eneth ifanc i weini arni, yn araf-osgeiddig drwy rengoedd y plant, gan ddwyn ysgub fechan o ŷd a blodau'r maes, i gyfeiriad y Maen Llog.

Byddai'r plant yn ychwanegu eu pwysïau hwythau at yr ysgub cyn i'r ferch ei chyflwyno i'r Archdderwydd ar y Maen Llog. Byddai yntau'n codi'r ysgub uwch ei ben, ac wrth ei chyhwfan yn cydnabod y fendith nefol "sy'n coroni'r flwyddyn â daioni, yn rhoi had i'r heuwr a bara i'r bwytäwr, a chyfrinach y blodau i'r rhai pur o galon".

Yn 1972, yng Ngŵyl Gyhoeddi'r Eisteddfod a oedd i'w chynnal yn Nyffryn Clwyd y flwyddyn ganlynol, ac yn Seremonïau'r Orsedd yn Eisteddfod Sir Benfro ym mis Awst 1972, newidiwyd arwyddocâd cyflwyno'r Aberthged gan ddileu ei chysylltiadau crefyddol. Yn lle Aberthged, am y tro cyntaf cyflwynwyd Blodeuged, ysgub fechan o flodau'r maes yn unig, fel arwydd bod plant Cymru yn awyddus i gyflwyno blodau eu doniau i'r Ŵyl Genedlaethol ac i wasanaeth eu gwlad.

Derbyniodd yr Archdderwydd y Flodeuged fel arwydd o "ymgyflwyniad ar ein rhan ni oll yng ngwasanaeth diwylliant, yr iaith Gymraeg, a'r celfyddydau yng Nghymru".

Dyna'r ddefod bellach, cyflwyno Blodeuged yn lle Aberthged – ond mae'r Ddawns Flodau yn aros yr un fath. (Gweler hefyd – GORSEDD Y BEIRDD, YR EISTEDDFOD GENEDL-AETHOL.)

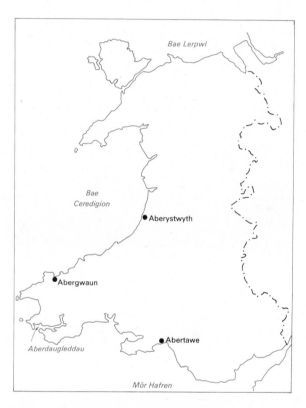

Map o Gymru yn dangos lleoliad Aberystwyth, Abergwaun, Abertawe ac Aberdaugleddau

ABERYSTWYTH (pob. 1971 – 12,150)

Prif dref Ceredigion yw Aberystwyth, ar lan y môr rhwng rhostiroedd Pumlumon a dyfroedd Bae Aberteifi. Rhed dwy afon i'r môr yma, Rheidol ac Ystwyth, a rhwng y ddwy, ar gwr deheuol y dref, saif Pen Dinas ac ar ei gopa olion caer fawr o gyfnod yr Oes Haearn. Cododd y Normaniaid gastell uwchben aber Afon Rheidol yn 1277, a gwelwn ei hadfeilion heb fod nepell o'r adeilad a fu'n gartref gwreiddiol i Goleg y Brifysgol, coleg cyntaf Prifysgol Cymru, a sefydlwyd yma yn 1872. Bellach mae prif adeiladau'r Coleg ar lechwedd Penglais, ar ochr y ffordd sy'n arwain o'r dref tua'r gogledd a'r dwyrain.

Ar Benglais hefyd mae Llyfrgell Genedlaethol Cymru: lluniwyd ei Siartr yn 1907 ac ynddi ceir casgliad pwysica'r byd o lyfrau a llawysgrifau Cymraeg.

Rhan o seremoni Cyflwyno'r Aberthged yn Eisteddfod Genedlaethol Cymru ym Mangor yn 1971. Ar y Maen Llog mae'r Archdderwydd Brinli, ac ar y dde mae'r Cyn-Archdderwyddon Tilsli a Gwyndaf.

Llun o'r awyr o ran o dref Aberystwyth.

Mae'r prom yng ngwaelod y llun. I fyny ar Benglais mae adeiladau newydd Coleg Prifysgol Cymru (2) ar ochr y ffordd fawr sy'n rhedeg i'r gogledd heibio i bentref y Waunfawr (3) ac ymlaen i Fachynlleth. Ar y dde (1) mae'r Llyfrgell Genedlaethol.

Ymhlith sefydliadau pwysig eraill sydd yn y dref mae Coleg Diwinyddol yr Eglwys Bresbyteraidd, Coleg Hyfforddi Llyfrgellwyr, Coleg Amaeth Cymru a Phencadlys Urdd Gobaith Cymru. Ychydig filltiroedd i'r gogledd-ddwyrain mae Plas Gogerddan, sydd heddiw'n gartref i'r Fridfa Blanhigion, sefydlaid byd-enwog sy'n gwneud gwaith mawr ar ddatblygu gweiriau addas i'w tyfu mewn gwahanol wledydd. (Gweler hefyd – PRIFYSGOL CYMRU, LLYFRGELL GENEDLAETHOL CYMRU, URDD GOBAITH CYMRU.)

ABRAHAM

Ddwy fil o flynyddoedd cyn geni'r Iesu, trigai Abraham gerllaw genau afon Ewffrates, lle mae gwlad Iraq heddiw. Roedd yn ddyn cyfoethog, yn bennaeth llwyth, a chanddo nifer fawr o ddefaid ac ychen a chamelod, a llawer o weision. Roedd ei rieni a'i bobl wedi arfer addoli'r haul a'r lleuad, ond credai Abraham fod yna Dduw arall, un mwy nerthol na'r rhain, a oedd wedi creu popeth ar y ddaear, a dechreuodd yntau addoli'r Duw hwnnw.

Un diwrnod cafodd orchymyn gan Dduw i adael ei wlad ei hun a theithio ymhell i wlad a ddangosai Duw iddo. Heb wybod i ble roedd i fynd na beth i'w ddisgwyl, aeth Abraham â'i wraig Sara a'i nai Lot gydag ef, a'i weision a'i breiddiau, a chychwynnodd ar ei daith. Aeth tua'r gogledd-orllewin, yna tua'r de i wlad Canaan, gan ymsefydlu yn Hebron.

Yng Nghanaan tyfodd y teulu yn genedl fawr, cenedl yr Israeliaid neu'r Hebreaid. Oddi wrthyn nhw y disgynnodd yr Iddewon a'r Arabiaid.

Mae Llyfr Genesis (penodau xi – xiii) yn adrodd hanes Abraham, tad y genedl, yn ufuddhau i'r alwad, "gan fyned," meddai'r Epistol at yr Hebreaid, "i'r man yr oedd efe i'w dderbyn yn etifeddiaeth, ac a aeth allan heb wybod i ba le yr oedd yn myned". (Gweler hefyd – EWFFRATES, IRAQ).

ABWYDOD

Enw yw hwn ar ddosbarth o greaduriaid di-asgwrn-cefn, heb draed na choesau, heb lygaid na chlustiau, sy'n byw yn y pridd, neu mewn dŵr, neu'n baraseit y tu mewn i blanhigion neu anifeiliaid, neu hyd yn oed yng nghorff dyn weithiau, lle maen nhw'n gwneud llawer o ddrwg. (Llyngyr yw'r enw cyffredin ar abwydod sy'n byw yng nghorff dyn neu anifail.)

9

Aelod mwyaf cyffredin y teulu enfawr hwn yw'r abwydyn sy'n byw ym mhridd y lawnt neu'r ardd. Mae ei gorff hir, crwn, yn feddal ac yn llysnafeddog, yn cynnwys tua chant a hanner o gylchoedd neu segmennau, a'r pen a'r gynffon yn tueddu i fod yn bigfain. Mae wyth gwrychyn, pedwar pâr, i bob segment, rhai bychain iawn, ac â'r rhain y bydd yr abwydyn yn gafael yn y pridd wrth iddo ymestyn a chrebachu ei gorff bob yn ail wrth ymlusgo yn ei flaen.

Twll yn y pridd, ar ffurf tiwb cul, yw cartre'r abwydyn: gall fod yn ddwfn iawn, a bydd y creadur yn gosod leinin o gerrig mân, mân yn y gwaelod ac yn byw yno yn y gaeaf ar ôl llenwi top y twll â dail marw er mwyn cadw'r oerfel allan.

Mae'n hel ei fwyd yn nhywyllwch y nos, gan ymlusgo ar wyneb y pridd i chwilio am ddail a blodau sydd wedi syrthio, a'u tynnu i mewn i'w wâl lle mae'n eu gorchuddio â llysnafedd o'i gorff i wneud iddyn nhw bydru'n gyflym fel y gall eu bwyta. Wrth grwydro ar wyneb y tir mae'n aml yn cadw'i gynffon yn sownd yn y twll rhag ofn y bydd rhaid iddo gilio'n ôl yn sydyn os daw perygl. Mae adar, yn enwedig y fronfraith a'r fwyalchen, yn hoff iawn o'i ddal a'i fwyta.

Gall yr abwydyn ymborthi hefyd drwy lyncu pridd a sugno maeth ohono cyn taflu'r gweddillion allan o ben arall ei gorff – dyna'r torchau cyrliog a welwn ar wyneb y pridd. Wrth ddyllu'r pridd a'i droi fel hyn mae abwyd yn gwneud lles mawr iddo.

Aelodau o'r un teulu yw'r abwydod neu'r llyngyr a geir ar lan y môr yn byw mewn twnnel yn y tywod, fel y llwgwm a saer y tywod, neu'n byw mewn tiwb o galch o'u cyrff eu hunain fel ambell abwydyn y paun, neu dan gerrig neu ymysg gwymon o olwg eu gelynion fel yr abwyd-ruban, neu mewn pyllau a adawyd gan y trai ymysg y

cerrig a'r creigiau. Gall yr abwyd-ruban dyfu cyhyd â hanner canllath, tra bo rhai mathau eraill mor fân nes bod eu gweld â'r llygad noeth yn amhosibl.

Dydy pob un o'r abwydod hyn ddim yn segmennog. Mae gan rai mathau gen neu wrych ar eu cyrff, a rhai eto'n tyfu teimlyddion o'u pennau sydd o help mawr iddyn nhw wrth grwydro o gwmpas.

Bydd pysgotwyr yn defnyddio rhai o'r creaduriaid hyn – abwydyn yr ardd a'r llwgwm yn arbennig – fel pryfed genwair ar gyfer dal pysgod.

ACROPOLIS

Ganrifoedd yn ôl byddai pobl weithiau'n gosod caer ar ben bryn ac yn codi'u cartrefi ar y llechweddau islaw lle gallai'r amddiffynwyr eu gwarchod rhag ymosodiadau gelynion. Enw'r Rhufeiniaid ar fryn o'r fath oedd Capitol. Yng ngwlad Groeg fe'i gelwid yn Acropolis, ac yn Athen mae'r Acropolis enwocaf.

Yno ar y llethrau yr ymsefydlodd y trigolion cynnar, a thua 1400 C.C. cododd brenhinoedd cyntaf Athen eu palasau ar y copa. Yn ystod y bumed ganrif C.C. cododd Pericles, arweinydd yr Atheniaid, nifer o demlau a cholofnau yno, y mwyafrif ohonyn nhw o farmor gwyn o chwareli cyfagos. Y fwyaf a'r bwysicaf oedd y Parthenon, teml i'r dduwies Athena – ym marn rhai dyma'r adeilad perffeithiaf a godwyd erioed.

Yno yr addolai'r Groegiaid eu duwiau tan ddiwedd y bedwaredd ganrif O.C., pan dderbyniodd y Groegiaid y grefydd Gristnogol. Gerllaw'r Acropolis mae bryniau eraill lle byddai'r tribiwnlysoedd yn cyfarfod: ar un o'r rhain, yr Areopagus, y pregethodd yr Apostol Paul i'r Atheniaid pan ymwelodd â'u dinas ar ei ail daith genhadol yn y flwyddyn 51 A.D.

Mae adfeilion rhai o'r cofadeiladau hyn i'w gweld ar gopa'r Acropolis heddiw, ac wrth droed y bryn mae theatrau lle byddai dramâu Groegaidd yn cael eu perfformio yn yr awyr agored ddeunaw canrif yn ôl. (Gweler hefyd – GROEG, ATHEN, PAUL.)

ADAR

Mae dros 8,500 o wahanol fathau o adar yn y byd, rhai yn fach iawn ac eraill yn fawr. Y mwyaf yw'r estrys, sydd gannoedd o weithiau'n fwy na'r dryw bach. Mae llawer iawn o wahanol fathau i'w gweld yng Nghymru: bydd rhai ohonyn nhw'n cartrefu yma ar hyd y flwyddyn, eraill yn dod yma o wledydd pell i dreulio'r haf, ac eraill eto yn treulio'r gaeaf yma ac yn ymfudo am weddill y flwyddyn.

Mae'r mwyafrif mawr o adar yn gallu hedfan, ond mae ambell un, fel yr estrys, y casowari a'r pengwin, wedi dysgu sut i fyw ar y ddaear heb angen hedfan ac erbyn hyn wedi hen anghofio sut i ddefnyddio'u hadenydd.

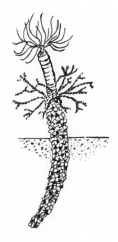

Saer y Tywod

Mae'n gwneud ei gartref o gannoedd o ronynnau o dywod wedi'u smentio wrth ei gilydd â llysnafedd. Bydd yr abwydyn yn gwthio'i ben o'r tiwb pan fydd y llanw'n gorchuddio'r traeth ac yn defnyddio'i dagellau (sydd i'w gweld yn y llun fel clwstwr o edafedd yn tyfu o'i ben) i gasglu bwyd o'r dŵr.

Yr Acropolis yn Athen.
Y Parthenon yw'r adeilad mwyaf amlwg ar ben y bryn.

Mae gan bob aderyn ddau fath o blu ar ei gorff – y rhai mwyaf yn ei adenydd a'i gynffon, a'r plu llai, y manblu, dros weddill y corff i gadw'r aderyn yn gynnes. Weithiau bydd gan aderyn blu o liwiau arbennig i'w guddio rhag ei elynion. Mae'n anodd iawn gweld troellwr neu gyffylog pan fydd yn gorffwys ar wely o ddail a brigau marw, am fod plu'r ddau yn gymysgedd o liwiau brown tebyg i'r cefndir. Bydd rhai adar gwryw, ar y llaw arall, yn arddangos lliwiau hardd neu batrwm amlwg eu plu i ddenu cymar neu weithiau i greu ofn ar elyn a'i yrru i ffwrdd.

Bydd bron pob math o aderyn yn adeiladu nyth lle mae'n dodwy wyau ac yn magu cywion. Mae nythod yn amrywio'n fawr o ran eu maint a'r defnyddiau sydd ynddyn nhw: mae rhai nythod wedi'u hadeiladu'n gelfydd ac yn gywrain dros ben, ond bydd adar eraill yn fodlon ar osod ychydig wellt neu frigau mewn pant bach ar y ddaear neu ymysg cerrig. Dydy'r gog ddim yn poeni i wneud nyth o gwbl. Mae gan gywion adar sy'n nythu ar y ddaear, neu gerllaw dŵr, gôt o blu ar eu cyrff wrth ddeor o'r wy, ac maen nhw'n barod i adael y nyth ar unwaith: ymhlith y rhain mae'r hwyaid, sy'n gallu nofio'n fuan ar ôl eu geni. Caiff cywion adar eraill eu geni'n noeth ac yn ddall.

Fel rheol bydd ffurf pig aderyn – a'i draed hefyd weithiau – yn awgrymu'r math o fwyd y mae'r aderyn hwnnw'n ei fwyta. Bydd adar ysglyfaethus fel yr eryr, y condor, y barcut, yr hebog a'r dylluan yn bwyta anifeiliaid bach a nadredd ac adar eraill, ac mae ganddyn nhw bigau bachog a chrafangau creulon sy'n help iddyn nhw rwygo'r cig oddi ar gorff y truan a ddaliwyd. Ar wahân i'r dylluan, yn y dydd y bydd yr adar hyn yn hela. Gall gwalch y môr ddisgyn yn gyflym at y dŵr a chodi pysgodyn oddi yno yn ei grafangau cryf.

Mae gan adar sy'n bwyta had neu gnau bigau byrion cryfion ar gyfer cracio'r plisgyn neu'r masgl, a thrwy gymorth ei gylfin groes mae'r groesbig yn gallu agor conau a chyrraedd yr had yn y canol. Pigau hir, main sydd gan adar sy'n dal ac yn bwyta pryfed a gwybed, a phig debyg sydd gan aderyn y si hefyd er mwyn iddo yfed neithdar o ganol blodau. Mae hwyaid yn defnyddio pig fel rhaw i hidlo llaid dan y dŵr a chasglu bwyd ohono, ac mae ganddyn nhw draed gweog i'w helpu i nofio ac i'w cadw rhag suddo yn y llaid, yr un fath ag adar eraill sy'n treulio llawer o'u hamser yn y dŵr. Mae gan adar sy'n clwydo ar goed grafangau sy'n gallu gafael am y gangen, tri yn tyfu ymlaen ac un yn y cefn. Dau fys ymlaen a dau fys yn ôl sydd gan gnocell y coed, i'w gynorthwyo i ddringo i fyny ochr bonyn coeden.

Pig a chrafanc fachog yr
eryr euraidd,ar gyfer dal
creaduriaid a rhwygo'u cnawd

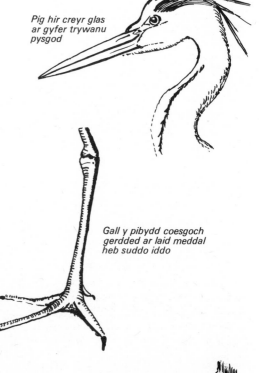

Pig hir creyr glas
ar gyfer trywanu
pysgod

Pig aderyn sy'n
bwyta had neu gnau

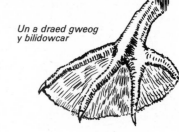

Gall y pibydd coesgoch
gerdded ar laid meddal
heb suddo iddo

Gylfin groes
y groesbig

Un a draed gweog
y bilidowcar

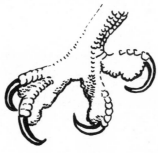

Mae gan walch y
môr grafangau
cryfion ar gyfer
codi pysgod o'r dŵr

Pioden y môr yn
agor cragen las

Dau fys ymlaen a dau
fys yn ol sydd gan gnocell
y coed i 'w chynorthwyo i
ddringo bonyn coeden

Er eu bod yn ysgafn ac yn denau, mae esgyrn aderyn yn gryf iawn. Felly hefyd eu gewynnau, yn enwedig y rhai mwyaf sy'n gweithio'r adenydd. Mae clyw adar yn fain iawn, a'u llygaid yn graff: dyna pam mae rhai mathau'n gallu dal pryfed wrth hedfan yn gyflym. Mae angen llawer o fwyd arnyn nhw ac maen nhw'n bwyta'n aml: mae gan rai mathau grombil arbennig sy'n gallu ymestyn ar gyfer storio bwyd nes y caiff yr aderyn hamdden i'w falu a'i dreulio. Rhai digon barus yw'r cywion hefyd, a bydd y rhieni'n brysur iawn yn eu bwydo nes eu bod yn gallu ymdopi drostyn nhw'u hunain. (Gweler hefyd – YMFUDO, PLU, NYTHOD, Y GOG, HWYAID, ANIFEILIAID, ERYR, HEBOG, NADREDD.)

ADAR DRYCIN

Mae'n hawdd adnabod teulu'r adar drycin wrth eu ffroenau sydd wedi'u gosod mewn darn o groen gwydn tebyg i diwb ar ben y big. Bydd dau aelod o'r teulu, y cas-gan-longwr ac aderyn drycin Manaw, yn ymgartrefu mewn hollt yn y graig neu mewn twll yn y ddaear – gwnaiff hen dwll cwningen y tro'n iawn. Dim ond yn ystod wythnosau olaf y gwanwyn a misoedd yr haf y gwelwn y rhain ar y lan: maen nhw'n treulio gweddill y flwyddyn ymhell allan ar y môr.

Aderyn bychan yw'r cas-gan-longwr, dim ond rhyw chwe modfedd o hyd. Plu tywyll sydd ar ei gorff, ar wahân i ddarn gwyn ar fôn ei gynffon, a honno'n edrych fel petai wedi'i thorri'n sgwâr. (Gynt byddai morwyr yn credu bod gweld yr aderyn hwn yn hedfan yn brysur yn arwydd o dywydd stormus – ac felly cafodd yr enw, cas-gan-longwr.) Mae aderyn drycin Manaw yn fwy o faint, tua 15 modfedd o hyd, gyda rhannau uchaf y corff yn ddu a'r rhannau isaf yn wyn. Wrth hedfan bydd yn gogwyddo o un ochr i'r llall gan ddangos ei fola gwyn i'r dde ac i'r chwith bob yn ail.

Mae enwau Saesneg yr adar hyn yn nodi'r ffaith eu bod yn hedfan yn agos at y tonnau. *Shearwater* yw aderyn drycin Manaw, un sy'n "cneifio'r dŵr" â'i adenydd, a *petrel* yw'r cas-gan-longwr – cyfeiriad at y disgybl Pedr yn cerdded ar Fôr Galilea: pan fo'n hedfan yn agos at y tonnau mae traed yr aderyn yn wir yn edrych fel petaen nhw'n cyffwrdd â'r dŵr.

Ehedwyr chwim iawn yw'r ddau aderyn hyn, ond ar y tir maen nhw'n afrosgo iawn wrth ymlusgo ar eu boliau tua'u nythod. Y pryd hwnnw bydd gwylanod yn eu hymlid a'u lladd, ac felly anaml y bydd y naill na'r llall yn mentro o'r twll yng ngolau dydd, na hyd yn oed yng ngolau'r lleuad. Gwell ganddyn nhw aros nes iddi dywyllu er mwyn osgoi llygaid craff eu gelynion.

Pysgod seimllyd a môr-falwod yw prif fwyd yr adar drycin. Byddan nhw'n hedfan ymhell o'u nythfa i'w hel, ac ar ôl dychwelyd yn cyfogi gwledd ddrewllyd gerbron y cyw, ac yn gwneud hyn yn

Ffwlmar yn deor wy ar Muckle Green Holm, un o Ynysoedd Orkney.

gyson ac yn aml nes bydd e'n chwyddo'n fawr ar ôl cael mwy na llond ei fol. Yna bydd y rhieni'n ymadael â'r nyth, gan adael y cyw i ymdopi drosto'i hun, a bydd yntau'n aros yno'n dawel am ryw bythefnos, yn byw ar y braster a storiwyd yn ei gorff, nes ei fod yn ddigon cryf i ymlusgo o'r twll, liw nos, a hedfan allan i'r môr i gychwyn taith o 6,000 neu 7,000 o filltiroedd i wledydd y De, lle mae'n haf pan yw'n aeaf yng Nghymru.

Aelod arall o deulu'r adar drycin yw'r ffwlmar, neu aderyn drycin y graig. Mae'n eitha tebyg i wylan, ond mae ei wddf yn fyrrach a thiwb y ffroenau yn amlwg iawn ar ei big. Wrth hedfan bydd yn curo'i adenydd yn gyflym am ychydig eiliadau ac yna'n gleidio'n dawel ar adenydd llonydd syth ar hyd wyneb y dŵr gan droi o ochr i ochr. Dydy hwn ddim yn trafferthu i wneud nyth. Bydd yr iâr yn crafu pant bas yn y pridd neu'n dodwy un wy mawr gwyn ar silff noeth ar wyneb y graig. Bydd yr aderyn hwn eto'n treulio'r gaeaf allan ar y môr, yn nofio, yn pysgota ac yn cysgu ar donnau Môr Iwerydd.

Prif gynefin y cas-gan-longwr yw Ynys Skokholm, seintwar adar ger arfordir gorllewinol Dyfed. Dywedir bod yno hefyd ryw 35,000 o barau o adar drycin Manaw, a llawer iawn mwy na hynny ar ynys cyfagos, Skomer. Mae'r ffwlmar yn nythu ar greigiau led-led arfordir Cymru.

Adeiladwyr wrthi'n codi canolfan newydd i'r Heddlu ym Mharc Cathays yng Nghaerdydd.

ADEILADU

Darganfu dyn yn gynnar iawn yn ei hanes, filoedd ar filoedd o flynyddoedd yn ôl, fod angen rhyw fath o loches arno i'w gysgodi rhag y tywydd. Doedd dim ogof gyfleus i'w chael ymhobman, felly rhaid oedd mynd ati ei hun i adeiladu noddfa iddo ef a'i deulu, gan ddefnyddio beth bynnag fyddai wrth law – crwyn anifeiliaid, gwellt a gwiail, cangau coed a boncyffion a cherrig mawr – ac adeiladau digon syml ac anghelfydd oedd y "tai" cynnar.

Mewn rhai mannau hyd heddiw bydd y brodorion yn dal i godi adeiladau syml gan ddefnyddio beth bynnag sydd i'w gael yn lleol. Gall Escimo fyw mewn iglw, "adeilad" crwn o eira wedi'i wasgu'n flociau, a bonau palmwydd yw fframwaith cytiau trigolion fforestydd Affrica a dail o'r un coed i wneud to.

Un o'r dulliau symlaf o wneud wal oedd taro rhes o bolion i'r pridd, yn glos at ei gilydd, ond rhuthrai'r gwynt a llifai'r glaw drwy'r craciau rhwng y polion. Felly hefyd byddai wal o gerrig o bob siâp yn llawn o dyllau. Ond dysgodd dyn sut i lenwi'r craciau a'r tyllau â chlai a llaid. Sylwodd sut y sychai'r clai yn galed yn yr haul, a dysgodd sut i wneud brics o glai drwy lunio talpau sgwâr a'u gadael i sychu, ac am ganrifoedd defnyddiai goed a cherrig a brics yn fwy na dim byd arall. Hyd yn oed heddiw dyma'r defnyddiau mwyaf cyffredin ar gyfer codi tai.

Ar gyfer adeilad o faint, rhaid cael sylfaen gadarn a fframwaith cryf. Mewn adeilad dau-lawr gall y waliau gynnal pwysau'r to a'r llawr uchaf, ond wnaiff hyn mo'r tro mewn adeilad uchel iawn lle byddai angen wal hynod o drwchus. Er pan ddarganfu dyn sut i wneud concrid a'i gryfhau drwy gynnwys ynddo wialenni neu rwydwaith o ddur, ac er pan ddaeth dur yn hawdd ei gynhyrchu, mae hi wedi bod yn bosibl codi adeiladau anferth o gwmpas fframwaith o'r naill neu'r llall o'r defnyddiau hyn. Bellach, y fframwaith, nid y waliau, sy'n cynnal pwysau'r adeilad. Hongian ar y fframwaith mae'r lloriau a'r waliau, ac yn wir, mewn ambell adeilad, ffenestri mawr ydy'r "waliau" mewn gwirionedd.

Yn Efrog Newydd mae'r adeiladau talaf yn y byd.

14

Weithiau er mwyn codi adeilad yn gyflym, defnyddir waliau a lloriau, drysau a ffenestri sydd wedi'u gwneud yn barod i fesurau arbennig: y cyfan y mae'n rhaid ei wneud yw eu cludo o'r ffatri i safle'r adeilad newydd a'u gosod yn eu lle yn gyfan, gan arbed felly lawer o amser.

Mae dyn wrthi o hyd yn darganfod ac yn dyfeisio defnyddiau newydd ar gyfer codi adeiladau a'u cadw'n glyd yn y gaeaf ac yn glaear gyfforddus yn yr haf. Daeth trai ar ddiwydiant llechi Gogledd Cymru am fod teils gwneud yn rhatach ac yn haws eu cynhyrchu ar gyfer toeau adeiladau modern.

Rhaid i'r pensaer dalu sylw manwl i gynllun adeilad newydd, a chael sicrwydd bod ei syniadau'n dderbyniol cyn gosod llu o grefftwyr ar waith, yn ymestyn o'r peirianwyr sy'n tyllu – yn ddwfn iawn weithiau – wrth baratoi'r sylfeini, hyd at y rhai sy'n peintio'r gwaith gorffenedig.

Yr un modd ag yn achos adeiladu tai a swydd-feydd a siopau ac ysbytai, datblygodd dawn a chrefft adeiladwyr ar hyd yr oesoedd mewn cyfeiriadau eraill hefyd – er enghraifft, ynglŷn â chodi argaeau a phontydd. Mae'r diwydiant adeiladu heddiw yn ddiwydiant anferth a chymhleth. (Gweler hefyd – ESCIMO, BRICS, CONCRID, DUR, EFROG NEWYDD, LLECHI, PENSAER.)

ADFENT

Un o dymhorau'r Eglwys yw'r Adfent, sy'n cynnwys y pedwar Sul cyn y Nadolig. Daw'r gair o enw Lladin, *adventus*, a'i ystyr yw "dyfodiad". Bwriad neilltuo'r cyfnod hwn yw rhoi cyfle i Gristnogion baratoi ar gyfer Gŵyl y Nadolig – gŵyl sy'n dathlu dyfodiad Crist i'r byd – fel mae'r Grawys yn baratoad ar gyfer y Pasg.

Mewn rhai gwledydd cyfnod o ddifrifwch yw'r Adfent. Ni chaniateir rhialtwch mewn priodasau, na dawnsio: hyd heddiw mae Eglwys Rufain yn anghymeradwyo priodi yn ystod yr adeg yma.

Yn Lloegr gynt byddai gwragedd tlawd yn ymweld â holl dai'r ardal yn ystod tymor yr Adfent i gardota, gan gario dwy ddol, un wedi'i gwisgo fel y baban Iesu a'r llall yn cynrychioli'r Forwyn Fair. Arferiad sy'n gysylltiedig â'r tymor ac sy'n parhau tan heddiw ymhlith ffermwyr yn Normandy yng ngogledd Ffrainc yw'r ddefod o anfon plant i'r caeau i losgi unrhyw wellt neu sbwriel sy'n aros ar ôl y cynhaeaf er mwyn lladd pob pryfetach cyn dechrau ar waith y flwyddyn newydd.

Yr Adfent sy'n nodi dechrau'r flwyddyn newydd Gristnogol yng nghalendr yr Eglwys. (Gweler hefyd – Y NADOLIG.)

AFAL

Mewn gwledydd tymherus eu hinsawdd mae afalau yn tyfu – yn enwedig yn Unol Daleithiau America, De Affrica, Canada, Awstralia, Rwsia, Ffrainc, yr Almaen a Phrydain. Ers miloedd o flynyddoedd bu dynion yn ceisio tyfu gwell afalau, gan groesi gwahanol fathau, nes cynhyrchu ffrwythau rhagorol sy'n annhebyg iawn i'r crabas gwyllt gwreiddiol. Mae afalau heddiw yn amrywio yn eu lliw o goch tywyll i felyn golau a gwyrdd, rhai yn felys iawn ac eraill yn sur.

Mae rhai mathau yn dda i'w bwyta oddi ar y pren, gan eu bod yn cynnwys Fitamin C, eraill yn addas iawn ar gyfer coginio, a defnyddir mathau arbennig at wneud seidr a finegr.

Gwaith celfydd yw'r grefft o dyfu afalau, gwaith sy'n galw am impio darn o goeden newydd ar hen bren er mwyn cynhyrchu math arbennig, tocio'r coed, eu chwistrellu i gadw pla ac afiechyd draw, a storio'r ffrwyth aeddfed mewn ystafelloedd lled oer i'w cadw rhag pydru. (Gweler hefyd – FITAMINIAU, SEIDR, FINEGR.)

AFALANS

Dyma un o beryglon mawr ardaloedd mynyddig uchel sy'n cael eu gorchuddio gan eira ac iâ. Weithiau bydd miloedd o dunelli o greigiau a phridd, yn gymysg ag eira ac iâ, yn rhuthro i lawr ochr y mynydd gan daflu o'r neilltu bopeth sydd yn y ffordd – coed, adeiladau, anifeiliaid a phobl.

Yr achos fel rheol yw bod gwres yr haul yn y gwanwyn yn toddi'r eira gan wneud y llechwedd-au'n llithrig. Weithiau bydd y pwysau mawr o eira yn cael eu rhyddhau gan symudiad digon bychan, megis dringwr uwchben yn taro'i droed yn erbyn carreg rydd a pheri iddi ddisgyn – a gall hyd yn oed sŵn gael yr un effaith a'r un canlyniadau.

Ci yn dod o hyd i deithiwr a gladdwyd dan yr eira mewn afalans.

Mewn mannau bydd glasier yn symud yn araf i lawr ochr y mynydd fel afon o iâ: gall gwres yr haf beri i ddarnau anferth o iâ dorri i ffwrdd a rhuthro'n gyflymach ac yn gyflymach i'r dyffryn islaw.

Y perygl yn y gaeaf yw gwynt cryf yn gyrru eira sych o'i flaen fel cymylau o bowdwr gwyn yn chwyrlïo tua'r dyffryn. Mae'r nerth rhyfedda yn hwn eto, ac ni all dim ei wrthsefyll.

Bydd afalans yn gwneud sŵn fel taran, ac yn creu gwynt nerthol a all achosi cymaint o ddifrod â'r llif ei hun. Ym mynyddoedd yr Alpau yn y Swistir ac Awstria y digwydd afalansau amlaf: yno bydd y trigolion weithiau'n cychwyn rhai bach o fwriad er mwyn symud y perygl cyn iddo dyfu'n fawr.

Bydd mynaich sy'n byw mewn mynachlogydd yn yr Alpau yn cadw cŵn Sant Bernard a bleiddgwn ac yn eu hyfforddi i ddod o hyd i deithwyr a gollodd eu ffordd neu a gafodd eu claddu dan gwymp o eira neu gan afalans, yr un fath â'r ci yn y llun. (Gweler hefyd – YR ALPAU, GLASIER, Y SWISTIR.)

AFANC

Anifail yw hwn sy'n perthyn i deulu'r llygod mawr, yn byw yng Ngogledd Canada a rhannau o Ewrop. Diflannodd o Brydain ganrifoedd yn ôl.

Mae'r afanc yn treulio llawer o'i amser yn y dŵr, ac mae'i gorff trwm a'i goesau byrion wedi'u haddasu ar gyfer nofio yn hytrach na cherdded. Ar ben côt isaf o wlân mae ganddo gôt arall o ffwr sy'n cadw'r dŵr allan. Rhwng bysedd ei draed ôl y mae gwe, ac mae'i gynffon fawr fflat yn ei lywio'n gyflym drwy'r dŵr. Gall aros dan y dŵr am chwarter awr, pryd bydd yn cau ei ffroenau a'i glustiau. Heb gyfri hyd ei gynffon, gall corff yr afanc gyrraedd bron llathen yn ei lawn dwf.

Mae'r afancod yn hynod am eu crefft o godi argae ar draws afon gerllaw eu cartref. Bydd nifer ohonyn nhw yn torri coed i lawr ar lan y dŵr gan gnoi drwy'r boncyff â'u dannedd miniog, bob un yn gwasgu'i gynffon lydan fflat ar y ddaear i gadw'i gydbwysedd, ac yn defnyddio'i bawennau blaen fel dwylo, fel y gwna'r afanc yn y llun.

Os na fydd coed yn tyfu'n hwylus ger yr afon, bydd yr afanc yn chwilio am y rhai agosa ac yn cloddio camlas er mwyn eu harnofio at yr afon,

neu'n eu gwthio i lawr y rhiw at y dŵr. Mae'n bwyta'r dail a'r rhisgl a'r cangau lleiaf – mae'n hoff iawn o'r aethnen a'r helygen – ac yna'n torri'r coed yn ddarnau llai, yn suddo rhai yn y clai a'r llaid ar wely'r afon, ac yn eu plethu yn ei gilydd â'r cangau teneuach a llaid nes gwneud wal ar draws yr afon sy'n hel cronfa o ddŵr y tu ôl iddi.

Bydd yr afanc yn gwneud ei gartref mewn twll mawr yng nglan yr afon, neu'n codi ynys ynghanol yr afon ac yn gosod to arno – y cyfan o goed a llaid. Mae'r ffordd i mewn i'r wâl bob amser dan wyneb y dŵr er mwyn cadw'r teulu'n ddiogel rhag eu gelynion. Dyna bwrpas yr argae a'r llyn sy'n cronni'r tu ôl iddi, sef cadw uchder y dŵr yn y twneli yn weddol wastad rhag i'r lle foddi ar adeg llifogydd mawr, neu i'r twneli rewi ar dywydd oer iawn neu gael eu gadael yn uwch nag wyneb y dŵr ar dywydd sych.

Yn y wâl mae teulu'r afanc yn byw ac yn storio'u bwyd – dail a changau a rhisgl coed, gwreiddiau ac aeron. Os bydd y llyn yn rhewi drosodd, gall yr afanc nofio dan yr iâ i chwilio am wreiddiau a phlanhigion yn y dŵr. Dydy'r afanc ddim yn cysgu dros y gaeaf; er nad yw mor fywiog y pryd hwnnw ag yn yr haf mae'n cadw'n brysur yn trwsio'r argae â choed a llaid a phrysgwydd, ac yn ei helaethu os bydd angen.

Pan wêl afanc elyn mae'n taro'i gynffon fflat ar wyneb y dŵr i rybuddio'r lleill. Yn y dŵr ac yn ei gartref mae'n ddiogel rhag pob gelyn ar wahân i'r dwrgi.

AFON

Ffynnon yn byrlymu o'r ddaear, neu ddŵr yn cronni mewn pant ac yn gorlifo, neu eira'n toddi – dyna gychwyn pob afon bron. Mae ei tharddle i fyny ar dir uchel, ac oddi yno mae'n llifo, a nentydd ac isafonydd llai yn ymuno â hi, nes iddi gyrraedd llyn neu'r môr mawr ac ymarllwys yno.

Ar ei thaith gall lifo'n hynod o gyflym i lawr ochr y mynydd, gan greu cafn dwfn iddi'i hun a sboncio dros raeadrau, a chasglu llaid, gro a cherrig – rhai go fawr weithiau – a'u cario gyda hi tua'r dyffryn.

Os na fydd y dyffryn yn serth, rhed y dŵr yn arafach, gan ollwng y cerrig a'r gro a'r llaid i wely'r afon. Bellach, yn lle sgubo pob rhwystr o'i blaen yn ei rhuthr, mae'r afon yn ceisio'i osgoi, ac yn llifo heibio iddo. Dyna pam y gwelir afon ar dir gwastad yn ymdroelli o un cyfeiriad i'r llall yn lle llifo'n syth yn ei blaen.

Po fwyaf gwastad y tir, mwyaf y perygl i'r afon orlifo'i glannau mewn tymor gwlyb iawn. Mae'r gro a'r cerrig a gariwyd o'r mynyddoedd yn suddo i'r gwaelod ac felly'n codi lefel gwely'r afon, gan adael llai a llai o le i'r dŵr ac achosi dilyw pan ddaw llif mawr. Pan fyddai afon fawr fel Afon Neil yn gorlifo gynt, gallai adael haen o laid ar wyneb y tir a oedd yn werthfawr fel gwrtaith ac yn ddefnyddiol iawn ar gyfer tyfu cnydau.

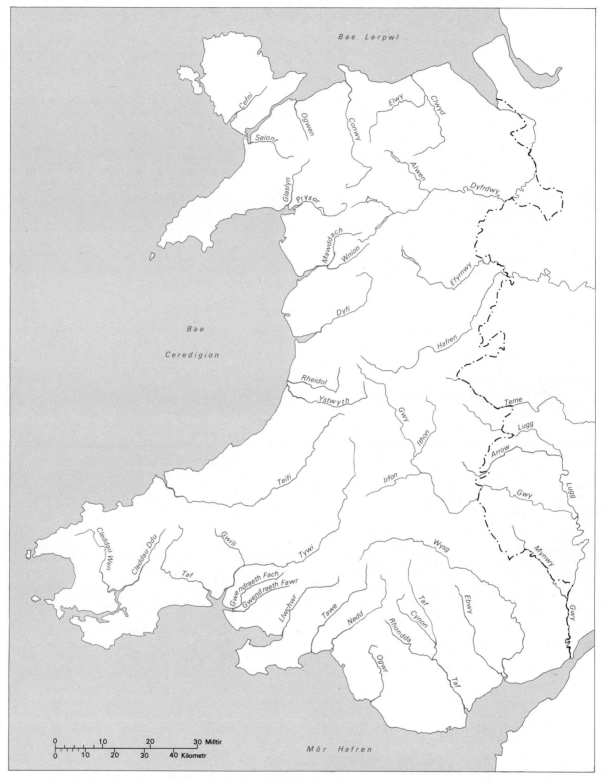

Afonydd Cymru

Lle mae afon fawr, araf yn llifo i'r môr, gall y gwaddodion sy'n suddo i'r gwaelod beri i enau'r afon ymrannu a ffurfio delta, oni bai bod cerrynt y môr yn ddigon cryf i'w golchi ymaith. Lle bydd cerrynt cryf i gario'r llaid i ffwrdd, mae'r afon yn llifo i'r môr ar ffurf moryd ddwfn, ac mewn mannau gall llongau hwylio ar hyd-ddi.

Mae hyd afonydd yn amrywio'n fawr iawn. Ffurfiant y tir sy'n pennu hyd afon, a bydd cadwyn o fynyddoedd yn gwahanu'r dyfroedd sy'n llifo i lawr un ochr oddi wrth y rheiny sy'n llifo ar lechweddau'r ochr arall. Rhyw bymtheg milltir yw hyd afon Rheidol o'i tharddle ar fynydd Pumlumon i'r môr yn Aberystwyth, ond mae Hafren, sy'n codi ychydig filltiroedd i ffwrdd ar ochr arall yr un

17

mynydd, yn teithio i'r dwyrain ac i'r gogledd ac yn troi tua'r de, am dros gant a hanner o filltiroedd cyn cyrraedd y môr.

Basn neu ddalgylch afon yw'r tir sy'n cael ei draenio ganddi. Gan Afon Amazon yng ngogledd De America mae'r dalgylch helaethaf yn y byd i gyd – bron tair miliwn o filltiroedd sgwâr. Yr afon hira yn y byd yw Afon Neil sy'n croesi dros bedair mil o filltiroedd rhwng ei tharddle ynghanol cyfandir Affrica a'r delta llydan yn y Môr Canoldir. Nesa ati o ran hyd yw Amazon (3,900 milltir), ac yna Yangtse Kiang (3,100 milltir) sy'n codi yn Tibet, yn croesi China ac yn ymarllwys i'r Môr Tawel gerllaw Shangai.

Mae dwy ar bymtheg o afonydd y byd dros ddwy fil o filltiroedd o hyd, yn eu plith afonydd Congo a Niger yn Affrica, Mississippi yng Ngogledd America a Volga yn Rwsia. Ond nid yr afonydd hira yw'r pwysica bob amser: ychydig iawn o drafnidiaeth sydd ar rannau helaeth o Amazon fawr am ei bod yn llifo drwy wlad fforestydd eang lle mae'r boblogaeth yn brin iawn, ond mae rhai afonydd byrion fel Tafwys yn Lloegr (210 milltir) a Rhein yn yr Almaen (820 milltir) ymhlith y prysuraf a'r pwysicaf yn y byd.

Bydd rhai trefi a dinasoedd yn tynnu dŵr o afon ac yn ei buro i ddiwallu anghenion y trigolion. Ond erbyn heddiw teflir cymaint o garthion ac ysbwriel i ambell afon, o dai a ffatrioedd ar ei glannau, nes creu problem glendid a'r perygl o niweidio iechyd pobl.

Mewn rhai mannau gosodir argae ar draws afon i greu llyn neu gronfa, ac efallai anfon dŵr oddi yno am bellter mawr i'w ddefnyddio mewn trefi ymhell i ffwrdd – fel y mae Birmingham yn defnyddio dŵr o gronfeydd Cwm Elan ym Maesyfed, a Chaerdydd yn tynnu dŵr o lynnoedd Bannau Brycheiniog. Neu gellir defnyddio dŵr o gronfa o'r fath ar gyfer cynhyrchu trydan fel y gwneir ym mhwerdai Tanygrisiau a Maentwrog ym Meirionnydd a Chwm Rheidol yng Ngheredigion ac hefyd yn yr atomfa niwcliar yn Nhrawsfynydd.

O dir uwch i dir is y bydd dŵr yn llifo. Yr unig ffordd i wneud i afon "lifo" i fyny, yn lle ar i waered, yw gosod llifddorau arni i godi lefel y dŵr, fel cyfres o risiau ar hyd yr afon. Ar gamlas y gwelir y trefniant hwn fel arfer. (Gweler hefyd – NEIL, DELTA, HAFREN, AMAZON, CHINA, RWSIA, TAFWYS, ATOMFA, CAMLAS, DYFFRYNNOEDD.)

AFFRICA

Cyfandir anferth yw Affrica, yr ail fwyaf yn y byd, yn gorwedd rhwng Môr Iwerydd i'r gorllewin, Môr India i'r dwyrain a'r Môr Canoldir i'r gogledd. Rhed y Cyhydedd ar draws ei chanol, ac felly mae cyfran helaeth o'r cyfandir yn y Trofannau.

Fel mae'r map yn dangos, ychydig iawn o dir isel sydd yn Affrica, dim ond rhimyn cul ar hyd glannau'r môr. Yn y Trofannau mae'r tir isel yn boeth iawn, ond mae'r ucheldiroedd yn fwy claear, a bydd eira ar gopa mynyddoedd Kilimanjaro (19,340 troedfedd), Kenya (17,058) a Ruwenzori (16,794) yn nwyrain Affrica ar hyd y flwyddyn. Ger y Cyhydedd, yn enwedig yn y gorllewin a'r canolbarth, ceir jyngl eang, toreithiog, dyrys: bydd glaw trwm yn disgyn ar y fforestydd hyn, weithiau cymaint â 100 modfedd y flwyddyn mewn mannau. Yma mae dwy afon fawr, Congo a Niger, yn llifo i Fôr Iwerydd.

O bobtu i'r jyngl mae glaswelltiroedd eang a elwir safanna, lle mae'r llew yn pori, a'r llewpart, y rhinoseros, yr eliffant, y jiraff, a'r sebra. Mae Llywodraethau'r parthau hyn wedi sefydlu gwarchodfeydd, sef parciau i gadw'r anifeiliaid rhag cael eu hela a'u difa.

I'r gogledd mae'r Sahara poeth, sych. Dyma'r diffeithwch mwya yn y byd, yn ymestyn dros dair miliwn o filltiroedd sgwâr – mwy nag arwynebedd Awstralia – o Fôr Iwerydd yn y gorllewin i'r Môr Coch yn y dwyrain. Ychydig iawn o law sydd yma a does dim yn tyfu na neb yn byw ond lle ceir cyflenwad o ddŵr. Yma a thraw mae gwerddonau lle bydd ffynhonnau'n codi dŵr o nentydd tanddaearol neu o lynnoedd sydd wedi cronni dan dywod a chreigiau'r diffeithwch. Yn yr ardaloedd hyn gall pobl gartrefu, a thyfu haidd a gwenith, datys a ffigys a llysiau.

Yn nwyrain y diffeithwch rhed Afon Neil ar hyd dyffryn ffrwythlon cyn ymarllwys i'r Môr Canoldir drwy ddelta eang. Ar hyd y dyffryn hwn mae bron y cyfan o drigolion yr Aifft yn byw. Mae'r tir oddeutu'r afon yn doreithiog am fod Afon Neil yn y blynyddoedd a fu wedi gorlifo'i glannau bob haf gan adael haen drwchus o waddodion bras ar wyneb y tir lle byddai'r Eifftiaid yn plannu reis a gwenith a chotwm.

Yng ngogledd-orllewin y cyfandir dydy'r diffeithwch ddim yn cyrraedd yr arfordir. Ar hyd glannau'r Môr Canoldir mae gwledydd Morocco, Tunisia ac Algeria, sy'n cael eu dyfrhau gan ddŵr o Fynyddoedd yr Atlas, ac sy'n cynnal poblogaeth sylweddol, yr un fath â dyffryn Afon Neil, a gellir tyfu grawnwin, datys, orennau a lemonau yno.

Yn Affrica mae afon fawr arall, Zambesi, yn croesi'r cyfandir cyn ymarllwys i Fôr India. Arni mae Sgwd Victoria sydd ddwywaith cyn uched a dwywaith cyn lleted â Sgwd Niagara. I'r deorllewin o Zambesi mae diffeithwch Kalahari sydd heb fod mor sych â'r Sahara ac yn llawer llai o faint. Mae gweddill de Affrica'n reit ddymunol, ei hinsawdd yn fwy claear: yno bydd ffermwyr yn magu gwartheg a defaid ac yn allforio gwlân braf i Brydain, ac yn tyfu indrawn, siwgr-cên, grawnwin, afalau, lemonau, orennau, te a thybaco.

O dde Affrica hefyd, o fwnfeydd Kimberley, y daw bron holl ddiemwntau'r byd, a daw llawer o aur o ardal y Rand ger Johannesburg, yn ogystal â chopr, cobalt ac wraniwm.

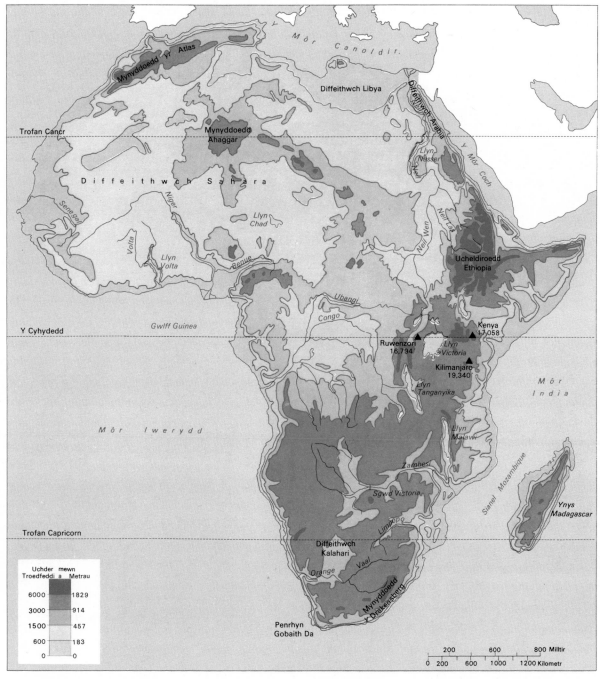

Affrica—Map tirwedd. (Sylwn gyn lleied o dir isel sydd yn y cyfandir hwn)

Cyfran fach o boblogaeth cyfandir Affrica sydd yn wyn eu croen. Yn y gogledd, yn y Sahara a'r Aifft, Arabiaid brown golau yw'r mwyafrif mawr. Pobl dywyll, llawer ohonyn nhw'n Negröaid, sy'n byw yn y fforestydd ac ar wastadeddau'r safanna. Yn Ne Affrica ceir disgynyddion trigolion o'r Iseldiroedd a ymsefydlodd yno tua thair canrif yn ôl.

Tan y bedwaredd ganrif ar bymtheg ychydig a wyddai'r byd am ganolbarth y cyfandir eang. Ers rhyw dair canrif cyn hynny roedd llongau wedi hwylio ar hyd glannau'r cyfandir gan rowndio Penrhyn Gobaith Da ar eu ffordd i'r India, ond nid oedd yn hawdd iddyn nhw deithio i fyny'r afonydd o achos y dŵr gwyllt a'r rhaeadrau sydd ger aberoedd Neil, Congo a Zambesi a'r corsydd coediog sydd wrth enau Afon Niger. I deithwyr tir sych doedd y fforestydd na'r Sahara ddim yn hawdd eu tramwyo.

Erbyn diwedd y ganrif roedd arloeswyr fel Mungo Park a David Livingstone a H. M. Stanley wedi darganfod rhannau helaeth o'r canolbarthau tywyll ac wedi'u mapio. Hawliodd amryw o genhedloedd Ewrop y cyfandir bron i gyd, a'i rannu rhyngddynt, ond tua chanol yr ugeinfed ganrif enillodd y mwyafrif mawr o wledydd Affrica eu hannibyniaeth. Erbyn heddiw mae'r cyfandir yn cynnwys dros hanner cant o wahanol wledydd, yn amrywio mewn maint o wlad fechan iawn fel Gambia (4,000 o filltiroedd sgwâr) i wledydd mawr fel Algeria, Zaire (Congo gynt) a'r Sudan – bob un o'r tair dros 900,000 o filltiroedd sgwâr. Wrth gwrs, dydy'r boblogaeth ddim bob amser yn cyfateb i faint y wlad: Nigeria yw'r fwyaf poblog, dros drigain miliwn, er nad yw, o bell ffordd, hanner cymaint â'r tair gwlad fawr a enwyd. Deuddeg miliwn yw poblogaeth Algeria er ei bod mor fawr. (Gweler hefyd – Y CYHYDEDD, Y TROFANNAU, SAHARA, ANIALWCH, GWERDDON, YR AIFFT, NEGROAID, YR INDIA, DAVID LIVINGSTONE.)

ANGHYDFFURFWYR

Pan ddaeth y Frenhines Elisabeth I i'r orsedd yn 1558, gorchmynnodd i bawb yn y deyrnas fynd i eglwys y plwyf ar Suliau a Dyddiau Gŵyl i addoli. Roedd eglwys y plwyf yn rhan o Eglwys Loegr; hon oedd eglwys swyddogol y wlad, a doedd gan neb hawl i addoli yn unman arall.

Ond roedd rhai pobl yn credu'n bendant fod gan bob dyn berffaith ryddid i addoli fel y mynnai ef ei hun, nad oedd yn rhaid iddo ddilyn ffurf gwasanaeth Eglwys Loegr, ac yn wir nad oedd angen hyd yn oed adeilad arno cyn y gallai addoli.

Gwledydd Affrica

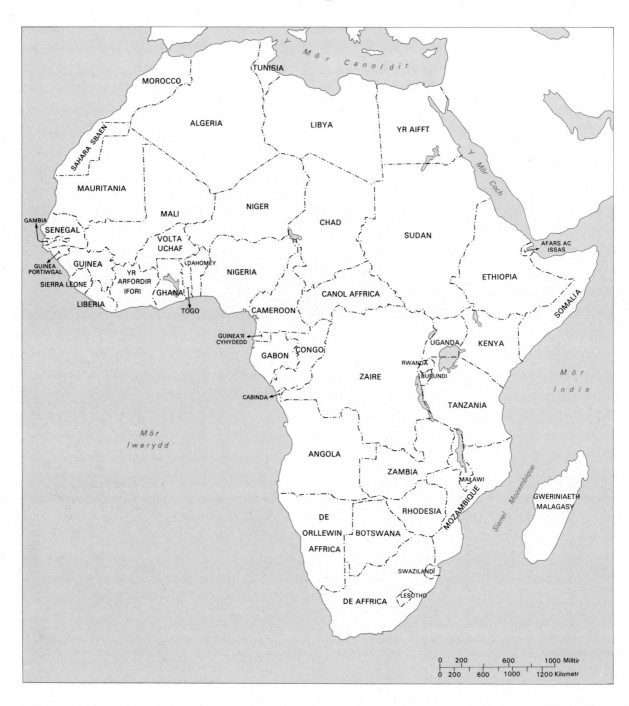

Aelodau o lwyth y Pondo sy'n byw yn Neheudir Affrica.

Sir Frycheiniog. Protestiodd ef yn erbyn gwasanaeth ffurfiol eglwys y plwyf ac yn erbyn offeiriaid Eglwys Loegr, gan ddweud nad oeddyn nhw'n gymwys i bregethu gair Duw, ac apeliodd at y Senedd a'r Frenhines am ryddid i bregethu ei hun, ac yn Gymraeg. Gwrthodwyd ei gais, a rhoddwyd ef i farwolaeth yn 1593.

Ond dal i gynyddu wnaeth nifer y rhai a anghytunai â threfn Eglwys Loegr, a wrthodai "gyd-ymffurfio" â hi (dyna pam y gelwir hwy yn "Anghydffurfwyr") ac a fynnai "ymneilltuo" oddi wrthi (enw arall arnyn nhw yw "Ymneilltuwyr") Gair Saesneg am anghytuno yw *to dissent*, a gelwid y bobl hyn yn *Dissenters* yn Lloegr, ac weithiau'n "Sentars" yng Nghymru.

Er eu bod i gyd yn gytûn yn eu gwrthwynebiad i Eglwys Loegr, doedd hyn ddim yn golygu eu bod o'r un farn ar bopeth. Yn yr 17 ganrif, sefydlodd George Fox Gymdeithas y Cyfeillion, a enillodd yr enw "Crynwyr" am ei fod ef yn eu hannog i "grynu" gerbron mawredd Duw wrth feddwl am gyflwr eu heneidiau. (Defnyddiai rhai pobl yr enw gyda gwawd, o gofio bod George Fox, mewn llys barn, wedi rhybuddio'r barnwr i "grynu wrth glywed llais yr Arglwydd".) Chredai'r Cyfeillion ddim mewn gwasanaethau ffurfiol na gweinidogion na phregethwyr, nac mewn gweinyddu sacramentau fel bedydd a'r Cymun. Ar y llaw arall, credai'r Bedyddwyr mewn bedyddio yn unig rai a oedd yn ddigon hen i sylweddoli beth roeddyn nhw'n ei wneud, ac yn credu o ran eu hargyhoeddiad, yn hytrach na bedyddio babanod fel y gwnâi Eglwys Loegr a rhai o'r enwadau anghydffurfiol eraill.

Un o arweinwyr cyntaf y mudiad hwn oedd Ffrancwr o'r enw John Calvin; roedd ganddo ddilynwyr ym Mhrydain yn oes Elisabeth, a gelwid hwy yn Biwritaniaid. Un o'r Piwritaniaid cyntaf yng Nghymru oedd John Penri, o Gefn Brith yn

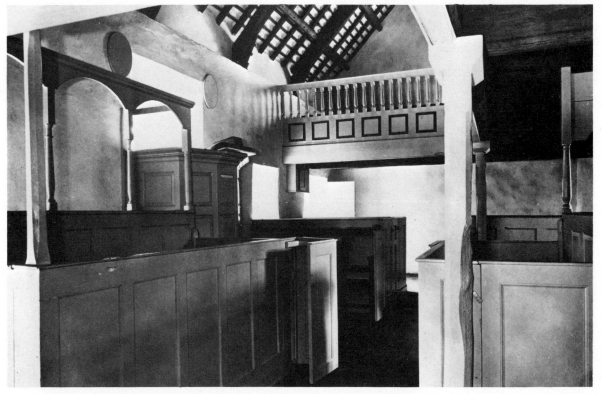

Y tu mewn i Gapel Penrhiw yn Amgueddfa Werin Sain Ffagan, lle'i symudwyd o'r Drefach, Felindre: adeilad syml, llwm, tebyg i sgubor, nodweddiadol o dai cwrdd cynnar yr Anghydffurfwyr yng Nghymru.

Roedd yr Annibynwyr a'r Bedyddwyr am i bob eglwys leol ei llywodraethu ei hun cymaint ag oedd yn bosibl. Tyfodd y "Methodistiaid" yng Nghymru o'r Diwygiad a gychwynnwyd gan Howel Harris, Daniel Rowland, William Williams o Bantycelyn a Peter Williams.

Mae'r Enwadau a'r Cyfundebau hyn, ac eraill (megis Byddin yr Iachawdwriaeth, y Mormoniaid a'r Undodwyr), i gyd yn Anghydffurfwyr, ac yn dal mewn grym heddiw fel Eglwysi Anghydffurfiol ochr yn ochr ag Eglwys Loegr a'r Eglwys yng Nghymru.

Ymhob tref a phentref bron ceir eglwys y plwyf (y llan) ac un neu ragor o gapeli lle bydd Anghydffurfwyr y cylch yn cyfarfod i addoli. Fel rheol mae gwahaniaethau amlwg yn yr adeiladau – o'r tu allan ac o'r tu mewn. Yr allor sy'n cael y lle canolog yn y llan, ond y pulpud yn y capel. Roedd llawer o dai-cwrdd cynnar yr Anghydffurfwyr yn adeiladau syml a diaddurn, heb y cerfluniau a'r croesau a'r ffenestri lliw sydd mor amlwg ymhob llan, a cheir enghraifft dda o gapel o'r fath yn Amgueddfa Werin Sain Ffagan, sef Capel Pen-rhiw o Drefach, Felindre. (Gweler hefyd – JOHN PENRI, Y CYMUN, HOWEL HARRIS, GRIFFITH JONES, DANIEL ROWLAND, WILLIAM WILLIAMS, AMGUEDDFA WERIN CYMRU.)

ANGOR

Dyfais drom o fetel yw angor, o haearn, aliwminiwm neu ddur ar gyfer sicrhau cwch neu long a'i gadw rhag mynd gyda'r llif. Gollyngir yr angor, sy'n sownd wrth raff neu gadwyn, dros ochr y cwch, a bydd ei fachau – sy'n debyg i gyrn mawr – yn gafael yn y llaid ar wely'r môr ac yn dal y cwch yn yr unfan.

Ar long fawr bydd dwy angor fel rheol, yn hongian o'r golwg bron mewn tyllau mawr yn

ochrau pen blaen y llong. Caiff yr angor ei gollwng i'r dŵr pan fydd y llong am sefyll allan ar y môr, neu allan oddi wrth y cei yn yr harbwr. Mewn harbwr defnyddir angor weithiau i droi llong fawr – gollyngir yr angor i'r dŵr i ddal pen blaen y llong tra bydd tygiau'n tynnu neu'n gwthio'r rhan ôl i'w lle, fel y bo'r galw.

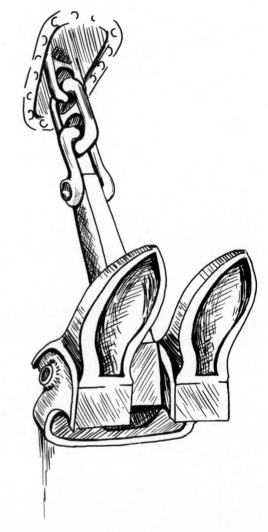

Angor fodern

Wrth gwrs, rhaid cael cadwyni mawr iawn i ddal llong wrth ei hangor, ac mae gweithdy enwog ym Mhontypridd yn arbenigo yn y gwaith o wneud cadwyni o'r fath. Yno y gwnaed y cadwyni mawr praff i amryw o'r llongau mawr a adeiladwyd ym Mhrydain, gan gynnwys *Queen Elizabeth II*.

Erbyn hyn defnyddir injan ar fwrdd y llong i godi a gollwng yr angor. Gynt byddai aelodau'r criw yn cerdded o gwmpas capstan, math o ddrwm mawr, a byddai rhaff neu gadwyn yr angor yn dirwyn o gwmpas y capstan wrth i'r morwyr ei droi. Bydden nhw'n canu wrth weithio, a rhithm y gân, mae'n debyg, yn help i ysgafnhau'r dasg ac yn foddion i'w cadw i dynnu gyda'i gilydd. (Ceir enghreifftiau o'r siantïau hyn yng nghasgliad J. Glyn Davies, "Cerddi Huw Puw".) (Gweler hefyd – SIANTI.)

Angor "hen-ffasiwn"

YR AIFFT

Gwlad yw hon o ryw bedwar can mil o filltiroedd sgwâr (dros bedair gwaith cymaint â Phrydain Fawr) yng ngogledd-ddwyrain cyfandir Affrica, rhwng y Môr Canoldir i'r gogledd a'r Sudan i'r deau, camlas Suez a'r Môr Coch i'r dwyrain a diffeithwch y Sahara i'r gorllewin. Mae ei phoblogaeth o dros 30 miliwn bron i gyd yn byw yn nyffryn ffrwythlon Afon Neil, afon fawr sy'n llifo drwy'r wlad o'r deau hyd at y Môr Canoldir yn y gogledd.

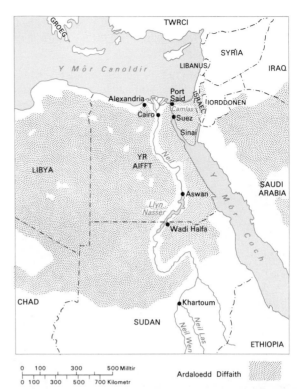

Lleoliad Yr Aifft yn Affrica

Gwlad sych iawn yw'r Aifft. Gynt byddai'r bobl yn dibynnu ar orlif blynyddol Afon Neil i ddyfrhau'r tir a gadael haen o waddodion ffrwythlon ar ei wyneb, ond erbyn heddiw mae argaeau anferth fel honno yn Aswan yn rheoli llif yr afon ac yn cronni dŵr ar gyfer dyfrhau rheolaidd, ac mewn rhai ardaloedd gellir tyfu pedwar cnwd y flwyddyn. Ffermwyr yw mwyafrif y trigolion, a thyfir cotwm, reis, gwenith, haidd, indrawn, siwgr-cên, datys a thybaco. Hefyd cynhyrchir ychydig betroliwm a manganîs.

Arabiaid yw'r bobl, y rhan fwyaf ohonyn nhw'n Fohametaniaid, dilynwyr y proffwyd Mohamed. Bydd nifer fach yn byw yn yr anialwch sy'n ymestyn drwy'r wlad i gyd y tu allan i ddyffryn Afon Neil: bydd y rhain yn crwydro gyda'u camelod o un werddon i'r nesaf.

Ffynnai gwareiddiad cynnar iawn yn yr Aifft. Roedd yno grefftwyr o fri, gan gynnwys cerflunwyr celfydd a gweithwyr medrus mewn metelau cywrain. Roedd gan y bobl eu ffordd arbennig eu hunain o sgrifennu drwy ddefnyddio darluniau yn lle llythrennau. Am gyfnod hir roedd yn arferiad claddu brenhinoedd y wlad mewn pyramidiau:

codwyd llawer o'r adeiladau enfawr hyn, a'r enwocaf yw'r tri sy'n sefyll o hyd ar ymyl y diffeithwch tua phum milltir o'r brifddinas, Cairo. Gerllaw iddyn nhw mae'r Sffincs, a gerfiwyd tua 5,000 o flynyddoedd yn ôl o ddarn enfawr o graig, 240 troedfedd o hyd a 66 troedfedd o uchder. Mae iddo gorff llew a phen dyn – pen y Pharo a oedd yn teyrnasu ar y pryd, mae'n debyg.

Enillodd yr Aifft ei hannibyniaeth yn 1922, ond bu milwyr Prydain yn gwarchod yno tan 1956. Heddiw, gweriniaeth yw'r Aifft, gydag Arlywydd yn bennaeth arni.

Mae ganddi dri phorthladd pwysig, Alexandria ar y Môr Canoldir, a Port Said a Port Tewffig – un bob pen i Gamlas Suez. Agorwyd y gamlas hon yn 1869, ac ers 1956 bu'r Aifft yn derbyn tâl am bob llong fyddai'n ei defnyddio. Yn 1967 torrodd rhyfel allan rhwng yr Aifft ac Israel, ac oddi ar hynny ni ellir hwylio ar hyd y gamlas. Bu brwydro eilwaith rhwng y ddwy wlad yn hydref 1973. (Gweler hefyd – AFFRICA, NEIL, MOHAMED, IDDEWON, PYRAMIDIAU.)

ALARCH

Aderyn dŵr mawr yw'r alarch, a chanddo wddf hir, ystwyth.

Yr alarch gwyn lluniaidd sy'n gyffredin ar afonydd a llynnoedd a glannau môr Prydain yw'r alarch mud. Er gwaethaf ei enw mae'n gallu grwgnach a hisian, a hwtian fel corn, yn enwedig os aiff rhywun yn rhy agos at ei nyth. Bydd y doeth yn hidio'r rhybudd i gadw draw, o gofio y gall alarch dorri coes dyn drwy ei daro â'i adain.

Rhaid i'r adenydd fod yn fawr ac yn gryf i godi'r aderyn i'r awyr. Gall alarch bwyso deg pwys ar hugain, ac o ben eithaf un adain i ben eithaf y llall gall fesur naw troedfedd.

23

Bydd yn gwneud nyth anferth o gorsennau a hesg ar wyneb y dŵr, a'i angori yno fel y gall godi a disgyn gyda'r llif heb nofio i ffwrdd.

Hoff fwyd yr elyrch yw math o wair a elwir sostera, ond yn y wlad hon maen nhw'n barod i fwyta bara a bwydydd eraill a deflir iddyn nhw gan bobl sy'n hoffi gwylio'r adar prydferth yn nofio'n osgeiddig ar lynnoedd ac afonydd.

Am ganrifoedd byddai pobl yn magu elyrch i'w bwyta, nes bu'n rhaid amddiffyn yr adar trwy ddeddfu eu bod yn eiddo i'r Goron, a bod angen trwydded i'w cadw a'u magu. Rhoddai pob bridiwr ei farc ei hun ar big yr aderyn neu ar we un o'i draed, fel y bydd ffermwr yn clustnodi defaid.

Daw mathau eraill o elyrch o wledydd oer y gogledd i dreulio'r gaeaf ym Mhrydain. Mae'r rhain yn wyn eu plu hefyd, ond mae gan un math big felen a blaen du iddi, ac un arall big ddu â bôn melyn, ac mae'r ddau fath hyn, wrth hedfan, yn gwthio'u gyddfau allan o'u blaen ymhellach na'r alarch mud.

Yn Ne America ceir alarch a chanddo wddf du, ac yn Awstralia math arall sy'n ddu i gyd.

YR ALBAN
Mynyddoedd uchel sy'n gorchuddio'r rhan fwyaf o'r Alban, gwlad o dros 30,000 o filltiroedd sgwâr sy'n gorwedd i'r gogledd o Loegr, ac yn eu plith mae'r mynydd uchaf ym Mhrydain, Ben Nevis, sy'n codi i 4,406 o droedfeddi, ryw wyth gant a hanner o droedfeddi yn uwch na'r Wyddfa. Mae'r golygfeydd yn hynod o brydferth, a daw miloedd o ymwelwyr i'r parthau hyn bob blwyddyn i'w mwynhau, i bysgota eogiaid, i ddringo, saethu grugieir a cheirw, neu sgïo yn y gaeaf pan fydd digonedd o eira ar fynyddoedd y Cairngorm.

Ond mae'r wlad yn wyllt a garw, y pridd yn denau a charegog, tir ffermio da yn brin iawn, ac ychydig o bobl yn byw y tu allan i drefi'r arfordir, Aberdeen, Inverness, Peterhead, Elgin, Fraserburgh a Thurso. Ar y mynyddoedd uchaf mae'r hinsawdd yn wlyb iawn, ond lle mae'r tir yn is ar ochr ddwyreiniol y wlad mae'r tyddynwyr yn llwyddo i fagu gwartheg da, yn enwedig y ddau frid gwydn, yr *Highland* hirgorn a'r *Aberdeen Angus*, sy'n rhoi cig eidion rhagorol ei flas. Mae hinsawdd gwlyb yn addas ar gyfer tyfu coed, ac mae'r Comisiwn Coedwigo wedi plannu aceri lawer o byrwydd, llarwydd, ffynidwydd a phinwydd. Datblygwyd hefyd gynlluniau i gynhyrchu trydan o'r pwêr dŵr sydd i'w gael o'r afonydd cyflym neu drwy godi argaeau ar draws dyffrynnoedd. Defnyddir y trydan mewn melinau llifio coed a ffatrïoedd mwydo sglodion, ac mewn gweithfeydd sy'n cynhyrchu aliwminiwm o'r mwyn *bauxite*, neu ei anfon i'r grid cenedlaethol i'w ddefnyddio y tu allan i'r Ucheldiroedd.

Ymysg mynyddoedd yr Ucheldiroedd mae nifer o lynnoedd dwfn iawn, rai ohonyn nhw bron fil o droedfeddi o ddyfnder. Yn eu plith mae Loch Lomond, y llyn mwyaf ym Mhrydain.

Mae dŵr rhai o nentydd yr Alban yn addas iawn ar gyfer gwneud whisgi – un o brif gynhyrchion y wlad. Diwydiant pwysig arall yw pysgota yn y môr, wedi'i seilio ar borthladdoedd Aberdeen ac Oban.

Mae llinell arfordir gorllewin a gogledd yr Alban yn ddanheddog iawn, a cheir ar hyd-ddo gannoedd o ynysoedd, rhai bach a rhai mawr. Y mwyaf yw Ynysoedd y Shetland a'r Orkney yn y gogledd, yr Hebrides Mewnol a'r Hebrides Allanol yn y gorllewin. Prif dref y Shetland yw Lerwick, porthladd ar gyfer llongau pysgota. Ar Ynys Harris yn yr Hebrides Allanol ceir diwydiant gwau twîd enwog: yno ac yn yr Ucheldiroedd bydd y brethyn yn cael ei wau yn y tyddynnod yn ogystal ag mewn ffatrïoedd.

I'r deau o'r Ucheldiroedd mae strimyn o iseldir ffrwythlon, yr Iseldiroedd Canolog, lle mae dros dri chwarter trigolion yr Alban yn byw. Yma bydd ffermwyr yn tyfu gwenith, ceirch a haidd ar dir da, ac mae'r rhan fwyaf o ddiwydiant y wlad yn y rhan yma. Y ddinas fwyaf yw Glasgow, yn y gorllewin ar lan Afon Clyde, ac iddi dros filiwn o drigolion. O'i chwmpas ceir pyllau glo, gweithfeydd haearn a ffatrïoedd gwlân anferth. Yn ierdydd llongau Clyde yr adeiladwyd rhai o longau mwya'r byd, gan gynnwys y ddwy sy'n dwyn yr enw – Y Frenhines Elizabeth. Mewn trefi cyfagos, Coatbridge, Hamilton, Greenock a Paisley ceir gweithfeydd peirianyddol pwysig.

Ar ochr ddwyreiniol yr Iseldiroedd Canolog mae dinas hardd Caeredin, prifddinas yr Alban, sy'n enwog am yr adeiladau nobl sydd ynddi ac am Ŵyl y Celfyddydau a gynhelir yno ddiwedd Awst a dechrau Medi bob blwyddyn er 1947.

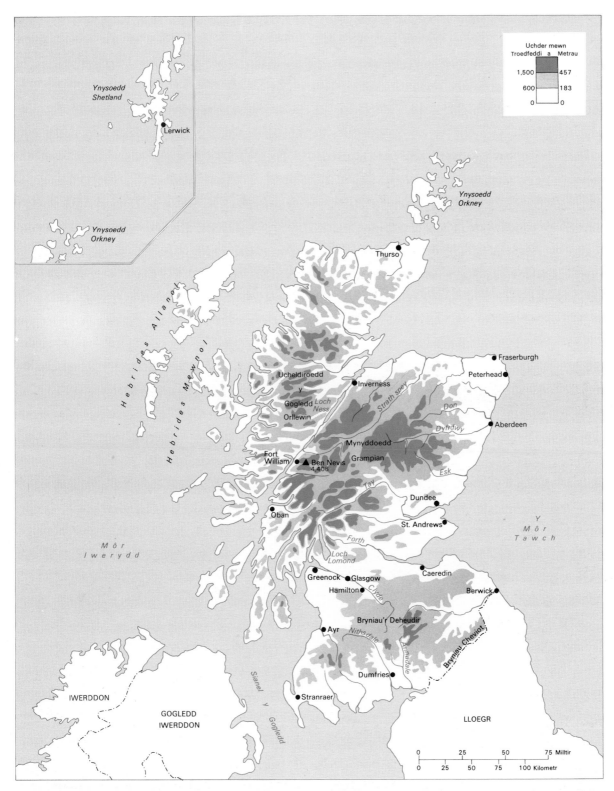

Uchder mewn
Troedfeddi a Metrau

1,500   457
600   183
0   0

Ynysoedd Shetland

Lerwick

Ynysoedd Orkney

Ynysoedd Orkney

Thurso

Fraserburgh

Peterhead

Ucheldiroedd y Gogledd Orllewin

Inverness

Strath spey

Don

Dyfrdwy

Aberdeen

Loch Ness

Mynyddoedd Grampian

Esk

Fort William

Ben Nevis 4,406

Tay

Dundee

Oban

St. Andrews

Forth

Loch Lomond

Greenock

Glasgow

Caeredin

Hamilton

Clyde

Berwick

Bryniau'r Deheudir

Ayr

Nithsdale

Annandale

Bryniau Cheviot

Dumfries

Stranraer

IWERDDON

GOGLEDD IWERDDON

LLOEGR

Sianel y Gogledd

Môr Iwerydd

Hebrides Allanol

Hebrides Mewnol

Y Môr Tawch

0   25   50   75 Milltir
0   25   50   75   100 Kilometr

Ar fryniau yr Alban, ers llawer canrif bellach, mae ffermwyr yn magu defaid braf, y Cheviot a defaid wyneb-ddu'r Alban, sy'n darparu gwlân da ar gyfer ffatrïoedd Glasgow a'r cylch, a hefyd gwartheg godro enwog Swydd Ayr sy'n rhoi llaeth rhagorol.

Yr un fath â ni'r Cymry, mae trigolion yr Alban yn glynu wrth eu hen draddodiadau. Ychydig ohonyn nhw sy'n dal i siarad Gaeleg, a bydd rhai o wŷr y wlad yn gwisgo cilt o batrymau lliwgar:

mae gan bob un o hen lwythau'r Alban, sy'n dwyn enwau fel Stewart, Campbell, Macpherson, Hamilton a McDonald, ei batrwm arbennig ei hun.

Ganrifoedd yn ôl byddai'r llwythau hyn yn ymladd yn ffyrnig â'i gilydd. Ceisiodd y Brenin Edward I goncro'r wlad yn niwedd y 13 ganrif, ond llwyddodd Robert Bruce a'i ddilynwyr i gadw annibyniaeth yr Alban y pryd hwnnw. Ond ymhen pedair canrif arall curodd Oliver Cromwell yr Albanwyr ym mrwydr Dunbar, ac yn y diwedd unwyd eu gwlad â Lloegr drwy Ddeddf Uno 1707. Heddiw mae'r Alban yn dal i fod yn rhan o'r Deyrnas Unedig ond mae ganddi ei threfniant cyfreithiol ei hun ac mae'r bobl yn glynu wrth lawer o'u hen arferion. (Gweler hefyd – CAEREDIN, GAELEG.)

ALCAM

Metel meddal, hawdd ei drin a'i ffurfio yw alcam (neu dun), sy'n gallu gwrthsefyll cael ei ddifa gan asid, ac felly mae'n ddefnyddiol iawn ar gyfer gwneud caniau i gadw bwyd. Nid alcam pur sydd mewn caniau cyffredin sy'n dal cornbîff neu ffrwythau neu sudd, ond tunplat, sef siten o ddur wedi'i gorchuddio â haen denau denau o alcam. Llanelli yw canolfan bwysicaf y diwydiant tunplat ym Mhrydain.

Mae alcam yn uno'n hawdd â metelau eraill i wneud gwahanol fathau o aloi. Cymysgedd o gopr ac alcam yw efydd; plwm ac alcam yw sodr, a'r ddau fetel hyn – neu alcam a chopr eto – sy'n gwneud piwter hefyd.

Gellir rholio alcam allan yn haen denau iawn, milfed ran o fodfedd o drwch, a defnyddir y ddalen hon weithiau i lapio bwyd neu gyffuriau arbennig. (Ond, fel rheol, o haenau o aliwminiwm, neu o aloi o blwm ac alcam, y gwneir dalennau lapio siocled a thybaco, a thiwbiau ar gyfer sebondannedd a phethau tebyg.)

Mae pobl wedi defnyddio alcam ers miloedd o flynyddoedd, gan ei gymysgu â chopr i wneud brons. Mor gynnar â'r flwyddyn 1,000 C.C. roedd gwŷr o lannau dwyreiniol y Môr Canoldir yn cloddio am alcam yn Ynysoedd y Scillies ac yn Sbaen. Tan ryw ganrif yn ôl deuai llawer iawn o alcam o fwyngloddiau yng Nghernyw, ond ychydig iawn o'r rhain sy'n gweithio bellach, a phrif ffynonellau'r byd ar hyn o bryd yw Malaysia ac Indonesia yn y Dwyrain Pell, Bolivia yn Ne America, a'r Congo a Nigeria yn Affrica.

Caiff yr alcam crai ei falu a'i olchi er mwyn cael gwared o'r tywod a'r clai sy'n gymysg ag ef,

Golygfa y tu mewn i waith tunplat lle rhoddir haen denau o alcam ar siten hir o ddur.

cyn ei doddi mewn ffwrnais chwyth. Gadewir iddo oeri, ac yna'i doddi eto a'i droi â pholion pren newydd eu torri: bydd y gwlybaniaeth yn y pren yn peri i'r alcam ferwi a daw pob aflendid ynddo i'r wyneb lle gellir ei godi gan adael y metel yn barod i'w ddefnyddio.

ALCOHOL

Os toddir siwgr mewn dŵr ac yna ychwanegu burum ato a chadw'r hylif yn gynnes, bydd ensimau yn y burum yn gwneud i'r cymysgedd weithio. Bydd yn dechrau byrlymu ac ewynnu, a daw nwy carbon deuocsid allan ohono. Alcohol yw'r hyn sydd ar ôl.

Ar raddfa fasnachol gellir defnyddio sudd ffrwythau neu unrhywbeth arall sy'n cynnwys siwgr, neu sylweddau sy'n cynnwys starts, fel tatws, reis neu rawn cnydau (barlys etc.) a bydd y starts yn cael ei droi'n siwgr gan ensimau eraill cyn i'r gweithio ddechrau.

Defnyddir alcohol i wneud diodydd, bob un â'i blas ei hun. Sudd grawnwin sy'n gwneud gwinoedd fel rheol: afalau sy'n troi'n seidr, a hopys a grawn (barlys fel arfer) sy'n cynhyrchu cwrw.

Mae alcohol yn ddefnyddiol hefyd ym myd diwydiant. Gellir ei losgi fel tanwydd i yrru peiriannau, neu'i gymysgu gydag elfennau eraill i wneud paent, lliwurau, anesthetig, perarogleu, cyffuriau a rwber synthetig. Mewn rhai thermomedrau rhoddir alcohol wedi'i liwio'n goch neu'n las i'w wneud yn haws ei weld.

Math o alcohol yw gwirod methyl, wedi'i liwio'n borffor er mwyn rhybuddio ei fod yn wenwynig iawn. (Gweler hefyd – BURUM.)

ALEXANDER FAWR

Ganed Alexander yn 356 C.C., yn fab i Philip II, brenin Macedonia, talaith yng ngwlad Groeg. Pan oedd y bachgen yn 19 oed, llofruddiwyd ei dad, a daeth Alexander yn frenin.

Credai iddo gael ei eni i'r pwrpas o goncro'r gwledydd i gyd a'u gwneud yn rhan o ymerodraeth fawr Roegaidd. Ei brif ddymuniad oedd lledaenu gwareiddiad a diwylliant Groeg dros y byd, a gwneud i bawb fyw fel y gwnâi'r Groegiaid, gan ddilyn eu harferion, gwisgo'r un dillad, a siarad yr un iaith. Roedd yn arweinydd dewr, roedd ei fyddin wedi'i disgyblu'n dda, a bu'n llwyddiannus iawn.

Erbyn 327 C.C. ymledai ei ymerodraeth dros dair mil o filltiroedd, o wlad Groeg hyd at gyffiniau India ymhell i'r dwyrain, gan gynnwys Persia (a oedd wedi bod yn ymerodraeth fawr a phwysig ei hun) a Mesopotamia, yr Aifft, Asia Leiaf, Syria a Phalesteina.

Polisi Alexander oedd sefydlu trefedigaethau o Roegiaid yn ninasoedd a threfi mwyaf y gwledydd a goncrwyd ganddo. Yn yr Aifft, ar ei orchymyn ef, codwyd dinas fawr newydd wrth enau Afon Neil, a'i henwi'n Alexandria. Daeth yn ganolfan addysg a diwylliant, a thyrrai cannoedd yno i fyw o wledydd eraill, yn enwedig pobl a garai ddysg a llenyddiaeth a chelfyddyd, fel y gwnâi'r Groegiaid.

Doedd Alexander ddim yn fodlon eto. Dyheai am goncro'r India hefyd, ond erbyn hyn roedd ei fyddinoedd yn flinedig ar ôl teithio hir a brwydro caled, a bu rhaid iddo droi nôl. Dychwelodd i Fabilon, lle roedd am sefydlu prif-ddinas ei ymerodraeth, ac yno bu farw, yn ŵr ifanc tair ar

Ymerodraeth Alexander Fawr yn 327 C.C.

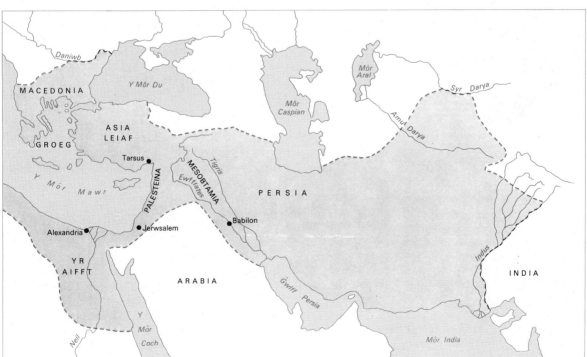

Y tu mewn i'r burfa aliwminiwm ym Mhenrhos ger Caergybi.

ddeg ar hugain oed, yn 323 C.C. Gyda'i farwolaeth diflannodd yr ymerodraeth hefyd: doedd neb yn ddigon mawr i ddilyn Alexander fel llywodraethwr arni, a rhannwyd hi ymhlith cadfridogion ei fyddinoedd.

ALIWMINIWM

Gan mlynedd yn ôl, ychydig a wyddai dynion am y metel hwn sydd erbyn heddiw mor ddefnyddiol. Daw o'r mwyn *bauxite:* gerllaw tref Les Baux yn Ne Ffrainc y cafwyd hwn gyntaf yn 1821, ond bellach darganfuwyd cyflenwadau anferth ohono yn Queensland, Awstralia, yn ynysoedd India'r Gorllewin, yn Ne America, yng Ngorllewin Affrica, ac yn Arkansas yn yr Unol Daleithiau.

Ni wyddai neb sut i gynhyrchu aliwminiwm yn rhad ar raddfa eang tan 1886 pryd y gwnaed darganfyddiadau pwysig gan ddau wyddonydd ifanc – Americanwr o'r enw Charles M. Hall a Ffrancwr, L. T. Heroult. Mae'r mwyn *bauxite* i'w gael ar ffurf creigiau, gro, tywod neu glai: gall fod yn wyn, yn llwyd, yn goch neu'n felyn. Rhaid yn gyntaf ei drin â chemegau i'w buro, a'i droi'n bowdwr gwyn: aliwmina neu ocsid aliwminiwm yw hwn. Yna caiff cerrynt nerthol o drydan eu gyrru drwy'r aliwmina, dan amodau arbennig, er mwyn cynhyrchu'r metel aliwminiwm. Electroleiddiad yw'r broses hon.

Fel rheol codir purfa lle mae cyflenwad digonol o drydan i'w gael. Mae purfeydd yn Norwy ac yn Fort William yn yr Alban yn dibynnu ar orsafoedd trydan-ddŵr lleol, ac felly roedd purfa fechan gynt yn Nolgarrog yn Nyffryn Conwy. Derbyniai'r burfa yn Rheola ger Resolfen yng Nghwm Nedd drydan o'r grid cenedlaethol.

Yn niwedd y chwedegau, ym Mhenrhos ger Caergybi ym Môn, codwyd purfa anferth a ddechreuodd weithio ym mis Tachwedd 1970. Gall hon gynhyrchu can mil (100,000) o dunelli o aliwminiwm y flwyddyn, gan ddefnyddio dwywaith y pwysau hynny o aliwmina. Codwyd glanfa arbennig ym mhorthladd Caergybi ar gyfer mewn-forio'r aliwmina, a chloddiwyd twnnel i'w gludo oddi yno'n syth i safle Penrhos, filltir a hanner i ffwrdd.

O Orsaf Niwcliar Wylfa ger Amlwch y daw'r trydan a ddefnyddir ym Mhenrhos.

Mae aliwminiwm yn werthfawr am fod iddo nifer o rinweddau. Mae'n ysgafn iawn – teirgwaith ysgafnach na haearn neu ddur – ac yn eithriadol o gryf, yn enwedig ar ôl ei uno â metelau eraill – mae aloi o aliwminiwm, copr a magnesiwm cyn gryfed â dur. Dydy e ddim yn rhydu, nac yn anodd ei gadw'n lân gyda sglein arno. Defnyddir llawer ohono mewn awyrennau, gwahanol fathau o

28

gerbydau, a llongau – a hyd yn oed i lunio dodrefn a llawer math o ddyfais. Gan ei fod yn hawdd ei drin a'i ffurfio, ac yn dargludo gwres a thrydan yn dda, gwneir offer cegin fel tegellau, sosbenni a phadelli ohono, a hefyd ceblau trydan.

Gellir ei falu'n fân a'i gymysgu gydag olew i wneud paent a'i ddefnyddio wrth wneud ffilmiau fel y bo'r rheiny'n rhatach, yn para'n hirach ac yn llai tueddol i losgi. O aliwminiwm y gwneir llawer o diwbiau eli a sebon-dannedd; gellir ei rolio'n ddalennau tenau tenau, a defnyddio'r rhain i lapio siocled, melysion a sigarennau, ac ar gyfer capiau poteli llaeth.

Yn chwedegau'r ganrif hon darganfuwyd sut i wneud metel newydd, prestal, sy'n aloi yn cynnwys sinc, aliwminiwm a rhai elfennau eraill. Gellir moldio hwn fel plastig a gwneud ffurfiau arbennig ohono fel rhan fewnol drws oeriedydd neu tu mewn i ddrws car. Dyma ddefnydd arall eto i aliwminiwm. (Gweler hefyd – ALOI.)

YR ALMAEN

Gwlad fawr yng nghanolbarth cyfandir Ewrop yw'r Almaen. I'r gogledd mae Môr Tawch, Denmarc a'r Môr Baltic; i'r dwyrain, Gwlad Pŵyl a Czechoslovakia; i'r deau, Awstria a'r Swistir; ac i'r gorllewin, Ffrainc, Luxembourg, Gwlad Belg a'r Iseldiroedd. Drwyddi mae pedair afon fawr a phwysig yn llifo – Rhein sydd mor fawr fel gall llongau'r môr mawr gyrraedd Cologne, tua 300 kilometr o'i haber yn yr Iseldiroedd; Weser ac arni borthladd bwysig Bremen; Elbe – ar hon saif dinas fawr Hamburg, porthladd mwyaf y cyfandir; ac Odra sy'n llifo i mewn i Wlad Pŵyl ac yna i'r Baltic ym mhorthladd Sczcecin. Mae camlesi'n cysylltu'r afonydd yma, a gwneir defnydd helaeth o'r camlesi a'r afonydd i gludo nwyddau ar fadau mawr ar hyd a lled y wlad.

Gwastatir eang sydd yn y gogledd, ac yn y deau ceir mynydd-dir a fforestydd helaeth o sbriws, pinwydd, ffynidwydd, ffawydd a deri, a rhyngddynt

Prif ddinasoedd dwy werin-lywodraeth Yr Almaen

29

ddyffrynnoedd ffrwythlon lle tyfir, ymhlith cnydau eraill, rawnwin ar gyfer gwneud gwinoedd rhagorol.

O fod yn nifer o daleithiau ar wahân, unwyd yr Almaen yn un wladwriaeth yn 1871. Ddwywaith yn ystod yr ugeinfed ganrif achoswyd dau ryfel mawr gan awydd ei harweinwyr i reoli gweddill Ewrop. Pan gafodd yr Almaen ei threchu ar ddiwedd rhyfel 1914–18, ffodd yr Ymerawdwr a daeth y wlad yn werin-lywodraeth. Yn ystod y tri degau cododd Adolf Hitler yn arweinydd ar y genedl: yn 1939 ymosododd ar Wlad Pŵyl a thorrodd yr Ail Ryfel Byd allan. Unwaith eto trechwyd yr Almaen, a rhannwyd y wlad yn bedwar rhanbarth dan arolygiaeth byddinoedd Prydain Fawr, Ffrainc, Unol Daleithiau America a Rwsia, a rhannwyd y brif-ddinas, Berlin, yr un fath. Methwyd â chael cytundeb rhwng gwledydd y gorllewin a Rwsia ynglŷn â dyfodol yr Almaen, ac yn 1949 rhannwyd y wlad yn ddwy. Ffurfiwyd rhanbarthau'r gorllewin yn Werin-lywodraeth Ffederal, a daeth y rhanbarth dwyreiniol – tua hanner maint y llall – yn werin-lywodraeth gomiwnyddol dan ddylanwad Rwsia.

Mae'r hen brif-ddinas, Berlin, yn Nwyrain yr Almaen, ynghanol y rhanbarth comiwynyddol: rhannwyd hithau'n ddwy hefyd, ac yn 1961 cododd y Rwsiaid fur enfawr a rhesi o weiar bigog ar draws y ddinas gyda'r bwriad o rwystro trigolion Dwyrain Berlin rhag ffoi i'r gorllewin, ond fe lwyddodd nifer i ddianc ar ôl hynny er gwaetha'r mesurau hyn. Mae Gorllewin Berlin yn rhan o Orllewin yr Almaen, er bod pellter o 160 Kilometr rhyngddynt. Dwyrain Berlin yw prifddinas Gwerin-lywodraeth Dwyrain yr Almaen. Prifddinas y Werin-lywodraeth Ffederal (h.y. Gorllewin yr Almaen) yw Bonn.

Er 1970 bu arweinwyr y Gorllewin a'r Dwyrain yn trafod caniatáu i drigolion y ddau ranbarth dramwyo'n ddi-rwystr o un i'r llall. Yn barod roedd nifer o wledydd eraill – gwledydd comiwnyddol gan mwyaf – wedi penderfynu cydnabod Dwyrain yr Almaen fel gwlad annibynnol, ac roedd y Dwyrain am i'r Gorllewin wneud yr un fath cyn y bydden nhw'n barod i ystyried llacio'r gwaharddiad ar drafnidiaeth rydd, ond mynnai arweinwyr y Gorllewin mai un wlad oedd yr Almaen, wedi'i rhannu'n ddwy dros dro.

Parhaodd y trafodaethau, ac ym mis Mehefin 1972 arwyddwyd cytundebau a fyddai'n caniatáu i bobl deithio'n rhydd rhwng Gorllewin a Dwyrain yr Almaen a rhwng dwyrain a gorllewin Berlin – er bod y mur yno o hyd. (Roedd Herr Willy Brandt wedi'i ethol yn Ganghellor (hynny yw, Prif Weinidog) Gorllewin yr Almaen yn 1969, a phan ail-etholwyd ef ym mis Tachwedd, 1972 roedd yn amlwg bod mwyafrif helaeth yn cefnogi'i bolisi ef o gyfeillgarwch tuag at Ddwyrain yr Almaen a gwledydd comiwnyddol eraill Ewrop.)

Yn y Gorllewin mae meysydd glo pwysig y Ruhr a'r Saar – dyma'r ardaloedd diwydiannol a cheir yno felinau dur a ffatrioedd gwneud peiriannau.

Rhaid mewnforio bron y cyfan o'r haearn a ddefnyddir. Yng ngogledd y wlad mae ffynhonnau olew. Gan mwyaf, rhanbarth amaethyddol yw Dwyrain yr Almaen, er bod digonedd o lignid i'w gael yno – math o lo brown a losgir mewn pwerdai trydan.

Daeth mwy o gerddorion gwir fawr o'r Almaen nag o unrhyw wlad arall yn y byd. Dyma wlad Beethoven, Bach, Brahms, Handel, Wagner a Schumann. Ym myd llenyddiaeth rhaid enwi Goethe – bardd, nofelydd a dramodydd, un o'r llenorion mwyaf a welodd y byd erioed. Cyfaill iddo oedd y dramodydd enwog Schiller, ac Almaenwyr hefyd oedd y brodyr Grimm a ddaeth yn enwog am eu casgliad o straeon Tylwyth Teg. Daeth trobwynt yn hanes llenyddiaeth yn yr Almaen pan ddyfeisiodd Gutenberg ei wasg argraffu, a ddefnyddiwyd i gynhyrchu cyfieithiad Martin Luther – Almaenwr eto – o'r Beibl. (Gweler hefyd – ADOLF HITLER, BERLIN, BEETHOVEN, BACH, HANDEL.)

ALOI

Filoedd o flynyddoedd yn ôl gwyddai dyn sut i ddefnyddio'r ddau fetel, copr ac alcam, i wneud offer ac arfau, ond roedd y naill fel y llall yn rhy feddal i fod yn effeithiol iawn. Yna darganfu, ar ddamwain efallai, y gallai gynhyrchu "metel" llawer caletach drwy gymysgu'r ddau, y copr a'r alcam, a dyna sut y cafwyd efydd. Dyna yw aloi – cymysgedd o ddau neu fwy o fetelau, sydd, fel rheol, wedi'u toddi gyda'i gilydd a'u gadael i galedu.

Mae'r cymysgedd – yr aloi – yn gryfach na'r un o'r metelau gwreiddiol am fod y darnau'n cydio yn ei gilydd fel darnau o bos lluniau. Gall fod yn ysgafnach heb golli dim o gryfder y gwreiddiol, neu'n haws ei boeth-ofanu neu'i fwrw'n ffurfiau a phatrymau cymhleth. Weithiau bydd yr aloi'n llai parod i rydu: ar ei ben ei hun dydy cromiwm ddim yn gryf ac wrtho'i hun mae dur yn rhydu, ond o uno'r ddau gyda chyfran o nicel fe gawn dur di-staen, sy'n gryf fel dur ac na wnaiff rydu. (Yn wir, aloi yw dur ei hun, ond nid o ddau fetel: fe'i ceir drwy uno haearn a charbon.)

Rhaid, drwy arbrofi, ddod o hyd i'r cyfartaledd pwrpasol o'r gwahanol fetelau, onide fe geir nodweddion annisgwyl a hollol anaddas i'r aloi a wneir ar y pryd. Gall newid y cyfartaledd gynhyrchu aloi ac iddo nodweddion gwahanol iawn.

Bydd darn o ddur cyffredin (dur "meddal") yn torri os tynnir ef â grym o tua 28 tunnell i'r fodfedd sgwâr, ond gellir gwneud aloi ohono â chromiwm a nicel, mewn cyfartaledd arbennig, a all wrthsefyll gael ei dynnu â grym o 100 tunnell i'r fodfedd sgwâr.

Defnyddir aloi o ddur a metelau eraill fel titaniwm i gynhyrchu aloi addas at adeiladu awyrennau sy'n hedfan yn gyflym iawn, yn enwedig y rhai hynny sy'n hedfan yn gynt na sŵn: un o hanfodion pennaf yr aloi hwn yw na fydd yn toddi yn y gwres mawr

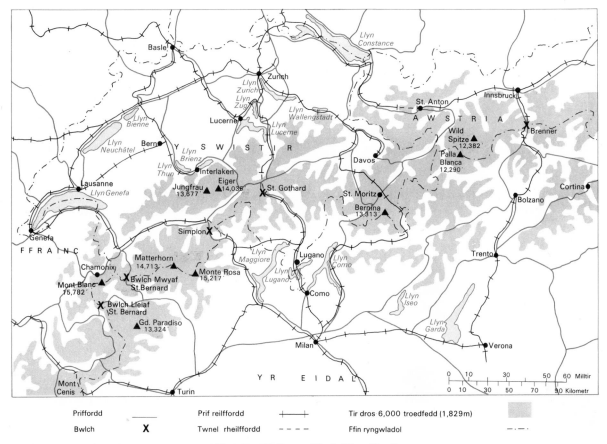

| Priffordd | _____ | Prif reilffordd | +++++ | Tir dros 6,000 troedfedd (1,829m) | |
| Bwlch | X | Twnel rheilffordd | - - - - | Ffin ryngwladol | —·—·— |

Prif fynyddoedd, llynnoedd a bylchau Yr Alpau

a gynhyrchir gan ffrithiant wrth i'r awyr ruthro heibio i'r awyren.

O aloi y gwneir pob un o'r darnau arian a ddefnyddiwn. Mae darnau "copr" yn cynnwys rhywfaint o sinc ac alcam yn ogystal â chopr ei hun, a gwneir darnau "arian" o gopr a nicel. (Gweler hefyd – EFYDD, DUR.)

YR ALPAU

Cadwyn o fynyddoedd yw'r Alpau yn ymestyn ar ffurf bwa ar hyd ffin ogleddol yr Eidal, gan wahanu'r wlad honno oddi wrth weddill Ewrop.

Ar gyfartaledd mae'r mynyddoedd rhwng 6,000 ac 8,000 o droedfeddi uwch lefel y môr, ond mae copaon rhai ohonyn nhw'n cyrraedd llawer uwch na hyn, yn eu plith y Matterhorn, Mont Blanc, Monte Rosa, y Jungfrau a'r Eiger, sydd i gyd rhwng 13,000 a 16,000 troedfedd.

Gall teithwyr ar y ffordd fawr groesi i'r Eidal ar bob tymor ar hyd nifer o fylchau yn y mynyddoedd, fel Bwlch Lleiaf Sant Bernard (o Ffrainc), y Sant Bernard Mwyaf (lle mae'r ffordd fawr yn rhedeg drwy dwnnel), y Sant Gotthard a'r Simplon (y tri o'r Swistir), a'r Brenner (o Awstria). Gwnaed twnnel i'r ffordd fawr drwy Mont Blanc hefyd; rhed y rheilffordd o Ffrainc drwy dwnnel Mont Cenis a rheilffyrdd o'r Swistir drwy dwneli'r Simplon a'r Sant Gotthard.

Mae llethrau uchaf y mynyddoedd wedi'u gorchuddio gan eira ar hyd y flwyddyn, ac aiff ymwelwyr wrth y miloedd i Innsbruck a Sant Anton yn Awstria, i Chamonix yn Ffrainc, i Cortina a Bolzano yn yr Eidal ac i Davos, Sant Moritz a Zermatt yn y Swistir, i ddringo, i sgio ac i fwynhau'r golygfeydd braf a'r awyr iach, lân. Mae yno beryglon hefyd: o bryd i bryd ceir stormydd o eira a all beri i afalans ruo i lawr ochr mynydd. Bydd pwysau'r eira yn y parthau uchaf yn troi'r haenau sydd o dan yr wyneb yn iâ, nes creu afonydd o iâ a fydd yn symud yn araf mewn mannau i gyfeiriad y dyffrynnoedd.

Yn yr haf bydd yr eira'n toddi ar y llethrau, gan adael dolydd toreithiog o laswellt bras: daw pobl ifanc â'u gwartheg i fyny o'r dyffrynnoedd, i bori a rhoi llaeth rhagorol at wneud menyn a chaws a siocled. (Gweler hefyd – AFALANS.)

ALUN

Enw barddol John Blackwell a aned ym Mhonterwyl gerllaw'r Wyddgrug yn 1797. Ychydig iawn o addysg a gafodd yn blentyn: yn 11 oed prentisiwyd ef yn grydd. Dechreuodd ymddiddori mewn llenyddiaeth Gymraeg yng nghwmni'r beirdd a'r llenorion a ymgasglai yn y gweithdy. Darllenai lawer yn ei oriau hamdden a chyfansoddai ganeuon a thraethodau ar gyfer eisteddfodau lleol.

Yn 1824, trwy haelioni rhai o foneddigion yr ardal, aeth i Goleg yr Iesu, Rhydychen. Graddiodd yn 1828, urddwyd ef yn offeiriad, a gwasanaethodd fel curad yn Nhreffynnon, yng ngogledd-ddwyrain Clwyd ac fel rheithor ym Manordeifi, yn Nyfed. Bu farw yn 1840.

31

Cyfansoddodd Alun lawer o gerddi, yn eu plith rai telynegion sy'n dal yn adnabyddus heddiw, megis "Doli", "Cân Gwraig y Pysgotwr" ac "Abaty Tintern", a'r emyn poblogaidd "Does destun gwiw i'm cân". Fe'i gelwid "y melysaf o holl feirdd y bedwaredd ganrif ar bymtheg."

ALLOR

Mae llawer o sôn am allorau yn y Beibl. Gallai allor fod yn dwmpath syml o bridd neu o gerrig yn eu ffurf naturiol, neu yn ddarn o graig, neu wedi'i wneud o bren neu o gerrig wedi'u naddu neu o frics o glai. Yno byddai pobl yn aberthu: ar ôl lladd anifail neu aderyn bydden nhw'n gadael i'r gwaed lifo ar yr allor ac oddi arno i'r ddaear, neu'n llosgi darnau o'r aberth ar yr allor.

Ar y dechrau byddai dyn yn codi'i allor ei hun i gofio achlysur neilltuol neu ryw gysylltiad arbennig rhyngddo a'i Dduw. Pan gyrhaeddodd Abraham wlad Canaan, "adeiladodd yno allor i'r Arglwydd, ac a alwodd ar enw yr Arglwydd", a gwnaeth yr un peth pan ddaeth i Hebron yng ngwastadedd Mamre.

Yn ddiweddarach pan orchmynnodd Duw godi tabernacl yn yr anialwch, rhoddodd y bobl heibio'r arferiad o godi'u hallorau eu hunain a dechrau aberthu wrth yr allor yn y lle sanctaidd yno, a chododd Solomon allor i'r un pwrpas yn y Deml a adeiladodd ef yn Jerwsalem.

Fyddai'r Cristnogion cynnar ddim yn aberthu, ac felly doedd allor yn golygu fawr ddim iddyn nhw. Gwell ganddyn nhw sôn am Fwrdd yr Arglwydd, i gofio'r Swper Olaf, ond yn nes ymlaen fe ddaethon nhw i sylweddoli bod marwolaeth yr Iesu yn "aberth" ynddo'i hun, ac felly defnyddiwyd y gair "allor" i nodi'r fan lle byddai Cristnogion yn cofio'r aberth hwnnw yn Sacrament Swper yr Arglwydd, neu'r Cymun – fel y gorchmynnodd yr Iesu i'w ddilynwyr wneud yn yr oruwch-ystafell y noson cyn ei groeshoelio.

Y mae allor ymhob eglwys – Protestannaidd a Phabyddol – hyd heddiw, ond Bwrdd y Cymun a geir fel arfer mewn capeli sy'n perthyn i'r Ymneilltuwyr. (Gweler hefyd – ANGHYDFFURFWYR.)

AMAETHYDDIAETH

Mae tair rhan o bob deg o arwynebedd y ddaear yn cael eu defnyddio ar gyfer amaethyddiaeth, diwydiant pwysicaf y byd, sy'n darparu bron y cyfan o'n bwyd a'n diod. Tyfir cnydau ar un rhan o bob deg, a defnyddir dwy ran o bob deg ar gyfer magu anifeiliaid.

Mae amrywiaeth mawr ymysg y cnydau hyn. Tyfir rhai ar gyfer eu bwyta, megis grawnfwydydd (gwenith, barlys, rhyg, indrawn a reis) sy'n llwyddo ymhob rhan o'r byd ar wahân i'r parthau oer iawn; siwgr – daw siwgr-cên o wledydd poeth a siwgr-

Allor Capel Mair yn Eglwys Gadeiriol Llandaf
Sylwer ar yr addurnwaith ar y reredos y tu cefn i'r allor—ymhob panel mae blodyn a enwyd yn Gymraeg ar ôl y Forwyn Fair, megis Clustog Fair, Gwniadur Mair, Llysiau'r Forwyn a Gwlydd Melyn Mair—y cyfan wedi'i wneud o efydd a dalen aur arno

Teresau ar ochrau bryniau yng ngwlad Israel.

betys o wledydd mwy cymedrol ; a ffrwythau, llysiau, cnau, coffi, coco a the.

Ar y llaw arall, tyfir cotwm a llin ar gyfer gwneud dillad a charpedi a phapur; gwneir rhaffau o ffibr arall, seisal; ceir olew at amrywiol ddibenion o had a chnau; tyfir coed sy'n cynhyrchu math o laeth arbennig ar gyfer gwneud rwber – a phlanhigyn yw tybaco.

Mae sawl pwrpas i fagu anifeiliaid: bydd gwartheg a geifr byw yn rhoi llaeth, a dofednod yn dodwy wyau, ac yna ar ôl eu lladd byddwn yn bwyta'r cig – a chig defaid a moch yr un fath. Gwneir lledr o groen y fuwch, y mochyn, y ddafad a'r afr, a defnyddir gwlân y ddafad a blew yr afr ar gyfer gwneud dillad a charpedi. Agweddau pwysig eraill ym myd amaethyddiaeth yw cadw gwenyn sy'n cynhyrchu mêl a chŵyr, a magu anifeiliaid, megis minc a chwningod chinchilla er mwyn cael eu ffwr.

Yn gynnar iawn yn ei hanes byddai dyn yn crwydro o fan i fan, yn hela anifeiliaid ac yn chwilio am fwyd a dyfai'n wyllt. Yna sylweddolodd y gallai gasglu had planhigion gwyllt a'u hau a'u medi, a'r cam nesaf oedd ymgartrefu mewn un man a thyfu bwyd iddo ef a'i deulu. Erbyn heddiw mae ffermwyr led-led y byd yn cynhyrchu bwyd ar gyfer miliynau ar filiynau o bobl sy'n byw mewn dinasoedd a threfi filltiroedd lawer i ffwrdd, hyd yn oed mewn gwledydd eraill.

Yn y ddwy ganrif ddiwethaf bu datblygiadau pwysig a gwelliannau di-ri mewn amaethyddiaeth. Dysgodd ffermwyr sut i ganolbwyntio ar y math o ffermio a oedd fwyaf addas i'w hardaloedd eu hunain: er enghraifft, tyfir cnydau yn nwyrain Lloegr na fyddai'n llwyddo yng Nghymru lle mae'r tir a'r hinsawdd yn fwy addas ar gyfer tyfu glaswellt a magu gwartheg. Dysgwyd sut i gylchdroi cnydau er mwyn cael y gorau o'r tir. Lle mae dŵr yn brin, datblygwyd dulliau arbennig o ddyfrhau'r tir: mewn rhai gwledydd tyfir cnydau ar derasau ar ochrau'r bryniau, lle codwyd muriau isel i gadw'r pridd rhag cael ei olchi i ffwrdd ar adegau glaw mawr.

Bu llawer o arbrofi ar groes-fagu anifeiliaid, nes cynhyrchu, er enghraifft, defaid sy'n tyfu cnu o wlân da ac sydd hefyd yn dda i'w bwyta – hynny yw, anifeiliaid daubwrpas. Dysgwyd hefyd sut i gadw anifeiliaid yn iach rhag gwahanol heintiau: erbyn heddiw, er enghraifft, does nemor ddim gwartheg ym Mhrydain yn dioddef o'r darfodedigaeth.

Cafwyd gwelliannau mawr hefyd yn y cymhorthau sydd ar gael i'r ffermwr. Bellach mae

Dyrnwyr medi yn cynaeafu gwenith ar dir gwastad fferm fawr ger Ely yn Nwyrain Lloegr.

ganddo beiriannau cymhleth ac effeithiol dros ben – gwahanol iawn i'r aradr syml (rhan o gorn carw efallai) a fyddai'n crafu wyneb y tir ganrifoedd yn ôl. Yn awr gall y ffermwr yrru peiriant mawr i gae o wenith aeddfed, a bydd hwnnw, wrth deithio nôl a blaen o gwmpas y cae, yn torri'r cnwd, yn ei ddyrnu er mwyn gwahanu'r grawn oddi wrth y tywysennau, yn llenwi sachau â'r grawn, yn cael gwared o'r us ac yn rhwymo'r gwellt mewn ysgubau. Hwyrach mai ei gymorth pennaf yw'r tractor, sy'n gallu gwneud nifer o dasgau: gall dynnu aradr ac iddo ddigon o sychau i dorri ugain cwys yr un pryd, neu lusgo og neu roler; gall dynnu taclau i hau had neu blannu tatws, neu i wasgaru gwrtaith, neu i chwistrellu hylif at ladd pryfed neu chwyn – neu hyd yn oed teclyn i gasglu tatws a'u dosbarthu yn ôl eu maint, neu i hel y ffrwyth oddi ar gangau uchel coed afalau neu ellyg.

Ym mharlwr y llaethdy gall y ffermwr ddefnyddio peiriannau i fwydo a diodi'r gwartheg – a hyd yn oed eu godro. Adeg cneifio gall bellach dorri'r cnu oddi ar gefn y ddafad â gwellaif trydan.

Mewn sawl cyfeiriad felly daeth gwyddoniaeth a pheirianneg yn gymorth i'r ffermwr, a rhaid cofio am yr arbrofi a wneir ar ddatblygu a chynhyrchu amrywiol fridiau o weiriau addas ar gyfer gwahanol fathau o dir. Gwneir llawer o'r gwaith hwn yn y fridfa fyd-enwog, Bridfa Blanhigion Cymru, adran o Goleg y Brifysgol, Aberystwyth, a sefydlwyd ym Mhlas Gogerddan yn 1919. Trefnir arbrofion hefyd ar ddwy fferm o eiddo'r Weinyddiaeth Amaeth – y Trawscoed a Phwll Peiran gerllaw Aberystwyth.

Mae rhannau helaeth o'r byd, sy'n dal yn

ddiffrwyth heb fawr o ddim yn tyfu ar hyn o bryd, yn cael sylw'r arbenigwyr heddiw, yn y gobaith y bydd hi'n bosibl gwneud i hyd yn oed y diffeithwch flodeuo ryw ddydd a ddaw. (Gweler hefyd – GWENITH, INDRAWN, REIS, SIWGR, COFFI, COCO, TE, COTWM, LLIN, RWBER, TYBACO, GWARTHEG, GEIFR, DOFEDNOD, MOCH, DEFAID, GWLÂN, GWENYN, HAINT, DARFODEDIGAETH, ARADR, GWRTAITH, TATWS, AFAL, DYFRHAU'R TIR.)

AMAZON

Afon anferth yn Ne America yw Amazon, ail yn unig i Neil o ran hyd ond y fwyaf yn y byd o ran maint y dŵr mae'n ei gludo i'r môr. Mae'n tarddu ym mynyddoedd oer yr Andes, yn Periw, ryw gan milltir o'r Môr Tawel, ac yn casglu dros 500 o afonydd eraill i'w chôl ar daith o fwy na 3,900 o filltiroedd ar draws y cyfandir cyn llifo i Fôr Iwerydd ar y Cyhydedd. Mae'r map yn dangos y parthau helaeth o gyfandir De America lle mae Afon Amazon a'i changau'n llifo.

Mae aber yr afon enfawr hon dros gant a hanner o filltiroedd o led – bron chwe gwaith lled y sianel rhwng Lloegr a Ffrainc ger Dover. Yno mae'r delta mor fawr nes bod un ynys ynddo, Marajó, yn fwy ei faint na'r Swistir. Mil o filltiroedd i fyny'r afon oddi yno mae porthladd Manaus: gall llongau mawr gyrraedd y fan hon, a bydd stemars llai yn hwylio ymlaen am fil arall, cyn belled ag Iquitos, lle mae'r afon yn dal i fod yn llydan iawn – ryw filltir o lan i lan.

34

Afon Amazon a'i changhennau—rhai ohonyn nhw!

Am amser byr yn y ganrif ddiwethaf roedd Manaus yn ganolfan bwysig i'r diwydiant rwber ond dechreuwyd plannu coed rwber yn y Dwyrain Pell, ac wrth i'r diwydiant yno ffynnu, edwinodd hwnnw ym Manaus.

Ar hyd y rhan fwyaf o'u taith mae Amazon a'i changhennau'n llifo drwy'r jyngl mwyaf dyrys, lle nad oes bron neb yn byw, ond lle ceir amrywiaeth o adar ac anifeiliaid eraill, gan gynnwys nadredd anferth (gall yr anaconda lyncu dafad yn gyfan), y cayman (math o grocodeil), a phryfed brawychus a pheryglus. Yn yr afon mae pysgod mawr sy'n ymosod ar nofwyr ac yn eu tynnu dan y dŵr, a rhai llai, y piranha, troedfedd o hyd, sy'n gallu rhwygo cnawd dyn a'i adael yn sgerbwd mewn byr amser.

Mewn mannau lle cliriwyd drysni'r jyngl tyfir siwgr-cên a bananas i'w hallforio, ynghyd â choed, crwyn anifeiliaid, cacao a chnau. (Gweler hefyd – RWBER, JYNGL.)

AMBR

Defnyddir ambr ar gyfer gwneud gleiniau a thlysau i addurno dillad merched a darnau blaen pibellau smocio. Er ei fod yn edrych fel petai'n fath o garreg, mewn gwirionedd math o resin ydyw, hylif gludiog a ddiferodd allan o goed pinwydd ganrif-oedd maith yn ôl. (Ar brydiau gellir gweld diferion o'r resin hwn ar fonau coed pinwydd, wedi ymwthio allan drwy'r rhisgl.)

Ambell waith daliwyd pryfyn neu wybedyn neu ddeilen yn y resin cyn iddo galedu, ac mae yno byth.

Gall ambr amrywio yn ei liw o felyn golau i frown tywyll. Down o hyd i ddarn ohono weithiau wedi'i olchi i fyny ar y traeth, yn edrych yn debyg i garreg lefn.

Gynt credai pobl ofergoelus y byddai gwisgo darn o ambr yn eu cadw'n ddiogel o afael ysbrydion a gwrachod.

O rwbio darn o ambr yn chwim â lliain esmwyth, gellir cynhyrchu trydan, a'r pryd hwnnw bydd pethau ysgafn fel gwallt neu ddarnau o bapur yn glynu wrtho. (Gweler hefyd – TRYDAN.)

AMFFIBIA

Dosbarth o dros fil o wahanol anifeiliaid yw amffibia sy'n gallu byw ar dir sych yn ogystal ag mewn dŵr croyw, dosbarth sy'n cynnwys y llyffant, y broga a madfall y dŵr. Daw'r enw amffibia o air Groeg sy'n golygu "byw dau fath o fywyd".

Fel rheol bydd anifeiliaid sy'n byw bob amser mewn afonydd neu lynnoedd yn tynnu ocsigen o'r dŵr trwy eu tagellau, ond er mwyn gallu byw rhan o'r amser ar dir sych dysgodd yr amffibia sut i anadlu drwy eu hysgyfaint neu drwy eu crwyn pan fôn nhw allan o'r dŵr.

Broga (uchod) a Llyffant (isod).
Mae croen y broga'n llyfn, ond croen garw sydd gan y llyffant. Sylwn ar goesau ôl hir y broga sy'n ei gynorthwyo i neidio'n dda. Dydy'r llyffant ddim yn gystal neidiwr am mai coesau byrrach sydd ganddo.

Mae madfall y dŵr yn treulio'r rhan fwyaf o'i amser yn y dŵr, gan ddefnyddio'i gynffon a'i goesau ar gyfer nofio.

Mae llyffaint a brogaod yr un mor gartrefol ar dir sych ag mewn dŵr, y llyffant yn greadur araf a'r broga'n gallu symud yn gyflymach. Mae'r penbyliaid, rhai bach y llyffaint a'r brogaod, yn deor o wyau meddal sydd, fel rheol, yn cael eu dodwy yn y dŵr. Maen nhw'n defnyddio'u cynffonnau ar gyfer nofio yr un fath â physgod. Wrth dyfu mae'r penbwl yn colli'i gynffon ac yn tyfu pedair coes, ac mae'r llyffant a'r broga'n defnyddio'u coesau ôl cryfion i symud drwy'r dŵr ac ar gyfer neidio o gwmpas ar dir sych.

Mae un math o fadfall, y salamander, yn byw gan mwyaf allan o'r dŵr. Mae'n debyg i'r genau goeg, ond mae ei groen yn llyfnach. Mae wyau rhai mathau o salamander yn deor tu mewn i gorff y fam, a'r rhai bach yn cael eu geni'n fyw.

Mae rhai anifeiliaid eraill yn gallu treulio peth o'u hamser yn y dŵr yn ogystal ag ar dir sych, fel y crocodeil, y morlo, yr afanc, y dwrgi a rhai mathau o nadredd – ond mamaliaid yw'r rhain ac nid amffibiaid. Ni all un o'r rhain anadlu ond trwy ei ysgyfaint. (Gweler hefyd – LLYFFANT, YSGYFAINT, CROCODEIL, MORLO, MAMALIAID.)

AMGUEDDFA

Ystyr "amguedd" yw trysor, a chanolfan yw amgueddfa i gadw ac arddangos trysorau gwerthfawr a phethau diddorol sy'n taflu goleuni ar hanes. Ar y dechrau sefydliad preifat oedd pob amgueddfa, ar gyfer y perchennog a oedd wedi casglu'r gwahanol eitemau oedd ynddi, ond yn y 19 ganrif dechreuwyd agor amgueddfeydd i'r cyhoedd.

Bydd rhai ohonyn nhw'n cynnwys amrywiaeth o bethau a gasglwyd o bell ac agos, fel yr Amgueddfa Brydeinig yn Llundain. Bydd eraill yn canolbwyntio ar un neu ddau o bynciau yn arbennig, megis gwyddoniaeth neu hanes neu drafnidiaeth neu stampiau neu arfau rhyfel.

Mae nifer o fân amgueddfeydd yng Nghymru, rai ohonyn nhw'n ymwneud ag un cylch neu ardal (fel amgueddfa sirol), neu ag un agwedd ar hanes (megis Amgueddfa Segontiwm yng Nghaernarfon a'r Amgueddfa Rufeinig yng Nghaerllion), neu ag un dyn (megis Amgueddfa Robert Owen yn y Drenewydd, y gweithdy yng nghartre Syr Henry Jones yn Llangernyw, ac Amgueddfa David Lloyd George yn Llanystumdwy).

Y gamp mewn amgueddfa yw trefnu ac arddangos y gwahanol eitemau fel y gall ymwelwyr eu gweld yn glir a darllen amdanyn nhw – fel rheol ar label sydd wrth bob un. Yn aml bydd arbenigwyr ar gael i lanhau a thrwsio eitemau a gafodd niwed, fel hen lestri neu ddarluniau, tra bydd eraill yn gelfydd iawn yn stwffio anifeiliaid ac adar ac yn gwneud modelau fel cefndir pwrpasol i'w harddangos.

Daeth bri bellach ar gadw mewn amgueddfeydd enghreifftiau o ddiwydiannau a fyddai'n ffynnu yn y gorffennol. Ym mis Mai 1972, trwy gydweithrediad Cyngor Sir Arfon, Amgueddfa Genedlaethol Cymru a'r Llywodraeth, agorwyd amgueddfa ddiwydiannol yn hen chwarel Dinorwig ger Llanberis. Yno, wrth droed y rhesi o bonciau yn dwyn enwau fel Abyssinia, Tophet, Ponc Moses a New York, sydd heddiw'n segur ar ochr y mynydd, casglwyd enghreifftiau o beiriannau ac offer a fyddai'n cael eu defnyddio gynt yn y chwarel lechi fwyaf yn y byd. Yn eu plith mae nifer o wagenni a gariai'r talpau mawr o graig o'r "twll" i'r "sied", a'r gyllell a weithiai'r chwarelwr â'i droed i dorri pob llechen i'w maint priodol gan adael siamffer ar bob ymyl. (Gweler hefyd – AMGUEDDFA GENEDLAETHOL CYMRU, AMGUEDDFA WERIN CYMRU, CHWAREL, LLECHI, RHUFEINIAID, ROBERT OWEN.)

AMGUEDDFA GENEDLAETHOL CYMRU

Ym Mharc Cathays yng Nghaerdydd mae'r brif ganolfan, mewn adeilad hardd ac ynddo lu mawr o wrthrychau sy'n amcanu dangos sut le yw Cymru, a bywyd a gwaith dyn ynddi dros y canrifoedd. Mae'n llwyddo i wneud hyn drwy ddarlunio daeareg, llysieueg a swoleg y wlad, a hynafiaethau, diwydiant, crefft a chelfyddyd y bobl, gan ddefnyddio gan mwyaf enghreifftiau Cymreig.

Mae llawer iawn o'r eitemau yn rhai "gwreiddiol", yn amrywio o law-fwyell a ddefnyddiwyd gan rywun yn ardal Caerdydd ryw 200,000 o flynyddoedd yn ôl ac sydd i'w gweld yn yr Adran Archaeoleg, i borslen Abertawe a Nantgarw o'r ganrif ddiwethaf a lluniau a beintiwyd yn y ganrif hon. Mae yno hefyd lu mawr o fodelau – modelau o adar ac anifeiliaid a phlanhigion a modelau sy'n ymwneud â diwydiant, fel hwnnw o chwarel Trefor, model mawr o waith glo, a'r model o injan ager Trevithick (a dynnodd ddeg tunnell o haearn o Ben-y-Darren, Merthyr Tudful i Abercynon yn 1804 – yr injan gyntaf i dynnu llwyth ar reiliau).

Yn ogystal ag arddangos miloedd o eitemau mewn chwe adran yn yr adeilad ym Mharc Cathays, un o brif wasanaethau Amgueddfa Genedlaethol Cymru yw'r ddarpariaeth a wneir ar gyfer ysgolion. Bob tymor anfonir i lawer o ysgolion Cymru, ar fenthyg, rai miloedd o eitemau o'r gwahanol adrannau, gan gynnwys modelau o bethau sy'n rhy brin neu'n rhy frau i'w symud. Mae'r cyfan wedi'u labelu a'u hegluro, fel y gall plant eu hastudio yn yr ysgol, ac maen nhw felly o werth arbennig i'r rheiny sy'n byw yn rhy bell o Gaerdydd i ymweld â'r Amgueddfa'n gyson.

Mae tair canolfan arall yn gysylltiedig â'r Amgueddfa Genedlaethol – Tŷ Turner ym Mhenarth (lle dangosir darluniau ac eitemau eraill

Grŵp o blant yn yr Amgueddfa Genedlaethol yng Nghaerdydd yn archwilio darn o banel mosaic o gyfnod y Rhufeiniaid.

o fyd celfyddyd), yr amgueddfa fechan sydd ar safle caer y Lleng Rufeinig yng Nghaerllion-ar-Wysg (lle dangosir gwrthrychau a ddarganfuwyd yn y gaer ac o'i chwmpas), ac Amgueddfa Werin Cymru yn Sain Ffagan.

AMGUEDDFA WERIN CYMRU

Agorwyd yr Amgueddfa Werin yn Sain Ffagan, ryw bedair milltir i'r gorllewin o Gaerdydd, yn 1947, gyda'r amcan o ddarlunio bywyd pob dydd cenedl y Cymry yn y blynyddoedd a fu.

Dodrefnwyd ystafelloedd Castell Sain Ffagan – y gegin, y neuadd, y siambr, y llyfrgell, y parlwr, yr ystafell fwyta a dwy ystafell wely – i ddangos y math o fywyd a geid mewn plasty yn ystod y pedair canrif ddiwethaf.

Tynnwyd i lawr adeiladau o ddiddordeb arbennig mewn gwahanol rannau o Gymru a'u hailgodi ar dir yr Amgueddfa, gan gynnwys hen ysgubor o hen Sir y Fflint, sawl ffermdy – yn eu plith Ffermdy Abernodwydd o Faldwyn a Ffermdy Kennixton o Langennydd ym Mro Gŵyr – bwthyn Llainfadyn o Rostryfan, ger Caernarfon, a'i furiau wedi'u gwneud o feini mawr, Capel Undodaidd Pen-rhiw o Drefach Felindre ger Castell Newydd Emlyn, tanerdy mawr o Raeadr Gwy a thalwrn ymladd ceiliogod o Ddinbych.

Adeilad o ddiddordeb neilltuol yw Ffatri Wlân Esgair Moel a ddaeth o ardal Llanwrtyd. Mae'r peiriannau'n gweithio, yn cael eu gyrru gan ddŵr fel yn eu safle gwreiddiol, ac yn cynhyrchu brethyn. Rhan o bwrpas yr Amgueddfa Werin yw darlunio crefftau traddodiadol Cymru, ac mae turniwr coed a basgedwr hefyd i'w gweld wrth eu gwaith.

Talwrn ymladd ceiliogod a safai gynt ym muarth tafarn yn nhref Dinbych cyn ei symud a'i ailgodi yn Sain Ffagan. Chwarae poblogaidd yng Nghymru gynt oedd ymladd ceiliogod, yn enwedig yn y bedwaredd ganrif ar bymtheg.

Mewn orielau arbennig ceir gwrthrychau sy'n darlunio bywyd gwerin yng Nghymru yn y gorffennol – gwisgoedd, dodrefn tŷ, offer coginio, celfi amaethyddol, offer godro, paratoi llaeth a gwneud menyn, peiriannau golchi dillad, enghreifftiau o ddulliau goleuo a diffodd tân, amrywiol arfau, teganau ac offer chwarae, ac eitemau'n ymwneud ag addysg, meddygaeth, crefydd, yr Eisteddfod, cerddoriaeth a llên gwerin.

Rhan o waith yr Adran Draddodiadau Llafar a Thafodieithoedd yw casglu ar dâp y wybodaeth a geir ar lafar yng Nghymru ynglŷn ag amaethyddiaeth, crefftau, gwaith tŷ, llên a chanu gwerin, a'r iaith lafar.

AMIBA

Mae corff pob un ohonom ni'n cynnwys miliynau ar filiynau o gelloedd mân, mân, ac mae'r un peth yn wir am bopeth byw, boed anifail neu blanhigyn. Mae'r celloedd hyn yn amrywio yn eu ffurf, ac mae'r gwahanol gelloedd yn gyfrifol am y prosesau gwahanol sydd i'w cyflawni: yn y corff, er enghraifft, mae rhai yn gyfrifol am y broses o anadlu, eraill am fwyta a threulio bwyd, eraill am symud, ac yn y blaen.

Anifail yn ei ffurf symlaf yw amiba, ac un gell yn unig sydd ganddo, ond mae'n ymddwyn yr un fath â chreadur sy'n cynnwys llawer o gelloedd. Dan chwyddwydr mae'n edrych fel darn bychan, bychan o jeli tryloyw, tua'r un faint ag atalnod ar y tudalen hwn, gyda smotyn tywyll yn ei ganol: hwnnw yw'r cnewyllyn sy'n ei reoli.

Mae'n gallu anadlu drwy sugno ocsigen i mewn iddo'i hun. Gall symud – yn wir dydy e byth yn llonydd : mae'n estyn allan ddarn ohono'i hun fel bys ffug (*pseudopodium* yw'r enw amdano) i'r cyfeiriad mae am fynd, ac yna mae gweddill yr amiba'n llifo i mewn i'r "bys", a bydd hyn yn

digwydd drosodd a throsodd, ac felly mae'r amiba'n crwydro ymlaen gan newid ei ffurf o hyd.

Mae'n gallu bwyta: pan ddaw at rywbeth sy'n ei ddenu mae'n estyn dau "fys" ac yn cau amdano ac yna'n ei fwyta, cyn symud ymlaen gan adael ar ôl unrhyw ran na all ei dreulio.

Weithiau mae'r "corff" yn tyfu'n rhy fawr i'r cnewyllyn. Yna mae'r cnewyllyn yn rhannu'n ddwy, a'r corff yn gwneud yr un fath, a phob un o'r ddau hanner yn gwneud amiba newydd – a gall hyn ddigwydd dro ar ôl tro: dyna sut mae'r anifail yn lluosi.

Mae'r amiba'n byw mewn dŵr ac mewn pridd. Gall ambell un fod yn beryglus ac achosi heintiau i ddyn neu anifail.

AMSER

Mae'n siwr mai'r haul, wrth symud ar draws yr wybren, a roddodd y syniad cyntaf i ddyn sut i fesur amser. Sylwodd sut byddai cysgod coeden neu bolyn yn symud mewn hanner cylch o gwmpas ei waelod, ac yn mynd yn fyrrach tua chanol dydd pan fyddai'r haul uwchben, cyn ymestyn eto wrth i'r haul groesi tua'r gorllewin cyn machlud. Pan ddechreuodd dyn godi adeiladau mewn trefi a phentrefi, byddai'n codi piler tal weithiau ar garreg fflat neu ddarn o dir gwastad, mewn man lle gallai pawb ei weld a sylwi sut y symudai'r cysgod.

Dyma'r deial haul gwreiddiol, ac mae'n debyg mai yn y Canol Oesoedd y dechreuwyd defnyddio gwahanol fathau o ddeialau ym Mhrydain. Ceir deial weithiau ar fur eglwys hen iawn, hanner cylch wedi'i grafu ar garreg a thwll yn y garreg ar gyfer y wialen a daflai'r cysgod, a'r hanner cylch wedi'i rannu'n bedair i nodi amser dechrau'r pedwar gwasanaeth crefyddol a gynhelid yn yr eglwys yn ystod y dydd. Y cam nesaf oedd gwneud

Wrth edrych ar y lluniau hyn, o'r chwith i'r dde, gallwn weld sut mae'r amiba'n llyncu bwyd.

Yma mae'r amiba yn rhannu'n ddwy ac yn lluosi.

Deial haul yn yr ardd gwlwm yn Sain Fagan.

deialau o fetel a nodi'r oriau arnyn nhw, ac mae rhai hen iawn ar gael heddiw.

Ond doedd deial o'r fath yn dda i ddim dan do, nac yn y nos, na phan guddiai'r haul y tu ôl i'r cymylau. Darganfu'r Groegiaid a'r Rhufeiniaid sut i wneud cloc dŵr – dwy ddysgl wedi'u marcio i ddangos yr oriau ac wedi'u trefnu fel y byddai dŵr yn diferu'n gyson o un ddysgl i'r llall. Mae'r teclyn bach a ddefnyddiwn yn y gegin i fesur amser berwi wy yn ein hatgoffa am gloc tywod, lle rhedai tywod yn araf a chyson o un ddysgl i'r llall. Ym Mhrydain byddai pobl yn marcio'r oriau ar gannwyll, a'r gannwyll wrth losgi yn dangos faint o'r gloch oedd hi – ond doedd dim un o'r dulliau hyn yn gywir nac yn sicr iawn.

Yna darganfu dyn sut i wneud cloc – teclyn digon syml i ddechrau, ond bu llawer o wella arno nes bod gennym heddiw glociau cywir iawn, a gallwn fesur oriau, munudau ac eiliadau – a hyd yn oed degfed a chanfed ran o eiliad. Gallwn weld faint o'r gloch yw hi unrhyw bryd yn ystod y dydd neu'r nos.

Yn ogystal â nodi symudiadau'r haul, roedd dyn wedi sylwi'n gynnar iawn ar y lleuad hefyd. Gwyliai hi'n mynd yn fwy ac yn llai, sylwodd fod cyfnod o tua deng niwrnod ar hugain rhwng un lleuad newydd a'r lleuad newydd nesaf, a galwodd y cyfnod yn fis. Roedd pedair wythnos mewn mis – pob wythnos yn fesur o hyd un o gyfnodau'r lleuad. Yna galwyd deuddeg mis o'r fath yn flwyddyn, ond doedd y mesur hwn ddim yn gywir iawn am mai cyfanswm o 360 o ddyddiau oedd ymhob un o'r blynyddoedd hyn, ac ymhen amser doedd y misoedd a'r tymhorau – adeg hau, adeg tyfu, adeg medi ac adeg gorffwys – ddim yn cydfynd â'i gilydd.

Erbyn heddiw cyfrifwyd yn fanwl mai ychydig dros 365 diwrnod sydd mewn blwyddyn, a dyma'r amser mae'r byd yn ei gymryd i deithio unwaith o gwmpas yr haul.

Mae'r haul yn codi yn y dwyrain ac yn symud drwy'r wybren tua'r gorllewin. Felly, mae'r wawr yn torri yn gynt mewn gwledydd sydd i'r dwyrain i Brydain Fawr nag ydy yma, a phan yw'n torri yma mae'n dal i fod yn nos yr ochr draw i Fôr Iwerydd.

Rhanbarthau amser y byd

Mae'r amser ymhob rhanbarth sy'n goch neu'n las ar y map hyn-a-hyn o oriau cyflawn o flaen neu ar ôl amser Prydain Fawr. Yn y rhanbarthau sy'n felyn mae'r gwahaniaeth mewn hanner-oriau: er enghraifft, mae amser Yr India bum awr a hanner o flaen ein hamser ni.

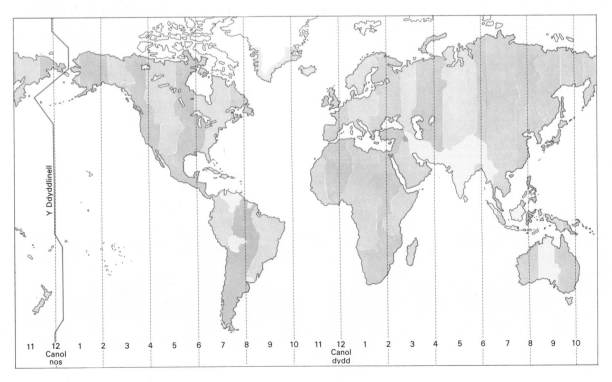

Er mwyn sicrhau bod oriau dydd a nos yn digwydd tua'r un pryd ar y cloc drwy'r byd i gyd, fel bod yr haul yn codi tua'r un amser ar y cloc ymhobman, rhannwyd y byd yn bedwar ar hugain o ranbarthau amser, pob un awr yn wahanol i'r nesaf ato.

Wrth deithio o'r dwyrain i'r gorllewin, felly, rhaid i ddyn droi bys bach ei gloc neu'i oriawr yn ôl bob tro yr aiff i mewn i ranbarth newydd. Llinellau ar y map yn rhedeg o'r gogledd i'r de sy'n nodi terfynau'r rhanbarthau hyn, ond dydyn nhw ddim yn llinellau syth am fod y gwledydd lleiaf eu maint am gadw'r un amser tu mewn i'w ffiniau eu hunain. Byddai'n anghyfleus iawn pe bai amser Caerdydd yn wahanol i amser Llundain, ond ar y llaw arall, rhannwyd Unol Daleithiau America yn bum rhanbarth amser am eu bod mor fawr.

Amser Prydain Fawr yw'r amser safonol drwy'r byd i gyd, a phob rhanbarth yn seilio'i amser ar y safon honno. Felly, pan yw'n ganol dydd yn Llundain, mae'n dri o'r gloch y prynhawn ym Moscow, wyth y nos yn Hong Kong, saith y bore yn Efrog Newydd a phedwar o'r gloch y bore yn San Fransisco.

Galwyd un o'r llinellau hyn yn Ddyddlinell: mae hon yn rhedeg gan mwyaf drwy'r Môr Tawel, a phe bai dyn yn hedfan o gwmpas y byd o'r dwyrain i'r gorllewin byddai'n troi ei watsh ymlaen 24 awr wrth groesi'r llinell hon – ac felly'n colli diwrnod. (Gweler hefyd – BLWYDDYN, CLOCIAU, CANNWYLL, DYDD A NOS, HAUL, LLEUAD, MIS.)

AMUNDSEN

Ganed Roald Amundsen yn Borge yn Norwy yn 1872. Fe'i swynwyd yn ifanc gan hanesion am anturiaethwyr fel Nansen a Franklin yn ymchwilio yng ngwledydd oer y gogledd pell, a rhoddodd ei fryd ar fynd i'r môr er bod ei fam am iddo fod yn ddoctor.

Pan oedd yn 25 oed, dewiswyd ef yn fêt ar long hwyliau o wlad Belg oedd yn mynd ar daith ymchwil wyddonol i'r wlad o gwmpas Pegwn y De. Dysgodd lawer ar y fordaith honno, a threfnodd i arwain ymgyrch ei hun a fyddai'n ymweld â gwledydd Pegwn y Gogledd. Llwyddodd i hwylio o Fôr Iwerydd heibio i arfordir gogleddol Canada i'r Môr Tawel, gan ymweld â'r Escimo mewn sawl man a dysgu llawer ganddyn nhw yn enwedig sut i ddefnyddio cŵn i dynnu sleds.

Penderfynodd Amundsen geisio darganfod Pegwn y Gogledd ac erbyn 1910 roedd ei drefniadau'n barod, ond pan glywodd fod yr Americanwr Robert Peary wedi cyrraedd yno o'i flaen newidiodd ei feddwl ac anelodd am Foroedd y De yn ei long *Fram*. Wedi cyrraedd tir sych, roedd y tywydd o'i blaid, roedd yntau wedi trefnu'n ofalus ac yn fanwl, a llwyddodd i gyrraedd Pegwn y De ganol Rhagfyr 1911 gyda phedwar o'i gym-deithion. Arhosodd yno am dri diwrnod, plannodd faner Norwy a gadawodd neges i groesawu pwy bynnag fyddai'n dod yno ar ei ôl. (Ymhen mis cyrhaeddodd y Sais, Capten Robert Falcon Scott – tad Peter Scott, yr arlunydd a'r naturiaethwr – a mawr oedd ei siom yntau o ddarganfod bod Amundsen wedi ennill y blaen arno.)

Yn ddiweddarach trodd Amundsen ei sylw at deithio drwy'r awyr. Yn 1926 ehedodd mewn awyrlong o Spitsbergen, ynys i'r gogledd o Norwy, i Alaska yng Ngogledd America, gan groesi Pegwn y Gogledd, taith o 2,700 o filltiroedd. Y peilot ar yr hedfa honno oedd Eidalwr, Umberto Nobile, ac ymhen dwy flynedd aeth yntau ar goll yn rhywle yn y wlad o gwmpas y Pegwn. Aeth Amundsen mewn awyren i chwilio amdano: daeth chwilwyr eraill o hyd i Nobile, ond ni welwyd Amundsen byth eto. (Gweler hefyd – PEGWN Y DE, PEGWN Y GOGLEDD, ESCIMO.)

Hans Christian ANDERSEN (1805–1875)

Gŵr o Denmarc a gyfansoddodd lu o storïau i blant – storïau a gyfieithwyd i nifer fawr o ieithoedd ac a ddaeth yn enwog led-led y byd. Yn ogystal â bod yn ddoniol, mae rhai o'r storïau yn peri i ni feddwl, fel honno am Ymherodr balch a adawodd i ddau walch wneud dillad iddo o ddim byd, gan ddweud mai dim ond pobl ddoeth fyddai'n gallu eu gweld! Edmygai pawb y dillad am nad oedd neb am gyfaddef nad oedd yn ddoeth, nes i fachgen bach weiddi allan y gwir, fod yr Ymherodr yn cerdded drwy'r ddinas heb ddim amdano!

Mae stori arall yn sôn am fôr-forwyn, a chodwyd cerflun efydd ohoni hi ym mhorthladd Copenhagen i gofio'r storïwr enwog.

"Y Fôr-forwyn Fach" a gerfiwyd gan y cerflunydd Edvard Eriksen i gofio'r storïwr enwog, Hans Andersen.

40

ANEIRIN

Bardd oedd hwn yn byw yn y chweched ganrif yng ngwlad y Gododdin, llwyth o Frythoniaid a drigai yn neheudir yr Alban a gogledd Lloegr, yr ardal sydd i mewn yn y wlad rhwng afonydd Tyne a Forth heddiw. Eu harweinydd y pryd hwnnw oedd Mynyddawg Mwynfawr, a chanddo lys yn Dineidin (Caeredin heddiw) – ac roedd Aneirin yn fardd yn y llys hwnnw.

Hyfforddodd Mynyddawg fintai arbennig o drichant o filwyr dewr, dethol, i ymladd yn erbyn y Saeson a drigai i'r deau i wlad y Gododdin. Roedd y Saeson wedi meddiannu Catraeth, croesffordd bwysig lle bu gynt gaer Rufeinig, ac amcan ymgyrch Mynyddawg oedd eu gyrru oddi yno ac adennill Catraeth. (Mae lle o'r enw Catterick yng Ngogledd Lloegr, ac mae'n debyg mae yng nghyffiniau'r lle hwn y bu brwydr Catraeth.)

Bu'r fintai'n paratoi am flwyddyn gyfan cyn ymosod ar y Saeson, ond roedd y gelyn yn gryf ac yn niferus: ar ôl wythnos o frwydro ffyrnig, lladdwyd pawb o'r trichant ac eithrio un gŵr – Aneirin ei hun efallai – a bu'r ymgyrch yn fethiant.

Lluniodd y bardd gerdd hir i goffáu'r arwyr hyn ac i glodfori eu dewrder. Roedd e'n nabod llawer ohonyn nhw, ac mae'n chwith iawn ganddo eu colli, ond mae'n ymgysuro yn y cof iddyn nhw brofi eu bod yn ymladdwyr gwrol.

Ar wahân i'r sicrwydd mai ef a gyfansoddodd y rhan fwyaf o gerdd "Y Gododdin", wyddom ni ddim mwy am y bardd Aneirin. (Gweler hefyd – CAEREDIN.)

ANESTHETIG

Daw hwn o air Groeg sy'n golygu "colli teimlad".

Cyn trin neu dynnu dant sy'n pydru, bydd deintydd yn chwistrellu hylif arbennig i mewn i'r cnawd o gwmpas ei fôn, ac felly mae'n defnyddio anesthetig i wneud i'r rhan honno o'r corff golli pob teimlad (neu "fynd i gysgu") dros dro. Onibai iddo wneud hyn byddai'r driniaeth yn boenus iawn, a chan mai rhan yn unig o'r corff sy'n cael ei effeithio, gelwir cyffur o'r math hwn yn "anesthetig lleol". Pe bai dyn yn cael triniaeth ar ei law neu ei goes, gellid symud y teimlad o'r rhan honno'n unig: yn wir, pe bai angen torri ei fys i ffwrdd, ond iddo gael anesthetig lleol ymlaen llaw, gallai wylio'r

Y tu mewn i ystafell driniaeth lawfeddygol yn Ysbyty Hammersmith yn Llundain. Ar y chwith mae'r anesthetydd a'i offer ar gyfer rhoi'r claf i gysgu.

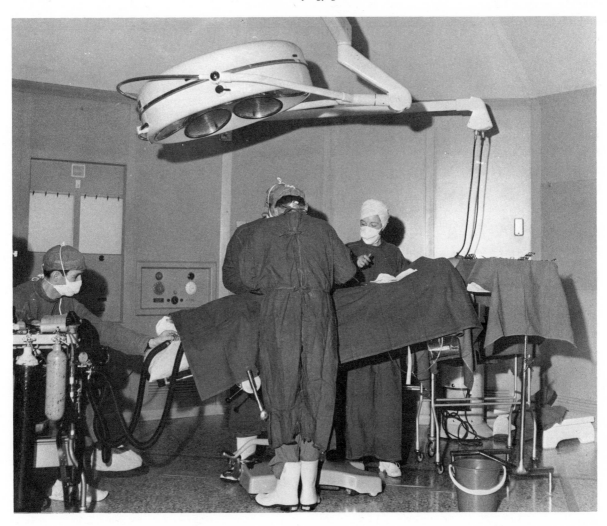

41

llawfeddyg wrth y gwaith, heb deimlo dim poen yn ei law er bod gweddill ei gorff yn hollol effro.

Gall meddyg chwistrellu anesthetig i mewn i'r nerfau sy'n rhedeg i lawr canol asgwrn y cefn, a symud pob teimlad o ran isaf y corff, neu gall ddefnyddio anesthetig cyffredinol a fydd yn effeithio ar y corff i gyd – mae'r cyfan yn dibynnu ar natur y driniaeth y mae ei hangen ar y claf.

Tan ryw ganrif yn ôl ychydig a wyddai neb am gyffuriau a allai ladd neu leddfu poen. Mae'n wir bod y claf weithiau'n cael llawer o win i'w yfed cyn wynebu'r driniaeth, neu ryw gyffur wedi'i dynnu o blanhigion arbennig (fel opiwm o flodau'r pabi) – ond doedd y pethau hyn ddim yn effeithiol iawn.

Fel rheol, rhaid oedd cael dynion cyhyrog cryf i ddal y claf yn llonydd tra byddai'r "meddyg" – hwnnw heb fawr o hyfforddiant na phrofiad weithiau – wrth ei waith.

Bu nifer o wyddonwyr yn arbrofi, yn eu plith Humphry Davy, Michael Faraday a'r Albanwr, James Young Simpson. Bu Humphry Davy bron â'i ladd ei hun drwy anadlu gwahanol nwyon er mwyn gweld a allai gael gwared o boen y ddannoedd. Aeth James Simpson i Brifysgol Caeredin yn 14 oed a phasio'n ddoctor ac yn llawfeddyg erbyn cyrraedd 21. Arbrofodd yntau hefyd â nwyon, a chael mai clorofform oedd y mwyaf effeithiol, er y gallai defnyddio gormod ohono fod yn beryglus iawn i'r claf. Erbyn heddiw mae nifer o wahanol gyffuriau a nwyon ar gael at ddefnydd meddygon a deintyddion, – cocéin, nofocein, pentathol, ether, clorofform, halothein, ocsid nitrus ac yn y blaen.

Rhaid cael hyfforddiant arbennig cyn eu defnyddio, a phan fo claf yn derbyn triniaeth feddygol – yn "cysgu" dan effaith yr anesthetig – rhaid i'r anesthetydd ei wylio'n ofalus a gwneud yn siwr na fydd yr rhoi gormod o'r cyffur neu'r nwy iddo ac felly peryglu ei fywyd. (Gweler hefyd – HUMPHRY DAVY, MICHAEL FARADAY.)

ANIALWCH

Rhoddir yr enw hwn ar y rhannau crasboeth hynny o'r byd sy'n cael ychydig iawn o law a lle byddai dyn ac anifail yn ei chael yn anodd iawn byw. A bod yn fanwl gywir, mae'n enw addas ar y ddau gyfandir oer, diffaith sydd o gwmpas Pegwn y De a Phegwn y Gogledd, ond byddwn yn ei ddefnyddio fel rheol ar gyfer y parthau anferth sych hynny a geir ymhob cyfandir ar wahân i Ewrop. Fel mae'r map yn dangos, ceir dau strimyn hir o anialdiroedd, un i'r gogledd a'r llall i'r de o'r Cyhydedd.

Yn y strimyn gogleddol mae anialdir Nevada yng Ngogledd America, y Sahara yn Affrica, diffeithwch Arabia, ac anialdiroedd Asia sy'n cynnwys anialwch enwog y Gobi.

Prif anialdiroedd y byd

42

Yn y deheudir cawn ddiffeithwch Atacama yng ngorllewin De America, y Kalahari yn ne-orllewin Affrica, ac anialdiroedd eang canolbarth Awstralia.

Erbyn i'r gwynt o'r môr gyrraedd y mwyafrif o'r parthau hyn mae wedi colli ei leithder, a dyna pam na fydd nemor ddim glaw yn disgyn ar anialwch. Mae gwahaniaeth dirfawr rhwng tymheredd y nos a thymheredd y dydd: bydd y creigiau'n mynd yn boeth iawn yn ystod y dydd ac yna'n oeri'n gyflym ar ôl i'r haul fachlud, ac mae'r newid sydyn yma'n peri iddyn nhw gracio a thorri i fyny ac yn raddol maen nhw'n cael eu malu'n dywod gan effaith y gwynt.

Ychydig o ddim all fyw mewn anialwch. Bydd rhai planhigion gwydn yn tyfu gwreiddiau hynod o hir sy'n ymestyn yn ddwfn er mwyn cyrraedd pridd llaith, ac mae eraill, fel y cactws, wedi dysgu sut i fyw heb golli lleithder o'u dail fel y gwna planhigion yn gyffredin.

Yma ac acw ceir gwerddonau lle bydd ffynnon yn cadw'r tir o'i chwmpas yn fras ac yn ffrwythlon, ac mewn rhai mannau bydd pobl yn crwydro gyda'u hanifeiliaid o un werddon i'r nesaf. Mae rhai anifeiliaid wedi'u haddasu ar gyfer byw mewn anialwch: er enghraifft, mae gan y camel draed mawr fel y gall gerdded ar dywod heb suddo i mewn iddo, ac wrth storio bwyd a diod yn ei gorff gall fynd am amser hir heb gymryd y naill na'r llall. (Gweler hefyd – PEGWN Y DE, PEGWN Y GOGLEDD, Y SAHARA, ARABIA, AFFRICA, ASIA, AWSTRALIA, UNOL DALEITHIAU AMERICA, GWERDDON, CACTWS.)

ANIFEILIAID

Mae popeth byw un ai yn anifail neu yn blanhigyn. Gallwn restru nifer o wahaniaethau rhwng y ddau ddosbarth hyn: er enghraifft, yn wahanol i blanhigion (gydag ambell eithriad prin) gall anifeiliaid symud o gwmpas. Bydd planhigion fel rheol yn creu eu bwyd eu hunain, ond mae anifeiliaid yn bwyta planhigion – neu anifeiliaid eraill sydd eu hunain yn byw ar blanhigion – ac yn treulio'r bwyd hwnnw mewn rhannau arbennig o'u cyrff. Anifeiliaid yn unig sy'n berchen ar system o nerfau sy'n medru anfon negesau i'r ymennydd.

Draenog yn bwyta bara.

Mae llawer mwy o amrywiaeth o anifeiliaid nag sydd o blanhigion. Anifail yw'r amiba bychan y mae'n rhaid cael meicrosgob i'w weld, ac anifail hefyd yw'r morfil glas a all fesur can troedfedd o hyd a phwyso cant a hanner o dunelli! Bydd rhai anifeiliaid yn byw yn y tywyllwch yn nyfnderoedd y môr, eraill i fyny'n uchel yn y mynyddoedd; ambell un yng ngwres y diffeithwch poeth ac eraill yn oerni eithaf Pegwn y De a Phegwn y Gogledd – pob un wedi'i addasu ar gyfer ei amgylchedd. Anifail yw'r pryfyn lleiaf – ac anifail yw dyn.

Hwyaden falch a'i theulu mawr o ddeg o gywion.

Er na all anifeiliaid eraill siarad â'i gilydd yr un fath â dynion, gall rhai ohonyn nhw gyfleu negesau un i'r llall a gwneud swn i ddangos sut maen nhw'n teimlo. Bydd y gath yn canu grwndi pan fydd hi'n fodlon, ac anifeiliaid eraill yn rhuo pan fyddan nhw mewn tymer ddrwg. Wrth chwilio am gymar, bydd aderyn weithiau'n canu cân arbennig er mwyn denu'r adar benywaidd ac ar yr un pryd rybuddio adar gwrywaidd i gadw draw! Gall rhai anifeiliaid rybuddio eraill pan fydd perygl gerllaw – bydd cwningen yn curo'r ddaear ag un o'i thraed ôl i'r diben hwn.

Gall anifeiliaid gyflawni gweithredoedd digon dyrys, un ai wrth reddf (fel lindys yn gweu cocwn iddo'i hun lle gall ddechrau troi yn löyn byw neu'n wyfyn, neu aderyn yn adeiladu nyth cywrain), neu am ei fod yn ddeallus (fel ci defaid yn trin praidd ac yn gwahanu rhai defaid arbennig oddi wrth y gweddill). Wrth gwrs, ni all un anifail arall gymharu â dyn mewn doethineb, dyfeisgarwch, deallusrwydd, na'r ddawn i ddysgu a gweithredu'n gyfrifol.

Mae rhai anifeiliaid yn dewis byw yn unig, ar eu pennau eu hunain, tra bydd eraill bob amser mewn cwmni, yn caru heidio at ei gilydd. Gan y morgrug mae un o'r cymdeithasau mwyaf diddorol ym myd yr anifeiliaid: mewn nyth o gannoedd o ystafelloedd a miloedd o drigolion mae gan bob morgrugyn

Cheetah a'i chenawon.

ei briod waith ei hun: bydd rhai yn casglu bwyd ac yn ei storio; rhai'n gofalu am yr wyau ar ôl i'r frenhines eu dodwy; eraill yn bwydo'r rhai bach, ac eraill eto'n gyfrifol am adeiladu'r nyth ac yn ei lanhau a'i drwsio fel bo'r angen.

Araf iawn yw symudiad rhai anifeiliaid, – y falwen, er enghraifft – ond gall eraill symud yn gyflym iawn. Gall ambell aderyn fel yr eryr melyn hedfan mwy na chan milltir yr awr; yn y dŵr bydd y morfil a'r morlo yn nofio'n gyflym, o 20 i 25 milltir yr awr, ac ar dir sych gall y cheetah gyrraedd cyflymder o 70 milltir yr awr. Gall cwningen redeg yn gynt na milgi am ysbaid byr, ond bydd yn blino'n fuan ac yna bydd y milgi'n siwr o'i dal.

Bydd pysgod ac adar a phryfed a rhai anifeiliaid eraill yn dodwy wyau, a'r rhai bach yn deor o'r wyau hyn, ond bydd llawer o anifeiliaid yn geni eu hepil yn fyw. Weithiau mae'r un bach yn annhebyg iawn i'w rieni pan gaiff ei eni: dydy'r penbwl bach ddim yn debyg i'r broga, na'r lindys i'r glöyn byw. Mae cyw bach yr iâr ddof yn debyg i'w fam, a chanddo gôt o blu yn barod pan ddaw o'r wy, a gall redeg o gwmpas buarth y fferm yn fuan ar ôl ei eni, a gall cyw hwyaden fynd i'r dŵr a nofio bron ar unwaith, ond mae cywion adar eraill yn noeth yn dod o'r plisgyn ac fe gymer wythnosau iddyn nhw dyfu plu – yn wir dydy rhai adar ddim yn edrych yr un fath â'u rhieni, o ran lliwiau eu plu, nes

eu bod yn bum mlwydd oed. Mae ysgyfarnog fach yn debyg iawn i'w rhieni pan gaiff ei geni, ac mae'n fywiog ar unwaith, ond dall a diymadferth yw cenau'r gwningen, yr un fath â chath fach. Bydd y fam-gangarŵ yn cadw'r un bach mewn poced yn ei chroen, ac yno mae'r creadur bach di-siâp yn tyfu, dros gyfnod o rai misoedd, nes ei fod yn gopi o'i fam.

Mae amrywiaeth mawr yn y dulliau ymborthi sydd gan wahanol anifeiliaid. Bydd dyn a mam-aliaid eraill yn cnoi eu bwyd yn y genau cyn ei lyncu i'w dreulio yn y stumog, ond mae nadredd yn llyncu wyau ac anifeiliaid byw yn gyfan ac yn cynhyrchu hylifau cryfion yn eu stumogau sy'n gallu treulio cnawd ac esgyrn – popeth ond cyrn, carnau a blew. All aderyn ddim cnoi bwyd yn ei big, ond mae'n ei lyncu'n ddarnau ac yn cadw grit yn ei grombil er mwyn malu'r darnau.

Rhaid i'r pryf copyn gael bwyd gwlyb: bydd yn lladd ei ysglyfaeth â gwenwyn, yn saethu hylifau i mewn i'r corff i dreulio'r tu mewn, ac yna'n sugno'r cyfan i'w stumog ei hun. Bydd rhai o'r anifeiliaid lleiaf, megis gwybed a mosgitos, yn sugno gwaed o gyrff anifeiliaid eraill ar ôl tyllu drwy'r croen â math o drwnc pigfain, a bydd pryfed eraill yn sugno sudd o blanhigion yr un fath â chlêr gwyrdd ar goed rhosynnau. Gall creaduriaid bychain sy'n byw yn y môr neu mewn afon neu lyn hidlo darnau

44

bach bach o fwyd o'r dŵr, a dyna wna rhai mathau o forfilod hefyd.

Bydd rhai anifeiliaid yn osgoi gorfod chwilio am fwyd yn ystod tywydd gerwin drwy fynd i gysgu dros y gaeaf, yn eu mysg y draenog, y pathew, yr ystlum, rhai mathau o nadredd, llyffantod, brogaod a'r crwban dof. Ar ôl bwyta digon yn ystod yr hydref i'w gadw'n fyw am rai misoedd, mae'r pathew a'r draenog yn cyrlio i fyny fel pelen mewn nyth o risgl neu ddail sychion. Y tu mewn i fonau coed ac mewn hen ogofâu ac adfeilion y bydd ystlumod yn treulio'r gaeaf, ac weithiau bydd ambell un yn deffro ac yn hedfan o gwmpas gyda'r nos cyn mynd yn ôl i gysgu. Yn aml bydd nifer o nadredd yn cysgu gyda'i gilydd ymysg creigiau neu mewn twll yn y ddaear.

Tra bôn nhw'n cysgu mae'r anifeiliaid hyn yn mynd yn denau, eu tymheredd yn gostwng a churiad eu calonnau'n arafu, ond ar ôl deffro maen nhw'n cael adferiad buan.

Bydd rhai anifeiliaid eraill yn cysgu mwy yn ystod tymor y tywydd oer – y wiwer lwyd a'r wiwer goch, y mochyn daear (neu'r pry llwyd) a rhai mathau o eirth – ond ni allwn ddweud bod y rhain yn gaeafgysgu yr un fath â'r draenog a'r anifeiliaid eraill a enwyd. (Gweler hefyd – ADAR, CATHOD, NYTHOD, LINDYS, GWYFYN, GLOYN BYW, CŴN, MORGRUG, MALWOD, WYAU, PRYFED COP, GWYBED, GAEAFGWSG.)

ANTERLIWT

Math o chwarae dramatig oedd anterliwt, fel rheol yn ddynwaredol, yn aml yn ddifyrrus, ond yn wahanol iawn i unrhyw ddrama a welwn ni ar lwyfan heddiw. Dyma un o brif foddion gwerin Cymru o ddifyrru eu hunain yn y 18 ganrif.

Teithiai cwmni o actorion o bentref i bentref. Fel rheol yn yr awyr agored y byddai'r chwarae, – ar wagen y tu allan i sgubor neu yn iard tŷ tafarn, neu ar lecyn agored yng nghanol y pentref, neu ar fwrdd

Ymryson cŵn defaid.
"Moss" a'i feistr, Meirion Jones o Ruthun, ar fin casglu'r pum dafad i'r lloc.

Dyma englyn i'r ci defaid a enillodd wobr yn yr Eisteddfod Genedlaethol i Thomas Richards, Llanfrothen:

Rhwydd gamwr hawdd ei gymell—i'r mynydd,
A'r mannau anghysbell;
Hel a didol diadell
Yw camp hwn yn y cwm pell.

Golygfa o'r Anterliwt "Tri Chryfion Byd" a berfformiwyd gan fyfyrwyr o golegau Cymru yn Eisteddfod Genedlaethol Llandudno yn 1963. Dafydd Iwan yw'r cybydd yn y llun hwn, a chwaraewyd rhan Syr Tom Tell Truth gan John Hefin.

mewn cegin tafarn. Doedd dim ffair na gwylnos na gwylmabsant gwerth yr enw yn gyflawn heb anterliwt, a chyrchai llawer i'w weld a'i glywed.

Byddai'r anterliwt yn dilyn traddodiad go bendant. Fel arfer roedd ffŵl a chybydd a thraethydd ynddo, a chymeriadau i gynrychioli Tlodi, Angau a Chariad. Byddai gan y Ffŵl a'r Cybydd eu drama eu hunain y tu mewn i weddill y chwarae ac yn gymysg ag ef – y Cybydd yn cwyno'n barhaus am galedi ei fyd, bod ei fab yn fachgen afradlon yn gwario holl eiddo'i dad; yna gwraig y Cybydd yn marw ac yntau'n priodi merch ifanc wamal sydd yn ei adael ac yn caru gyda'r Ffŵl, a'r Cybydd ei hun yn marw yn y diwedd. Chwarddai'r gwylwyr am ben ystumiau digrif yr actorion, ond gofalai'r awdur roi digon o gynghorion buddiol yn gymysg â'r hwyl.

Awdur enwocaf anterliwtiau oedd Twm o'r Nant (Thomas Edwards, 1739 – 1810), cymeriad hynod, o Sir Ddinbych yn wreiddiol ond a fu'n crwydro'r wlad yn troi ei law at sawl math o waith ac yn cymysgu â phobl o bob math a phob dosbarth.

Roedd Twm yn feistr ar lunio anterliwt. Yn ogystal â'r cymeriadau a enwyd, byddai yntau'n cynnwys rhai cyfoes, yn enwedig gormeswyr a thwyllwyr y tlawd, meistri tir, stiwardiaid, cyfreithwyr, offeiriaid a'u bath. Câi'r dorf o werin bobl hwyl fawr wrth wylio'r "ffŵl" yn gwawdio'r bobl bwysig hyn ag ergydion brathog, ffraeth. Un o nodweddion anterliwtiau Twm o'r Nant oedd ei feirniadu miniog ar bawb a phopeth a wnâi ddrwg i gymdeithas. Roedd ganddo gydymdeimlad â'r werin, a gwelwn yn amlwg yn ei anterliwtiau ei gariad tuag at denantiaid gorthrymedig a'r gweithwyr cyffredin.

Roedd y cyfan wedi'i sgrifennu mewn rhigwm ac odl: roedd Twm yn fardd da a rhoddai gân i mewn yma ac acw i'w chanu i gyfeiliant y ffidl. Ymhlith yr anterliwtiau a gyfansoddodd, y goreuon yw "Tri Chryfion Byd" a "Pedair Colofn Gwladwriaeth". Ar ddiwrnod yr actio byddai copïau ohonyn nhw'n cael eu gwerthu, a chawn ni heddiw, drwy gyfrwng y copïau hyn, olwg ddiddorol iawn ar fywyd ac arferion cymdeithas yng Nghymru ddiwedd y ddeunawfed ganrif a dechrau'r bedwaredd ganrif ar bymtheg. (Gweler hefyd – DRAMA, TWM O'R NANT.)

46

Triniaeth lawfeddygol tua 1865.
Rhoddwyd y claf i gysgu drwy wneud iddo anadlu clorofform, ac mae'r offeryn ar y stôl ar y chwith yn chwistrellu asid carbolig dros dros bobman er mwyn lladd meicrobau gwenwynllyd yn yr awyr.

ANTISEPTIG

I fyny at ganol y ganrif ddiwethaf byddai nifer mawr o gleifion yn marw o gael briwiau ar eu cyrff neu ar ôl cael triniaeth law-feddygol mewn ysbyty – er i'r driniaeth ei hun fod yn llwyddiannus. Byddai gwenwyn yn ymosod ar y briwiau, ac ar y clwyfau a adawai'r llaw-feddygon ar y corff ar ôl triniaeth, ac ni wyddai neb beth oedd yn ei achosi na sut i gael gwared ohono.

Llwyddodd gwyddonydd o Ffrainc, Louis Pasteur, brofi bod meicrobau bychain yn bresennol yn yr awyr, eu bod yn gallu lluosogi, yn enwedig mewn mannau a oedd heb fod yn lân iawn, a'u bod yn achosi pydru – fel peri i laeth, er enghraifft, suro a mynd yn ddrwg. Sylweddolodd meddyg o Gaeredin, Joseff Lister, mai meicrobau o'r fath oedd yn gyfrifol am droi clwyfau'n wenwynllyd, ac aeth ati i chwilio sut i'w difa, gan ofalu peidio â gwneud mwy o ddrwg i'r claf wrth ladd y gwenwyn.

Ar ôl arbrofi â gwahanol gemegau, gorchmynnodd chwistrellu asid carbolig ar bob rhan o'r ystafell lle câi'r cleifion driniaeth ganddo, ar ddillad pawb a fyddai'n ei gynorthwyo yno, ac ar y dodrefn a'r offer a ddefnyddiai – ac ar glwyfau'r cleifion hefyd. Hyd yn hyn, doedd neb wedi meddwl ei fod yn bwysig cadw ysbytai yn lân – rhywbeth a gymerwn ni yn ganiataol heddiw – a chredai Lister y byddai cael gwared o'r baw yn gymorth i wella'r cleifion.

Dyma, felly, ddechrau defnyddio antiseptig mewn ysbyty, a rhoddir yr enw hwn ar unrhyw ddefnydd sy'n difa meicrobau gwenwynig neu yn eu cadw rhag lluosogi. Gwellodd y sefyllfa ar unwaith a bu llawer llai farw. Darganfu Lister fod asid carbolig yn rhy gryf i'w roi ar y corff, ond llwyddodd ef a gwyddonwyr eraill ar ei ôl i ddod o hyd i lawer o ddefnyddiau eraill at gadw ysbytai a chlwyfau'n lân a lladd meicrobau gwenwynllyd, ac mae'r defnyddiau hyn wedi achub bywydau miloedd ar filoedd o gleifion.

Mae gan y corff ei arfau ei hun i'w amddiffyn yn erbyn meicrobau o'r fath. Yr "antiseptig" pwysicaf sy'n cael ei greu yn y corff yw'r celloedd gwynion sydd yn y gwaed, sy'n gallu lladd meicrobau gwenwynllyd os nad ydyn nhw'n lluosogi'n rhy gyflym. (Gweler hefyd – GWENWYN, LOUIS PASTEUR, MEICROB, JOSEPH LISTER.)

47

ANWEDDU

Pan fydd chwys yn "sychu" oddi ar y croen, neu ddŵr a adewir mewn dysgl yn graddol ddiflannu, dywedir ei fod yn anweddu; hynny yw, mae'n troi'n anwedd anweledig ac yn cymysgu â'r awyr. Dyna sy'n digwydd hefyd wrth i ddillad sychu ar y lein.

Po gynhesaf yr awyr, mwyaf o anwedd y gall ei gynnwys. Os caiff awyr cynnes ei oeri, mae'n cyrraedd tymheredd lle mae'n amhosibl iddo barhau i gynnal cymaint o anwedd, a bydd hwnnw'n troi yn ôl yn ddŵr.

Dyna hefyd sy'n digwydd wrth i wres yr haul anweddu dŵr o'r môr ac o wyneb y ddaear. Mae'r awyr sy'n cynnwys yr anwedd yn codi ac yn oeri, yr anwedd sydd ynddi'n troi'n ddiferion mân, mân, a'r rhain yn crynhoi at ei gilydd ac yn ffurfio cymylau cyn disgyn fel glaw wrth eu pwysau eu hunain. (Gweler hefyd – CYMYLAU, GLAW.)

APOCRYFFA

Mewn rhai Beiblau ceir adran rhwng yr Hen Destament a'r Testament Newydd sy'n cynnwys pedwar llyfr ar ddeg, yn eu plith rhai yn dwyn yr enwau Esdras, Tobit, Judith, Ecclesiasticus, Bel a'r Ddraig a'r Macabeaid. Dyma'r Apocryffa, ac ar hyd y canrifoedd bu llawer o ddadlau a ddylai'r llyfrau hyn fod yn rhan o'r Beibl o gwbl.

Ni chredai'r Iddewon eu bod yn ddigon cysegredig i'w cynnwys gyda'r Ysgrythurau y bydden nhw'n eu defnyddio yn y synagogau. Os oedd pobl am eu darllen, rhaid iddyn nhw wneud hynny yn y dirgel, a chadw'r llyfrau o'r golwg – ac ystyr y gair Apocryffa yw "llyfrau cuddiedig".

Ymhlith y Cristnogion mae'r Protestaniaid yn dal i wrthod cydnabod bod llyfrau'r Apocryffa mor bwysig â gweddill y Beibl, er eu bod yn ddiddorol iawn, ond mae Eglwys Rufain yn eu cynnwys gyda'r llyfrau eraill.

Mae dau lyfr y Macabeaid yn adrodd hanes yr Iddewon yn yr ail ganrif cyn geni Crist, pan fu'r arwr Jwdas Macabeus a'i ddilynwyr yn ymladd yn erbyn y Brenin Antiochus a oedd yn ceisio'u gorfodi i addoli duwiau Groegaidd yn hytrach na'r gwir Dduw.

Mae rhai o'r llyfrau eraill yn ffantasi hollol, ac yn ddiwerth. Yn llyfr Bel a'r Ddraig ceir stori Daniel yn lladd draig fawr a addolai'r Babiloniaid, nid trwy ymladd â hi ond trwy roddi iddi i'w fwyta gymysgedd o byg a gwêr a blew, "a'r ddraig a dorrodd ar ei thraws"! (Gweler hefyd – Y BEIBL, IDDEWON.)

APOSTOL

Ystyr "apostol" yw "cennad" neu "un a anfonir allan i weithio".

Pan oedd yr Iesu ar y ddaear, dewisodd ddeuddeg disgybl, rhai a fyddai'n agos ato bob amser, yn clywed ei eiriau ac yn dysgu ganddo er mwyn iddyn nhw fedru cario'r gwaith ymlaen ar ôl iddo Ef eu gadael. Meddai Marc: "Efe a ordeiniodd ddeuddeg fel y byddent gydag Ef, ac fel y danfonai Efe hwynt i bregethu, ac i fod ganddynt awdurdod i iacháu clefydau ac i fwrw allan gythreuliaid". Ac meddai Luc amdanyn nhw – "y rhai hefyd a alwodd Efe yn apostolion".

Y deuddeg hyn oedd – Simon Pedr ac Andreas ei frawd, Iago ac Ioan (meibion Sebedeus), Philip, Bartholomeus, Mathew y casglwr trethi, Thomas, Iago mab Alffeus, Simon Selotes (aelod o blaid genedlaethol gwrthryfelgar), a dau Jwdas (un o'r ddau oedd yr Iscariot a fradychodd yr Iesu ac yna'i ladd ei hun trwy ymgrogi).

Daeth tri o'r rhain, Pedr, Iago ac Ioan, yn agos iawn at yr Iesu – y tri hyn oedd gydag ef ar Fynydd y Gweddnewidiad, ac yng Ngardd Gethsemane y noson cyn ei groeshoelio. Ar wahân i Pedr, wyddom ni nemor ddim am waith y deuddeg disgybl ar ôl marw'r Iesu. Ceir hanes Pedr yn Llyfr Actau'r Apostolion, lle sonnir hefyd am ethol Mathias i lenwi lle Jwdas Iscariot.

Rhoddwyd yr enw "apostol" ar ddau arall hefyd, Paul ("Apostol mawr y Cenedloedd") a Barnabas. Fe wyddom fwy am Paul nag am un o'r apostolion eraill am fod cymaint o hanes ei fywyd a'i waith wedi'i groniclo yn y Testament Newydd, yn enwedig yn Llyfr yr Actau.

Diolch i ymdrechion yr apostolion cynnar hyn, a'r gallu a'r awdurdod a gawson nhw gan yr Iesu, lledodd yr Eglwys Gristnogol drwy'r byd erbyn hyn. Mewn ffenestri lliw mewn eglwysi ceir arwyddluniau weithiau i'w cynrychioli, fel codau arian i Mathew (y casglwr trethi gynt), allweddi i Pedr (dywedodd yr Iesu wrtho unwaith – "Rhoddaf i ti agoriadau teyrnas nefoedd"), a saeth i Thomas (yn ôl un stori fe'i lladdwyd gan saeth pan oedd yn gweddïo). (Gweler hefyd – IESU GRIST, PEDR, JWDAS, PAUL.)

ARABIA

Arabia yw'r rhan honno o dde-orllewin cyfandir Asia sy'n gorwedd rhwng y Môr Coch a Gwlff Persia. Mae bron i gyd yn ddiffeithwch sych, poeth, ac er bod Arabia bron cymaint â'r India a thua deg gwaith yn fwy na Phrydain, prin iawn yw'r boblogaeth, llai yn wir nag sy'n byw yn Llundain.

Llwyfandir eang, uchel, o dywod a chreigiau yw'r canoldir i gyd, gyda ffynnon neu werddon yma ac acw, a'r Bedwin yn crwydro o un i'r llall gyda'u camelod a'u preiddiau o ddefaid a geifr.

Yn y gorllewin, heb fod ymhell o'r Môr Coch, mae dinasoedd sanctaidd Mecca a Medina. Ym Mecca y ganed y proffwyd Mohamed yn y flwyddyn 570, ac ym Medina y claddwyd ef yn 632. Bydd pawb o'i ddilynwyr yn wynebu i gyfeiriad Mecca wrth weddïo, a phob blwyddyn bydd miloedd ohonyn nhw'n cyrchu yno ar bererindod.

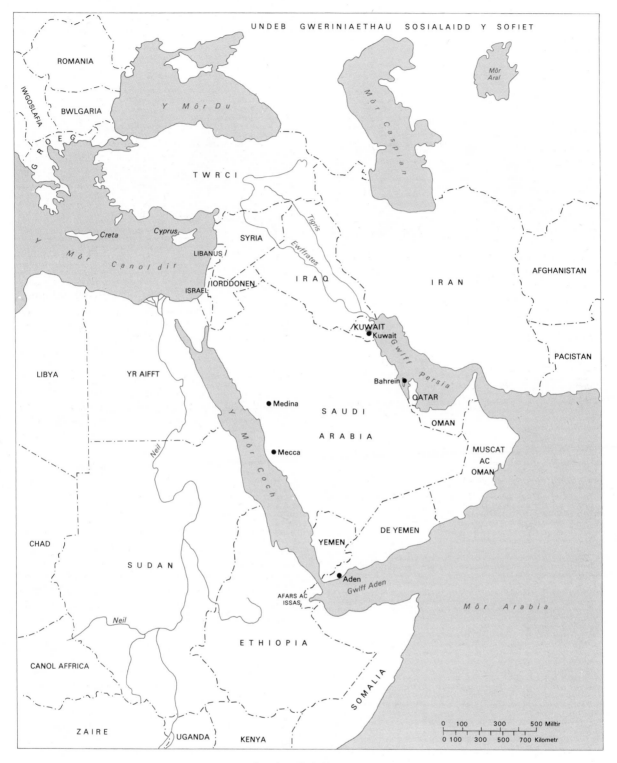

Arabia a'r gwledydd o'i chwmpas

Yn y deheudir, ar arfordir Môr Arabia (sy'n rhan o Gefnfor India), yn nhaleithiau Yemen ac Oman, ceir digon o law i dyfu cnydau a phalmwydd datys.

Rhwng 1930 a 1940 darganfuwyd meysydd olew dan y ddaear yng ngogledd-ddwyrain y wlad, a daeth rheolwyr y parthau hyn yn gyfoethog iawn drwy werthu olew. Daw llawer ohono i Abertawe ac Aberdaugleddau mewn llongau olew anferth. Daeth Kuwait a Bahrein a mannau tebyg, a fu gynt yn dlawd ac yn denau eu poblogaeth, yn hynod o lewyrchus mewn amser byr, ac erbyn heddiw mae yno fwy o gyfoeth y pen nag mewn unrhyw wlad arall yn y byd. (Gweler hefyd MOHAMED, OLEW.)

49

ARADR

Offeryn yw aradr at droi'r tir a'i awyru ar gyfer hau a phlannu.

Roedd dechrau trin y tir yn arwydd fod dyn wedi gorffen crwydro o fan i fan i hela'i fwyd, ac wedi setlo i lawr i dyfu cnydau. Mewn ogof cafwyd lluniau syml a grafwyd ar y graig filoedd o flynyddoedd yn ôl, yn dangos dyn yn gyrru gwedd o ychen sy'n llusgo math o aradr syml heb wneud fawr mwy na chrafu wyneb y tir: yn un llaw mae ganddo swmbwl i brocio'r anifeiliaid, ac yn y llall ysgrepan o had i'w hau. Ymhellach yn ôl eto, cyn iddo ddofi anifeiliaid a gwneud iddyn nhw weithio drosto, mae'n debyg fod dyn y cyn-oesoedd yn paratoi'r tir drwy lusgo darn o bren neu gorn carw – neu efallai ddarn miniog o garreg wedi'i glymu wrth ffon – drwy'r pridd i'w droi.

Mae sôn am yr aradr yn gynnar yn yr Hen Destament. Teclyn digon amrwd oedd aradr yr Israeliaid, yn crafu'r tir yn hytrach na'i droi, a gwelir ei debyg mewn gwledydd tlawd hyd heddiw. Os oedd y pridd yn garegog neu'n gleigog, roedd yn amhosibl gwneud dim ag ef. Anifeiliaid, neu weithiau gaethweision, fyddai'n tynnu, a'r arddwr yn cerdded y tu ôl gan afael yn y cyrn a cheisio gwthio'r swch i'r pridd.

Hen aradr o Ddyfed.

Gwelliant mawr oedd cael swch o fetel – haearn fel rheol – ac yna darganfu dyn ei bod yn haws ei gwthio neu'i thynnu drwy'r pridd os gallai osod darn blaenllym (y cwlltwr) o flaen y swch fel llafn cyllell i dorri'r tir. (Dyna bwrpas y plât crwn miniog a geir ar aradr modern.) Torri cwys neu rych yn y pridd wnâi aradr o'r fath: yn ddiweddarach eto y dysgwyd sut i osod darn o bren fel y byddai'n troi drosodd y tir a dorrid gan y swch a'r cwlltwr. Erbyn heddiw, wrth gwrs, mae'r swch yn cael ei ffurfio'n arbennig i'r pwrpas hwn, ac mae'r aradr yn "troi'r tir" yn wirioneddol.

Yn y 18 ganrif dechreuwyd defnyddio ceffylau yn lle ychen i dynnu'r aradr, a bellach mae'r rheiny wedi diflannu bron i gyd, a'r tractor wedi cymryd eu lle. Mae hwn mor gryf fel y gall dynnu aradr ac iddo gynifer â dwsin o sychau arno, a gall aredig cynifer â hynny o gwysi ar y tro.

Tractor yn tynnu sychau sy'n aredig chwe chwys ar y tro.

ARCH

Math o gist yw arch. Mewn arch o bren y rhoddir corff marw, i'w gladdu neu'i losgi, – ond mae sôn am ddwy arch wahanol, a phwysig iawn, yn yr Hen Destament.

(a) Yn Llyfr Genesis sonnir am fath o dŷ tri-llawr anferth, a allai nofio ar y dŵr, a wnaeth Noa ar orchymyn Duw er mwyn osgoi'r dilyw. Fe'i gwnaeth o bren goffer wedi'i orchuddio oddi mewn ac oddi allan â phyg, ac roedd ynddi ddigon o le i Noa a'i deulu a dau o bob creadur (gwryw a benyw) fyw nes i'r dilyw dreio.

Mesurai'r arch hon dri chan cufydd o hyd, deg cufydd a deugain o led, a deg cufydd ar hugain o uchder. (Tua $1\frac{1}{2}$ troedfedd yw cufydd.)

(b) Arch y Cyfamod yw'r llall. Credir mai Moses a'i gwnaeth, eto'n unol â gorchymyn yr Arglwydd. Rhoddir ei mesurau: hyd – $2\frac{1}{2}$ cufydd; lled ac uchder – $1\frac{1}{2}$ cufydd yr un. Roedd wedi'i gorchuddio ag aur coeth "o fewn ac oddi allan", y clawr o aur coeth ac ar bob pen iddo geriwb o aur â'i esgyll ar led, a modrwyau aur i ddal y polion – y trosolion – a ddefnyddid i gario'r Arch.

Yn ôl Llyfr y Brenhinoedd, y tu mewn i Arch y Cyfamod y cedwid y ddwy lechen a gafodd Moses, â'r Deg Gorchymyn wedi'u sgrifennu arnyn nhw, ar ben Mynydd Horeb.

Mae'n debyg i'r Israeliaid gario'r Arch gyda hwy ar eu taith hir i wlad Canaan. Pan amgylchynnodd Josua ddinas Jericho, cariwyd yr Arch o'i chwmpas unwaith y dydd am chwe diwrnod a

Yn ôl y disgrifiad ohoni sydd yn y Beibl dyma sut yr edrychai Arch y Cyfamod.

saith waith ar y seithfed dydd, gyda saith offeiriad yn dwyn saith o gyrn hyrddod o'i blaen.

Ar ôl i'r genedl ymsefydlu yng ngwlad Canaan, gosodwyd yr Arch yn y Tabernacl Sanctaidd yn Seilo, a phan gododd Solomon y Deml yn Jerwsalem gwnaeth Gysegr arbennig ynddi ar ei chyfer. Ŵyr neb beth a ddigwyddodd i'r Arch ar ôl dyddiau Solomon. (Gweler hefyd – MOSES, JERWSALEM.)

ARCHAEOLEGWYR

Gwaith archaeolegwr yw casglu defnyddiau a thystiolaeth i ddangos sut y bu dynion yn byw yn y gorffennol. Gall ddarganfod ffeithiau am fywydau pobl a oedd yn byw mhell, bell yn ôl, cyn bod neb wedi dechrau sgrifennu eu hanes na chadw cofnodion amdanyn nhw. Wrth astudio gwahanol bethau a adawson nhw ar eu hôl, gall ddysgu llawer am eu cartrefi, eu bwyd a sut y bydden nhw'n dod o hyd iddo, eu hoffer, eu harferion, eu crefftau, eu chwaraeon, a hyd yn oed eu hafiechydon a'u heintiau.

Weithiau daw hen bethau i'r golwg ar ddamwain. Yn 1947 daeth dau fugail ifanc o hyd i gasgliad o hen lawysgrifau yn ardal Qumrân ar lannau'r Môr Marw ym Mhalesteina, pan daflodd un ohonyn nhw garreg ar siawns i mewn i enau ogof a chlywed sŵn llestri yn torri: y llestri oedd y cawgiau a ddaliai'r sgroliau pres a lledr a ddaeth yn fyd-enwog fel "Sgroliau'r Môr Marw".

Yn 1898 cafodd dau fachgen gasgliad o hen wrthrychau wedi'u gwneud o aur, tra roedden nhw'n chwarae ar Ben y Gogarth ger Llandudno.

Wrth gloddio sylfeini Ysgol Erw'r Delyn ym Mhenarth cafwyd casgliad o bennau bwyelli carreg.

Yn 1942–3, wrth adeiladu maes awyr Valley ar Ynys Môn, daeth dynion o hyd i stôr o hen bethau yn cynnwys arfau metel, addurniadau oddi ar dariannau milwyr, darnau o harnais ceffyl, celfi oddi ar gerbydau, hen gantel olwyn haearn, cadwyn i ddal rhes o garcharorion wrth eu gyddfau, a llawer iawn o bethau a ddefnyddid yn y cartref.

Bydd yr archaeolegwr yn mynd ati o fwriad hefyd, i chwilio lle mae ganddo le i gredu bod pobl wedi byw oesoedd lawer yn ôl. Chwiliwyd ogof Paviland ym Mro Gŵyr yn ofalus a chael gweddillion anifeiliaid sydd bellach wedi diflannu o'r tir – y ceffyl gwyllt, arth yr ogof, y mamoth a'r blaidd: fe'u lladdwyd nhw gan drigolion yr ogof a'u llusgo yno i'w bwyta, ac yna defnyddiwyd yr esgyrn a'r ifori i wneud offer ac arfau.

Weithiau bydd y gwrthrychau sy'n werthfawr i'r archaeolegwr wedi'u gorchuddio gan haenau o bridd, a rhaid cloddio i'w cael. Mae lluniau a dynnir o'r awyr yn helpu weithiau, yn enwedig lle mae cnydau'n tyfu: mae ansawdd y tir yn amrywio a natur y cnwd yn dangos, er enghraifft, lle mae adeilad o gerrig dan wyneb y pridd neu ffosydd wedi'u hagor ac wedi'u llenwi drachefn. Claddwyd dinas Pompeii yn yr Eidal dan drwch o lwch lafa o losgfynydd Vesuvius, ond erbyn heddiw symudwyd y llwch i ffwrdd a daeth y ddinas i'r golwg eto, a gallwn gael syniad da o sut le oedd pan giliodd mwyafrif y trigolion wrth i'r folcano dorri allan.

Roedd yn arfer gynt mewn llawer gwlad, wrth gladdu dyn pwysig, i gladdu gydag ef yn y bedd ddysglau ac arfau a thlysau a gemau a darnau arian, rhai o'i anifeiliaid a hyd yn oed ei weision, am fod pobl yn credu y byddai eu hangen arno yn y byd nesaf. Pan ddaw'r rhain i'r golwg wrth agor hen fedd neu feddrod, gallwn ddysgu llawer am arferion y bobl hyn pan oedden nhw'n fyw.

Yn ogystal â dod o hyd i bethau o'r fath, rhaid i'r archaeolegwr ddysgu sut i'w dyddio, er mwyn gwybod pryd y bu pobl yn eu defnyddio, ac mae ganddo sawl ffordd o wneud hyn. Os daw o hyd i ddarn arian, mae'r llun neu'r arysgrif neu'r dyddiad sydd arno yn help mawr iddo ddyddio pethau eraill a gafwyd yn yr un lle, a phethau tebyg a gafwyd mewn mannau eraill. Cafwyd hyd i ddarnau o lestri clai yn hen Siroedd Fflint a Dinbych ac arnyn nhw argraff o fathodynnau gwahanol gatrodau Rhufeinig, sy'n dangos pa filwyr o Rufain oedd ym Mhrydain Fawr, ac yn arbennig yn y garsiwn yng Nghaer, a pha bryd yr oedden nhw yma.

Mae gweddillion anifeiliaid a phlanhigion yn cynnwys cemegyn, Carbon 14, sy'n treulio'n raddol dros y blynyddoedd, a gall offer arbennig fesur pa faint o'r cemegyn sydd ar ôl yn y gwrthrych, a'i ddyddio felly.

Rhaid i'r archaeolegwyr hefyd ddiogelu'r eitemau a ddaw i'r golwg. Ar wahân i'r ffaith eu bod yn werthfawr, bydd hen bethau yn aml yn frau iawn, a rhaid eu trin yn ofalus. Er mwyn i eraill eu gweld a'u hastudio, fe'u rhoddir fel rheol mewn amgueddfeydd: mewn adran helaeth yn yr Amgueddfa Genedlaethol yng Nghaerdydd ceir llu o eitemau wedi'u trefnu yn ôl eu dyddiad, neu yn gasgliadau – fel y casgliad y cyfeiriwyd ato uchod, Casgliad Llyn Cerrig Bach, a gafwyd wrth adeiladu maes awyr Valley ym Môn. (Gweler hefyd – DAEAREG, SGROLIAU'R MOR MARW, RHUFEINIAID.)

ARCHESGOB

Y prif offeiriad yn yr Eglwys Anglicanaidd, ac un o brif offeiriaid Eglwys Rufain, yw Archesgob. Mae'n bennaeth ar yr esgobion eraill.

Er pan dorrodd yr Eglwys yng Nghymru yn rhydd oddi wrth Eglwys Loegr yn 1920, bu ganddi ei Harchesgob ei hun. Dyma fanylion y saith a fu'n dal y swydd ers hynny:

1920–1934　Y Gwir Barchedig Alfred George Edwards, Esgob Llanelwy

1934–1944　Y Gwir Barchedig Charles Alfred Howell Green, Esgob Bangor

1944–1949　Y Gwir Barchedig David Lewis Prosser, Esgob Tyddewi

1949–1957　Y Gwir Barchedig John Morgan, Esgob Llandaf

1957–1967　Y Gwir Barchedig Alfred Edwin Morris, Esgob Mynwy

1967–1971　Y Gwir Barchedig Glyn Simon, Esgob Llandaf

Yn 1971 etholwyd Y Gwir Barchedig Gwilym O. Williams, Esgob Bangor, yn Archesgob Cymru.

Pwyllgor arbennig o'r Eglwys yng Nghymru sy'n ethol ei Harchesgob, o blith y chwe Esgob Cymreig, sef Esgobion Bangor, Llanelwy, Tyddewi, Abertawe ac Aberhonddu, Llandaf, a Mynwy. Mae'r Esgob a etholir yn dal i gadw'r swydd a oedd ganddo cyn ei ddyrchafu'n Archesgob.

Rhaid i'r un a ddewisir ennill pleidleisiau dwy ran o dair o'r deugain namyn un sydd ar y pwyllgor: pe methid â phenderfynu ar ôl tri diwrnod o bleidleisio, yna byddai Archesgob Caergaint, pennaeth Eglwys Loegr, yn ethol Archesgob newydd Cymru.

Yr Archesgob yw Llywydd Corff Llywodraethu'r Eglwys yng Nghymru.

Mae dau Archesgob gan Eglwys Loegr – Archesgob Caergaint ac Archesgob Caerefrog. Y brenin neu'r frenhines sy'n penodi'r rhain – ac yn wir holl esgobion Eglwys Loegr – ar ôl ymgynghori â'r Prif Weinidog. Yn ystod seremoni coroni teyrn newydd, Archesgob Caergaint sy'n gosod y goron ar ben y brenin neu'r frenhines newydd.

Mae gan yr Eglwys Babyddol dri Archesgob yn Lloegr – yn Westminster, Birmingham a Lerpwl, – ac un yng Nghymru, sef Archesgob Caerdydd; y Pab sy'n eu hethol hwy. (Gweler hefyd – ESGOB.)

Y Gwir Barchedig Gwilym O. Williams, Esgob Bangor, a etholwyd yn Archesgob Cymru yn 1971.

ARFAU

Ffon i'w thrafod a charreg i'w thaflu oedd arfau cyntaf dyn ar gyfer ei amddiffyn ei hun neu hel ei fwyd. Yna darganfu sut i roi blaen a min ar garreg neu ddarn o asgwrn, a llunio dolen o bren i'w ddal, ond er mwyn defnyddio'r rhain i gyd rhaid iddo fynd yn agos at ei elyn. Pan ddechreuodd ddef-

Pennau saethau wedi'u gwneud o ddarnau
o gallestr (fflint).

nyddio cangen neu lasbren syth i wneud gwaywffon bigfain ac yna dyfeisio bwa a saeth, gallai bellach ladd o bellter. Pan ychwanegodd flaen o garreg neu fetel, roedd yr arfau hyn yn fwy effeithiol, ac yna'n well fyth pan allai ei gwneud yn gyfangwbl o efydd neu o haearn.

Am ganrifoedd defnyddiai milwyr waywffon a bwa a saeth wrth ryfela, a dywedir mai'r bwâu hir a ddyfeisiwyd yng Nghymru oedd yn gyfrifol, i raddau helaeth, am fuddugoliaethau'r Saeson yn y Rhyfel Can Mlynedd yn Ffrainc yn y 14 a 15 ganrif.

Ar gyfer ymladd yn agos at y gelyn, cleddyf amdani: gallai'r milwr dorri ag ymylon llym y llafn a thrywanu â'r blaen pigfain. Dyma'i arf bersonol: os oedd yn rhaid iddo ildio i'r gelyn, ei gleddyf a ildiai gyntaf; os ceid ef yn llwfr, byddai ei gleddyf yn cael ei dorri yn ei hanner – a hyd heddiw defnyddir cleddyf wrth urddo dyn yn Farchog.

Defnyddiai'r Rhufeiniaid a'r Groegiaid ddyfais debyg i gatapwlt enfawr a allai daflu cerrig mawr neu bwysau eraill dros ben amddiffynfeydd – muriau caer neu gastell, er enghraifft.

Pan ddarganfuwyd powdwr ffrwydrol, doedd fawr o bwrpas bellach i'r mwyafrif o'r arfau hyn. Mae dryll yn gweithio ar yr un egwyddor â chwythbib – yn gynnar iawn dysgodd dyn sut i chwythu dart â gwenwyn ar ei flaen drwy chwythbib i ladd anifeiliaid, a bydd rhai pobl gyntefig mewn gwledydd sydd heb eu datblygu yn gwneud yr un fath hyd heddiw. Mewn dryll a gwn chwythir y ffrwydryn allan o diwb a elwir y baril, gan bowdwr sy'n ei wthio yn ei flaen mor gyflym nes peri iddo fynd ymhell mewn byr amser. Ar ôl datrys y broblem o danio'r powdwr heb chwythu'r taniwr yn ddarnau hefyd, doedd dim diwedd ar y defnydd a wneid ohono, ac a wneir hyd heddiw. O'r dryll a'r gwn gwreiddiol, datblygodd arfau cymhleth sy'n gallu tanio a saethu'n gyflym iawn a thaflu bwledi a phelenni ffrwydrol dros bellterau mawr

iawn. Mae rhai gynnau'n hynod o fawr, ar gyfer saethu ffrwydron trwm – rhai dros ddwy dunnell o bwysau – ac eraill mor fach fel y gellir eu cuddio yng nghledr y llaw. Datblygwyd gynnau sy'n llwytho'u hunain o'r newydd yn otomatig cyn gynted ag y bydd ffrwydryn yn gadael y baril. Dyfeisiwyd dulliau o anelu gynnau er mwyn iddyn nhw saethu, ar bob cynnig, i'r union fan a ddymuna'r gynnwr, a threfnwyd tu mewn y baril fel bod y ffrwydryn yn troi'n gyflym ac felly'n cadw ar ei gwrs. Gwneir bwledi sy'n treiddio i mewn i beth bynnag y maen nhw'n taro yn ei erbyn, hyd yn oed trwch o ddur, ac eraill sy'n ffrwydro wrth lanio – ymhlith y rhain mae gwahanol fathau o fomiau o rai bach i'w taflu â'r llaw i fyny at rai anferth sy'n cael eu gollwng o awyrennau.

Mae gan rai ffrwydron eu peiriannau eu hunain i'w gyrru yn eu blaen. Un felly yw'r torpido – gellir ei ddanfon o long ar wyneb y dŵr, neu o awyren, neu, yn fwy effeithiol na'r un o'r rhain, o long danfor. Bydd yn tyllu ochr llong arall dan y dŵr ac yn ffrwydro y tu mewn iddi gan wneud difrod mawr. Mae rhai mathau o dorpido'n defnyddio peirianwaith arbennig sy'n "gwrando" am sŵn injan llong neu long danfor, ac yn peri i'r torpido fynd i'r cyfeiriad priodol i'w tharo.

Erbyn heddiw datblygwyd roceddi a bomiau eraill a chanddyn nhw beirianwaith tebyg ar gyfer darganfod ac anelu am awyrennau neu roceddi eraill yn yr awyr a'u difa. Gellir gollwng ffrwydryn arbennig i'r môr, o awyren neu long, a bydd yn aros yno, yn nofio yn y dŵr, nes daw llong neu long danfor heibio a pheri iddo ffrwydro, un ai drwy gyffwrdd ag un o'i deimlyddion neu effeithio ar beirianwaith magnetig neu acwstig y tu mewn iddo. Mae math arall yn cael ei guddio fodfedd neu ddwy dan wyneb y pridd, a bydd hwn yn ffrwydro dan bwysau cerbyd yn rhedeg drosto neu hyd yn oed dyn yn cerdded arno neu'n bwrw yn ei erbyn.

Yr arfau mwyaf ofnadwy a ddyfeisiodd dyn erioed yw'r bomiau hidrogen: gall un o'r rhain ddifa dinas fawr a'r cyfan sydd ynddi mewn eiliad fer, fel y difethodd bomiau atomig ddinasoedd Hiroshima a Nagasaki a gorfodi Japan i ildio a dod â'r Ail Ryfel Byd i ben.

Wrth ddyfeisio arf newydd bydd dyn yn ceisio hefyd ddarganfod ffordd i'w osgoi neu ei orchfygu, rhag ofn i'r gelyn gael gafael arno – ac mae hyn eto'n arwain at ymdrechion parhaus i ddyfeisio arfau mwy cymhleth a mwy dinistriol fyth. (Gweler hefyd – BWA A SAETH, DRYLL, RHYFEL.)

ARGAE

Math o wal neu glawdd cadarn, uchel, yw argae, a phwrpas ei godi ar draws afon neu nant yw cronni dŵr y tu cefn iddo mewn llyn gwneud a elwir yn gronfa ddŵr.

Gall argae fod yn bentwr anferth o bridd a darnau mawr o graig wedi'u gwasgu'n dynn at ei gilydd, a wal o ddur neu o goncrid wedi ei osod y tu mewn

Codi argae anferth Llyn Brianne ar Afon Tywi yng Ngogledd hen Sir Gaerfyrddin.

iddo i'w gryfhau. Dyna'r fath argae sydd i Lyn Celyn ger y Bala ac i'r cronfeydd ar Fannau Brycheiniog. Weithiau rhoddir haen o ddur neu goncrid dros yr wyneb mewnol er mwyn rhwystro dŵr y gronfa rhag colli drwyddo.

Gellir gwneud argae hefyd o gerrig mawr sydd wedi'u naddu'n flociau sgwâr a'u sicrhau yn sownd wrth ei gilydd, fel yn argae Llyn Efyrnwy ym Maldwyn a chronfeydd Cwm Elan ym Maesyfed.

Lluniwyd argaeau eraill o drwch anferth o goncrid, fel hwnnw a godwyd yng Ngheunant Bryntail, tair milltir i'r gogledd o Lanidloes, er mwyn creu llyn sydd yn ymestyn am chwe milltir oddi yno i fyny Cwm Clywedog.

Bydd cronfeydd o'r fath yn dal miliynau ar filiynau o alwyni o ddŵr. Gan fod pwysedd y dŵr yn cynyddu po bellaf y mae o wyneb y llyn, bydd lled yr argae fel rheol yn fwy tua'r gwaelod er mwyn gwrthsefyll y pwysedd hwnnw.

Yn Unol Daleithiau America ac yn y Swistir mae'r argaeau mwyaf yn y byd. (Gweler hefyd – CRONFA DDŴR, PWYSEDD.)

ARGRAFF BYS

Os edrychwn yn fanwl ar flaenau ein bysedd a'n bodiau, fe welwn fod patrwm o linellau yn y croen ar bob un. Dau beth sy'n rhyfedd iawn am y patrymau hyn – maen nhw'n aros yr un fath ar hyd ein hoes, heb newid dim (ond mynd yn fwy

wrth gwrs) wrth i'n cyrff heneiddio, ac maen nhw'n wahanol i batrymau bysedd pawb arall ar wyneb y ddaear.

Bydd yr heddlu'n defnyddio'r ffeithiau hyn yn eu gwaith wrth geisio dal drwgweithredwyr. Os na fydd lleidr yn gwisgo menig wrth iddo roi ei law ar ddolen drws neu sil ffenest wrth dorri i mewn i dŷ, bydd yn gadael argraff ei fysedd ar y peth hwnnw ac ar bopeth arall y mae'n cyffwrdd ag ef â'i law, a gellir ei nabod wrth yr argraff honno.

Os nad yw'r argraff ar y gwrthrych yn glir i'r llygad noeth, fe ddaw yn eglur o chwythu powdwr arno. Yna bydd yr heddlu'n tynnu llun o'r argraff ac yn archwilio'r llun yn fanwl i weld a yw'n debyg i un o'r argraffau maen nhw wedi'u casglu'n barod o fysedd drwgweithredwyr sy'n adnabyddus iddyn nhw. Neu, os ydyn nhw'n amau rhywun na fu mewn helynt o'r blaen, gallan nhw gymryd argraff o'i fysedd a chymharu'r patrymau. Weithiau bydd yr heddlu'n cymryd argraff bysedd pawb mewn ardal arbennig wrth geisio darganfod pwy gyflawnodd drosedd yn yr ardal honno.

Argraff pedwar bys llaw chwith awdur y llyfr hwn!

I gael argraff o'r fath gan ddyn, bydd yr heddlu'n rhoi inc du ar ei fysedd ac yn eu gwasgu, un ar y tro, ar ddarn o bapur gwyn gan eu rholio o ochr i ochr er mwyn argraffu cymaint o'r patrwm ag sy'n bosibl, ac yna'n cymryd argraff o'r pedwar bys gyda'i gilydd.

Ers dechrau'r ganrif hon gwnaeth yr heddlu yn y wlad hon ddefnydd helaeth iawn o'r argraffau hyn, gan fanteisio ar y ffaith eu bod mor hawdd eu casglu a'u cadw nes bydd eu hangen, ac nad oes byth dwy set sy'n union yr un fath. (Gweler hefyd – YR HEDDLU.)

ARGRAFFU

Am ganrifoedd yr unig ffordd i gynhyrchu llyfrau oedd eu copïo â'r llaw, un ar y tro. Byddai mynaich yn treulio oriau lawer wrth waith o'r fath. Roedd yn waith araf iawn, ac felly roedd llyfrau'n brin ac yn werthfawr, a dim ond prifysgolion a mynachlogydd ac ysgolheigion cefnog allai fforddio'u casglu.

Roedd yn bosibl argraffu addurniadau ar y tudalennau drwy ddefnyddio blociau â phatrymau wedi'u cerfio arnyn nhw, ond roedd yn amhosibl disgwyl i neb gerfio blociau â thudalennau cyfan yn llawn o eiriau arnyn nhw er mwyn gallu cynhyrchu sawl copi o'r un llyfr.

Cam mawr ymlaen oedd gwneud llythrennau unigol o fetel a'u gosod at ei gilydd mewn trefn i ffurfio gair, ac yna gosod y geiriau ynghyd mewn llinellau ar gyfer eu hargraffu drosodd a throsodd. Y dasg gyntaf oedd gwneud mold o fetel ar ffurf y llythyren, ei lenwi â metel arall wedi'i doddi a gadael iddo oeri a chaledu. Gellid gwneud nifer fawr o bob llythyren yn barod at eu cysodi, hynny yw eu gosod at ei gilydd yn y drefn briodol, rhoi inc arnyn nhw a'u hargraffu drosodd nifer o weithiau fel byddai'r angen.

Ar ôl cysodi digon o linellau i lenwi tudalen, rhaid eu sicrhau mewn ffrâm. Byddai'r llythrennau – y "teip" – felly'n sefyll i fyny; rhoddai'r argraffydd inc arnyn nhw, gwasgu darn o bapur ar y cyfan a dyna'r tudalen wedi'i argraffu.

Mae'n debyg bod dull o'r fath yn cael ei ddefnyddio yn y Dwyrain Pell dros fil o flynyddoedd yn ôl, ond Almaenwr o'r enw Johann Gutenberg sy'n cael ei gydnabod fel y cyntaf yn Ewrop i ddyfeisio a defnyddio llythrennau sengl ar gyfer argraffu, a hynny ym Mainz tua 1438. Yn fuan ymledodd y dull hwn i ddinasoedd eraill yn Ewrop.

Y cyntaf i ddefnyddio teip o'r fath ym Mhrydain oedd William Caxton a sefydlodd wasg argraffu yn Westminster yn 1476, ac un o'r llyfrau cyntaf a argraffodd yno oedd "Canterbury Tales" gan Geoffrey Chaucer.

Yn 1547 yr argraffwyd y llyfrau Cymraeg cyntaf – llyfr gan uchelwr o Frycheiniog, Syr John Rhys, a elwir yn gyffredin wrth eiriau cyntaf ei deitl, "Yn y llyvyr hwnn"; casgliad o ddiarhebion Cymraeg, "Oll Synnwyr Pen Kembero" gan y bardd Gruffudd Hiraethog; a geiriadur gan William Salesbury i gynorthwyo'r Cymry i ddysgu Saesneg.

Mewn ogof ym mhenrhyn y Gogarth Bach ger Llandudno y sefydlwyd y wasg argraffu gyntaf yng

Rhai o'r peiriannau sy'n argraffu'r papur newydd, y Western Mail, *yng Nghaerdydd.*

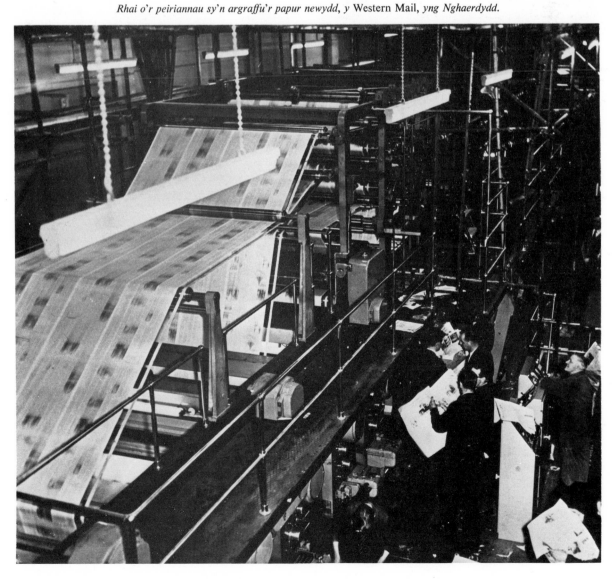

Nghymru, yn 1586, a hynny'n ddirgel gan gwmni o Babyddion am nad oedd hawl gan Babyddion argraffu llyfrau yr adeg honno. Yno yr argraffwyd rhan gyntaf llyfr defosiynol, traethawd byr ar garu Duw yn dwyn y teitl "Y Drych Cristion-ogawl", cyn i'r wasg gael ei darganfod ar ddydd Gwener y Groglith 1587. Llwyddodd y gweithwyr i ddianc, a chyn pen ychydig fisoedd roedd y wasg wedi'i hail-godi yn Aberhonddu, yn nhŷ meddyg ac ysgolhaig o'r enw Siôn Dafydd Rhys, ond darganfuwyd hon eto tua'r Nadolig yr un flwyddyn. Bu trydedd ymgais i sefydlu gwasg ddirgel mewn ogof ger y ffin rhwng Sir Fflint a Sir Amwythig ym mis Medi 1590, ond mae'n debyg i hon gael ei darganfod bron yn syth. Wyddom ni ddim a lwyddwyd i argraffu unrhyw lyfrau ar y gwasgau yn Aberhonddu a Sir Fflint.

Cysodi â'r llaw oedd y drefn am flynyddoedd lawer, sef dewis pob llythyren yn ei thro a'i gosod yn ei lle priodol wrth ddilyn y copi gwreiddiol. Ond er diwedd y 19 ganrif mae gan y cysodydd beiriannau i'w gynorthwyo. Mae'n eistedd fel pe bai o flaen teipiadur, ac wrth iddo daro'r llythrennau mae'r peiriant yn dewis y moldiau cywir yn eu tro ac yn eu gosod mewn rhes nes cyrraedd pen y llinell. Yna mae'r peiriant yn arllwys metel – plwm gan mwyaf – i'r ffrâm sy'n dal y moldiau, a'r metel hwnnw'n oeri ac yn troi yn llinell o deip. Dyma sut y bydd papurau newydd a llawer o lyfrau yn cael eu cysodi.

Gall peiriannau eraill wneud llythrennau unigol a'u gosod at ei gilydd. Mantais y dull hwn yw nad oes angen ailosod y llinell gyfan os gwneir cam-gymeriad mewn un llythyren.

Erbyn heddiw mae dulliau eraill o baratoi deunydd ar gyfer argraffu. Er enghraifft, gellir gwneud ffotograff o'r gwreiddiol – boed hwnnw'n eiriau neu'n llun – â chamera arbennig, a defnyddio cemegau i wahaniaethu rhwng yr hyn sydd i'w argraffu a'r darnau sydd i'w gadael yn glir.

Peiriannau mawr a chymhleth sy'n argraffu papurau newydd. Mae'r papur glân yn llifo i mewn i un pen oddi ar roliau anferth, yn cael ei argraffu yn un llain hir, a'r peiriant yn torri'r papur yn dudalennau ac yn eu plygu cyn eu hanfon allan o'r pen arall – gynifer â 40,000 o gopïau mewn awr.

Datblygiad diddorol yw argraffu'r un papur newydd mewn dwy neu dair o drefi gwahanol yr un pryd. Drwy gymorth signalau arbennig gellir anfon cynnwys papur cyfan ar hyd wifren mewn amser byr iawn at beiriannau gannoedd o filltiroedd i ffwrdd, a bydd y peiriannau hyn yn derbyn y signalau ac yn eu defnyddio i osod y teip yn otomatig yn barod i'w argraffu.

Does dim diwedd ar y llu o bethau sy'n cael eu hargraffu bob dydd, ar wahân i bapurau newydd a llyfrau, a hynny ar lawer math o ddefnyddiau yn ogystal ag ar bapur. (Gweler hefyd – PAPUR, PAPURAU NEWYDD, LLAWYSGRIF, LLYFRAU.)

ARIAN

Mwyn gwerthfawr yw arian, a dysgodd dyn filoedd o flynyddoedd yn ôl sut i'w drin ar ôl ei gael o'r ddaear. Roedd trigolion China yn ei ddefnyddio ymhell dros ddwy fil o flynyddoedd cyn geni Crist.

Mae'n fetel meddal iawn ac felly'n hawdd ei drin. Gellir ei dynnu'n wifren fain a'i "gwnïo" fel addurn ar ddillad a bathodynnau, a gellir hefyd ei guro'n haenau tenau, tenau – mor denau nes byddai can mil ohonyn nhw, un ar ben y llall, yn mesur modfedd o drwch.

Ar wahân i waith o'r fath, byddai arian yn treulio'n fuan o'i ddefnyddio ar ei ben ei hun, ond mae'n cymysgu'n hawdd â metelau eraill i wneud aloi. Defnyddir aloi o arian a chopr ar gyfer gwneud gemwaith, a chyllyll, ffyrc, llwyau a dysglau ar gyfer y bwrdd. Gydag ambell eithriad (megis wy) dydy bwyd na diod ddim yn effeithio ar yr aloi hwn, ac felly mae'n ddiogel i'w ddefnyddio ar gyfer offer o'r fath, ond mae sylffur yn yr awyr mewn ardaloedd myglyd yn ei bylu.

Rhaid argraffu arwyddion ar y nwyddau hyn fel prawf eu bod yn cynnwys arian: rhoddir nod arbennig ar gyfer y ddinas lle gwneir y prawf (megis coron ar gyfer Sheffield ac angor i Birmingham) a llythyren i nodi'r flwyddyn.

Yng Nghymru, yn enwedig yn y De, defnyddiwn y gair "arian" ar gyfer y darnau a gariwn yn ein pocedi ar gyfer prynu nwyddau a thalu am hwn a'r llall. Byddwn yn sôn am "arian gleision", "arian cochion" ac "arian papur". Oesoedd yn ôl, pan fyddai dyn am gael rhywbeth gan rywun arall, rhaid oedd iddo ffeirio peth neu bethau gwahanol yn gyfnewid amdano – buwch, dafad, halen, gleiniau, grawn neu gregyn efallai. Ond roedd hon yn ffordd drafferthus o farchnata, ac erbyn y chweched ganrif cyn geni Crist roedd rhai cenhedloedd wedi dysgu sut i wneud a defnyddio darnau o fetel a oedd yn hawdd eu trafod, ac y byddai pawb yn barod i'w derbyn yn gyfnewid am nwyddau fel y byddwn ninnau heddiw.

Tan 1971 byddem ni ym Mhrydain yn cyfri ein harian mewn ceiniogau, sylltau a phunnoedd: roedd deuddeg ceiniog mewn swllt, ac ugain swllt mewn punt. Er Chwefror 15, 1971, mae'r bunt yn werth can ceiniog, a diflannodd y swllt. Heddiw mae hanner ceiniog, ceiniog a dwy geiniog yn ddarnau "arian cochion", pum ceiniog, deg ceiniog a hanner can ceiniog yn ddarnau "arian gleision", a'r bunt, pum punt a decpunt yn "arian papur".

Am amser maith roedd gwerth pob darn o arian yn cyfateb i werth y metel a oedd ynddo. Tan 1920 roedd darn swllt a deuswllt a hanner coron yn arian bron i gyd ond wedi hynny ychwanegwyd mwy a mwy o fetelau eraill, ac er 1947 roedden nhw'n gyfangwbl o aloi o gopr a nicel. Felly hefyd y darnau degol newydd o bum, deg a hanner can

Y darnau arian degol a ddefnyddiwn er Chwefror 1971.

ceiniog: mae tair rhan o bedair o bob un o'r rhain yn gopr a'r gweddill yn nicel. O aloi sy bron i gyd yn gopr, gydag ychydig o sinc ac ychydig bach iawn o alcam, y gweir yr hanner ceiniog, y geiniog a'r ddwy geiniog newydd. (Gweler hefyd – BATHDY, COPR, SINC, ALCAM, ALOI, Y DULL DEG.)

ARIANNIN

Gwlad fwyaf deheuol De America yw Ariannin, a'r ail fwyaf ei maint yno, yn ymestyn dros filiwn o filltiroedd sgwâr. I'r dwyrain mae Môr Iwerydd: ar y ffin orllewinol rhwng Ariannin a Chile mae'r Andes – cadwyn o fynyddoedd uchel â rhai o'r copâu'n cyrraedd mwy na 20,000 troedfedd ac yn wyn gan eira. Bu ymladd droeon yn y gorffennol rhwng Ariannin a Chile, ond bellach codwyd cerflun anferth – "Crist yr Andes" – wedi'i wneud o ynnau mawr wedi'u toddi, ym Mwlch Upsallata, yn union ar y ffin rhwng y ddwy wlad, fel ernes o heddwch o hyn allan.

Ar y pampas, gwastadeddau eang, digoed, yng nghanolbarth y wlad, y mae'r prif ddiwydiannau – magu gwartheg a defaid a thyfu cnydau (gwenith, indrawn, rhyg a haidd) – ar ffermydd anferth (*estancias*). Mae'n debyg bod yno dros hanner can miliwn (50,000,000) o wartheg. Bydd llawer iawn o gig a lledr yn cael eu hallforio i wledydd eraill.

Yng ngogledd y wlad mae'r hinsawdd yn fwy poeth a thyfir yno reis, cotwm a siwgr cên. Yn y gorllewin, ger yr Andes, bydd y ffermwyr yn dyfrhau'r tir ar gyfer tyfu grawnwin ac eirin gwlanog. Mae Patagonia, yn y deheudir, yn oer ac yn sych a bydd miliynau o ddefaid yn pori yno.

Mae mwy nag ugain miliwn o bobl yn byw yn Ariannin, ychydig dros dair miliwn ohonyn nhw yn y brifddinas, Buenos Aires, i fyny yn y gogledd ar lan ddeheuol aber fawr Rio de la Plata. O Sbaen a'r Eidal y daeth y mwyafrif, a Sbaeneg yw prif iaith y wlad. Mae rhai yn siarad Cymraeg hefyd –

Lleoliad Ariannin yn Ne America

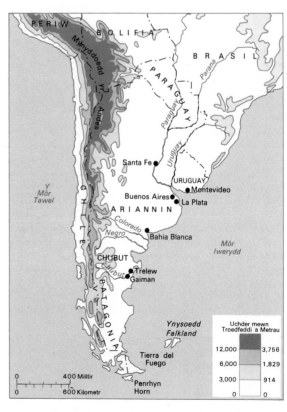

Ar y map hwn fe welwn yr ardal yn nyffryn Afon Chubut lle'r ymsefydlodd ymfudwyr o Gymru yn 1865

57

disgynyddion y fintai o Gymry a ymfudodd i Ariannin yn 1865.

Ar hyd y ganrif ddiwethaf bu pobl yn symud o Gymru i wledydd tramor i geisio gwell byd nag oedd i'w gael gartref ar y pryd. Aeth llawer i Unol Daleithiau America, a dewisodd rhai fynd i Dde America.

Gŵr o ardal y Bala oedd Michael D. Jones, gweinidog gyda'r Annibynwyr. Roedd am ddianc i wlad lle byddai'n rhydd o orthrwm y meistri tir, a oedd wedi achosi poen a blinder i'w deulu ef ei hun. Roedd yntau wedi bod yn yr Unol Daleithiau ar ymweliad, ac wedi meddwl am ymsefydlu yno gyda'r sawl a fynnai ei ddilyn, nes iddo sylweddoli bod y Cymry a oedd yno'n barod, wedi ymfudo ar ddechrau'r ganrif, wedi colli'u hiaith ac anghofio'u traddodiadau yn fuan.

Felly penderfynodd fynd i Dde America, i wlad heb fawr o boblogaeth ar y pryd, lle gallai'r Cymry fyw yn un gymdeithas glos gyda'i gilydd. Anfonodd at Lywodraeth Ariannin am hawl i ymsefydlu yn Nyffryn Chubut, ryw saith gant o filltiroedd i'r de o Buenos Aires, ac i neilltuo'r rhan honno o'r wlad ar gyfer y Cymry.

Cafodd ganiatâd, ac yn 1865 hwyliodd 153 – ond heb Michael D. Jones ei hun – ar y llong *Mimosa* o Lerpwl, gan gyrraedd genau Afon Chubut ar 28 Gorffennaf.

Sylweddolwyd yn fuan na fu digon o gynllunio ymlaen llaw: er eu bod yn mynd i wlad lle byddai'n rhaid iddyn nhw ffermio, un yn unig yn y cwmni oedd wedi cael y fath brofiad, a wynebodd y Cymry lawer o anawsterau a chaledi. Onibai am gymorth hael Llywodraeth Ariannin mae'n debyg na fyddai fawr neb ohonyn nhw wedi aros yno.

Mae disgynyddion rhai o'r ymfudwyr gwreiddiol yn byw yno heddiw, mewn mannau fel Trelew a Gaiman. Yn 1965 dathlwyd canmlwyddiant yr ymfudo, ac aeth parti o Gymru allan i'r "Wladfa Gymreig" fel y'i gelwir, ar ymweliad â'u cyd-Gymry, i geisio cryfhau'r gyfathrach rhwng y ddwy wlad.

ARTH

Creadur mawr, trwm, cryf yw'r arth, heb fawr ddim cynffon, ei glustiau'n fach, ei goesau a'i draed yn fawr ac yn hynod o gryf. Er ei faint a'i olwg afrosgo, mae'n eithriadol o sionc, a gall symud yn gyflym iawn. Mae'n greadur peryglus ac yn heliwr creulon.

Ceir gwahanol fathau o eirth mewn gwahanol rannau o'r byd, bron i gyd i'r gogledd o'r Cyhydedd, ond mae'r nodweddion hyn yn gyffredin iddyn nhw i gyd. Mae'n siwr mai'r mwyaf cyfarwydd yw'r arth gwyn. (Bydd pob sŵ gwerth yr enw'n ceisio cadw eirth gwynion am fod ymwelwyr mor hoff o'u hedmygu'n nofio ac o wylio'u pranciau doniol). Ei gynefin yw'r tiroedd oer o gwmpas Pegwn y Gogledd. Mae ei gôt wen o ffwr garw yn ei

amddiffyn rhag yr oerni, a'r blew trwchus sy'n tyfu dan ei draed yn eu cadw rhag rhewi ac yn arbed yr arth rhag llithro ar yr iâ. Mae ganddo ben bach a gwddf hir, a rhywfaint o we rhwng bysedd ei draed, ac mae'r cyfan hyn o help mawr iddo nofio'n gyflym er gwaetha'i faint – gall bwyso tri chwarter tunnell a chyrraedd naw troedfedd o hyd.

Ei hoff fwyd yw morloi a môr-feirch, ac mae'n gyfrwys wrth eu dal. Gall symud yn ddistaw i gyfeiriad morlo sy'n gorwedd allan o'r dŵr, ei gôt wen yn ei guddio a'i bawen o flaen ei wyneb i guddio'n drwyn du – yr un rhan ohono sy'n sefyll allan yn erbyn lliw gwyn yr eira. Neu bydd yn gorwedd yn llonydd wrth grac neu dwll yn yr iâ lle daw'r morlo neu'r môr-farch i'r wyneb i anadlu, a phan ddaw pen y creadur i'r golwg mae'r arth yn estyn ei bawen fel fflach ac yn ei daro nes ei syfrdanu, ac yna'n bachu ei grafangau cryfion, miniog ynddo a'i godi o'r dŵr mewn chwinciad i'w fwyta. Yn ôl yr Escimo gwelwyd unwaith arth gwyn yn nesu'n llechwraidd at fôr-farch oedd yn hepian, yna'n codi darn mawr o iâ yn ei draed blaen a'i ddefnyddio i dorri pen y cysgwr druan cyn i hwnnw sylweddoli bod neb yn agos ato.

Arth wen a'i chenau.
Sally *a* Triplet.

Mae'n bwyta pysgod hefyd, yn ogystal ag adar a'u hwyau, a llysiau ac aeron yn yr haf.

Caiff y cenawon bach (un neu ddau fel rheol) eu geni ynghanol y gaeaf mewn ogof neu ffau yn yr eira a wnaiff yr arthes ar eu cyfer. Erbyn hyn mae hi'n dew a digon o fraster arni: ar ôl geni'r rhai bach bydd hi'n aros yno gyda nhw am ryw dri mis, yn eu bwydo a'u cadw'n gynnes, ac yn byw ar ei bloneg.

Mae gwahanol fathau o eirth brown yn byw yng ngogledd Ewrop, ym mynydd-diroedd gogledd Asia ac yng Ngogledd America, yn enwedig Canada ac Alaska. Mae eu pennau'n lletach na'r arth gwyn, a mwy o flaen ar y trwyn. Maen nhw i gyd yn hynod o gryf, yn nofwyr rhagorol, ac yn sionc iawn – gall rhai ddringo coed yn ddi-drafferth a llamu dros dir creigiog yn gyflym iawn. Mae eu lliwiau'n amrywio, rhai yn frown golau ac eraill yn dywyll iawn, bron yn ddu.

Gynt byddai un math o arth brown yn byw ym Mhrydain: erbyn heddiw fe'i gwelir mewn syrcas yn unig, wedi'i hyfforddi i ddawnsio neu i rodio ar fareli neu farchogaeth beic uchel. Mae'r "arth arswydus" (*grizzly bear*) yn fawr – bron cymaint weithiau â'r arth gwyn – yn byw ar anifeiliaid bychain, pysgod, aeron a phlanhigion. Mae arth brown Canada ac Alaska yn hoff iawn o eogiaid: bydd yn eu hymlid yn y dŵr neu'n sefyll ynghanol afon lle mae'n gwybod bod y pysgod yn arfer llamu o'r dŵr ar eu ffordd i fyny dros raeadr neu ddŵr gwyllt, a chyn i'r pysgodyn ddisgyn yn ôl i'r dŵr bydd yr arth yn ei daro â'i bawen ac yn gafael ynddo cyn y gall ddianc.

Un o hoff fwydydd eirth brown yw mêl, ac mae hyn yn wir hefyd am yr arth du sy'n byw yn fforestydd Gogledd America. Mae yntau yr un mor hoff o forgrug: pan ddaw at nyth mae'n gwthio'i bawen i mewn iddo ac yn aros nes i'r creaduriaid bychain heidio arni cyn ei thynnu allan a'u llyfu a'u llyncu gyda blas.

Bydd yr arth brown a'r arth du yn cysgu llawer yn y gaeaf. Yn ystod y cyfnod hwn caiff y cenawon eu geni, ac yna, yr un fath â'r arthes wen, bydd y fam yn byw ar ei braster ei hun am ddeufis neu dri tra'n magu'r rhai bach yn y wâl cyn caniatáu iddyn nhw weld golau dydd.

Y BRENIN ARTHUR

Mae'n debyg fod yna frenin o'r enw Arthur ym Mhrydain yn y bumed neu'r chweched ganrif. Ychydig iawn o hanes ei fywyd sydd ar gael erbyn heddiw, ond tyfodd chwedlau difyr o gwmpas ei enw.

Hwyrach mai'r stori fwyaf adnabyddus amdano yw honno sy'n dweud sut y daeth yn frenin. Roedd yr hen frenin wedi marw, a rhaid oedd dewis un i'w ddilyn. Trefnodd Myrddin Ddewin ornest rhwng marchogion y wlad, i'w chynnal ar nos y Nadolig. Pwy bynnag a allai dynnu cleddyf o ganol eingion drom lle roedd Myrddin wedi'i osod, hwnnw fyddai Brenin Prydain. Ceisiodd nifer, ond yn ofer, ac yna penderfynwyd cynnal twrnameint. Roedd un o'r ymgeiswyr, Syr Cai, wedi anghofio ei gleddyf ei hun, ac anfonodd ef Arthur i'w mofyn. Methodd hwnnw â dod o hyd iddo, ond cofiodd am yr eingion: aeth ati, gafaelodd yng ngharn y cleddyf a'i dynnu allan yn rhwydd. Synnodd pawb, ac yna sylweddolwyd na allai hyn olygu ond un peth, mai Arthur oedd gwir Frenin Prydain – ac felly y bu.

Casglodd yntau fintai o farchogion yn osgordd iddo, ac eisteddai pawb o gwmpas bord gron, fel na fyddai neb yn ei ystyried ei hun yn bwysicach na'r lleill. (Parhaodd y traddodiad hwn hyd heddiw: er enghraifft, mewn cynadleddau rhyng-gwladol lle mae'r cynrychiolwyr i gyd yn gyfartal, maen nhw'n eistedd wrth ford gron i drafod materion pwysig.)

Mae stori arall yn dweud sut y daeth y Brenin Arthur o hyd i'w gleddyf enwog, Caledfwlch. Roedd yn cerdded ar lan llyn gyda Myrddin Ddewin pan welodd fraich yn codi o'r llyn yn dal cleddyf cywrain iawn. Daeth morwyn dros y dŵr a chynnig y cleddyf i Arthur ar yr amod y byddai'n ei ddychwelyd i'r llyn cyn marw. Cytunodd Arthur ar unwaith, rhwyfodd draw i gymryd y cleddyf a diflannodd y fraich.

Ymhlith Marchogion y Ford Gron roedd un o'r enw Bedwyr. Trawyd y Brenin Arthur mewn brwydr a gorchmynnodd i Fedwyr ei gario o faes y gad at ymyl llyn, ac yna daflu'i gleddyf Caledfwlch i'r dŵr. Yn Eisteddfod Genedlaethol Bangor yn 1902 enillodd T. Gwynn Jones y Gadair am lunio awdl ar y testun "Ymadawiad Arthur", sy'n adrodd hanes Bedwyr yn cuddio'r cleddyf ddwywaith am na allai oddef y syniad o daflu peth mor gywrain a gwerthfawr i'r llyn. Pan orchmynnodd Arthur iddo'r trydydd tro, ufuddhaodd y Marchog a thaflu'r llafn –

"Onid oedd fel darn o dân
Yn y nwyfre yn hofran".

Yna cododd llaw o'r llyn a gafael yn nwrn y cledd a'i chwifio deirgwaith, a'i dynnu dan y don. Daeth llong i'r lan, ac arni –

"Firain ferched, niferoedd".

Cariwyd Arthur ar ei bwrdd, a hwyliodd y llong dros y llyn i Ynys Afallon.

Hwyrach nad oes fawr o sylfaen i'r hanesion hyn. Yn ôl stori enwog arall mae Arthur a Marchogion y Ford Gron yn gorwedd yn dawel mewn ogof yn rhywle yng Nghymru yn disgwyl y dydd pan fydd eu hangen eto ar y genedl. Yn ôl T. Gwynn Jones, addawodd Arthur i Fedwyr –

"A daw y Dydd o'r diwedd
A chân fy nghloch, yn fy nghledd
Gafaelaf, dygaf eilwaith
Glod yn ôl i'n gwlad a'n hiaith".

(Gweler hefyd – AWDL.)

ASAFF

Tua chanol y chweched ganrif daeth esgob o'r enw Cyndeyrn o'r Alban i Ogledd Cymru, wedi gorfod ffoi am fod brenin y wlad honno am ei ladd. Sefydlodd fynachlog ar fryn rhwng afonydd Clwyd ac Elwy, a chasglodd yno nifer fawr o fynaich.

Yn eu plith roedd Asaff, ŵyr i Babo, brenin yr ardal, a chefnder i Sant Deiniol. Roedd yr esgob Cyndeyrn yn hoff iawn ohono. Yn ôl un stori, pan welodd yr esgob Asaff yn cario marwor poeth yn ei fantell heb losgi ei ddwylo na difa'r wisg,

Cofeb cyfieithwyr y Beibl ar y lawnt y tu allan i Eglwys Gadeiriol Llanelwy. Roedd tri ohonyn nhw, Richard Davies, William Morgan a Richard Parry, yn Esgobion Llanelwy yn eu tro. Welwch chi ffurf y gofeb? Arni mae'r geiriau— "Llusern yw dy air i'm traed".

sylweddolodd fod yma ŵr anghyffredin iawn, ac ordeiniodd Asaff yn esgob.

Pan ddychwelodd ei gyfaill i'r Alban yn 573, daeth Asaff yn bennaeth ar y fynachlog, a threuliodd weddill ei fywyd yn gweithio dros bobl y cylch. Bu farw tua diwedd y ganrif, a chladdwyd ef yno, yn Llanelwy, lle saif heddiw eglwys gadeiriol wedi'i chysegru i'w enw.

Cofir amdano hefyd yn enwau lloeodd eraill yn y cylch, megis Llanasa, Pantasaff, a Ffynnon Asa lle mae'r dŵr, meddir, yn llesol i'r rhai sy'n dioddef o'r crydcymalau. (Gweler hefyd – SEINTIAU.)

ASBESTOS

Mewn creigiau arbennig yn Ne Affrica, Cyprus, Canada a Rwsia ceir ffibrau meddal, sidanaidd, o wahanol fwynau, ac ohonyn nhw y gwneir asbestos. Rhinwedd mawr asbestos yw'r ffaith ei fod yn gwrthsefyll gwres o dymheredd uchel iawn, ac ers canrif bellach mae'n cael ei ddefnyddio i'r pwrpas hwn mewn diwydiant.

Ar ôl ei gymryd o'r ddaear, caiff y mwyn ei wasgu a'i ogro er mwyn gwahanu'r ffibrau. Hyd y ffibrau sy'n penderfynu'n union ba ddefnydd a wneir ohonyn nhw. Gellir nyddu'r ffibrau hiraf a'u gwau yn fath o ddefnydd, a gwneud dillad ohono ar gyfer diffoddwyr tân i'w cadw rhag llosgi os bydd yn rhaid iddyn nhw fynd yn agos at y fflamau. O'r defnydd yma hefyd gwneir y llenni diogelwch mewn theatr a fyddai'n rhwystro tân, a allai dorri allan ar y llwyfan, rhag cyrraedd y neuadd.

Defnyddir y ffibrau lleiaf i wneud leinin ar frêcs cerbyd ac ar y clyts er mwyn creu ffrithiant: mae ffrithiant yn cynhyrchu gwres ac fe all achosi tân, a dyma'r rheswm dros ddefnyddio asbestos, sy'n anllosgadwy. (Mae ffatri fawr ger Caernarfon yn cynhyrchu'r leinins hyn.)

Ffordd arall o ddefnyddio'r ffibrau yw eu cymysgu â sment a gwneud sitenni solet ar gyfer muriau tai neu garejys, teils i'r to, a phibau mewn simne dân neu mewn peiriant sy'n twymo dŵr – eto am nad oes perygl i'r asbestos losgi. Gwneir pibau mawr o asbestos-sment i gario dŵr a budreddi dan ddaear: dydyn nhw ddim yn rhydu ac felly maen nhw'n addas iawn i'w defnyddio mewn pridd gwlyb a chorsydd. Eto maen nhw'n ddigon cryf i'w gosod dan briffyrdd sy'n cario traffig trwm, cyson.

Gellir malu asbestos yn fân a'i gymysgu gyda defnyddiau eraill i wneud arwyddion ffyrdd, fframiau ffenestri awyrennau, – a hyd yn oed i ddiogelu rhannau arbennig o longau gofod ar eu ffordd i'r lleuad. (Gweler hefyd – FFRITHIANT, GWRES, TÂN.)

Peirianwaith yn gwau edafedd asbestos yn fath o frethyn na ellir ei losgi.

60

ASFFALT

Weithiau gwelwn weithwyr yn taenu stwff du fel tár ar y ffordd fawr neu'r palmant. Asffalt yw hwn: ar y ffordd cymysgir cerrig mân neu ro gydag ef, ac fe'i defnyddir hefyd i wneud math o bapur trwchus a theils i'w gosod ar y to.

Gellir gwneud asffalt o betroliwm, neu fe all godi'n naturiol o ffynhonnau yn y ddaear. Wrth iddo setlo bydd yr hylif yn tewhau, ond o'i dwymo fe aiff yn hydwyth ac yn hawdd ei lunio. Caiff ei daenu ar loriau adeiladau ac ar eu toeau i'w cadw rhag gollwng dŵr.

Ganrifoedd yn ôl roedd ffynhonnau asffalt gerllaw'r Môr Marw ym Mhalesteina, a hefyd ym Mesopotamia, y wlad rhwng afonydd Tigris ac Ewffrates. Cafwyd olion yno o hen furiau o frics wedi'u gosod yn sownd wrth ei gilydd ag asffalt du.

Mae llyn anferth o asffalt ar Ynys Trinidad, un o ynysoedd India'r Gorllewin. Daeth Syr Walter Raleigh ar ei draws tua diwedd yr unfed ganrif ar bymtheg ac fe'i defnyddiodd ar ei longau i gadw dŵr y môr rhag llifo i mewn rhwng yr estyll. Mae'r llyn yma'n ymestyn dros gan acer: yn y canol mae'r asffalt naturiol yn hylif tew, meddal, ond ar yr ymylon mae'n solet. Torrir darnau ohono allan yn gyson, a'i gario i ffwrdd i'w dwymo a'i doddi, a'i arllwys i gasgenni a'i allforio i wledydd eraill i'w ddefnyddio. Bydd y tyllau a adewir yn y llyn yn llenwi'n fuan â rhagor o'r hylif du.

Mae llynnoedd tebyg ond llai eu maint yn Ne a Gogledd America, rhai ohonyn nhw ger Los Angeles yn California. Yno cafwyd ffosilau o anifeiliaid mawr y cyn-oesoedd a foddwyd yno, wedi crwydro efallai wrth chwilio am fwyd neu am ddŵr, ac wedi suddo a mygu yn yr asffalt tew.

ASGWRN

Mae gan bob un ohonon ni dros ddau gant o esgyrn yn ei gorff. Yr esgyrn hyn sydd, fel fframwaith, yn cynnal corff dyn a chorff anifail – pob un y mae ganddo asgwrn cefn. Mae un dosbarth o greaduriaid heb esgyrn o gwbl: mae malwod ac abwydod yn perthyn i'r dosbarth hwn.

Calsiwm a ffosfforws yw prif elfennau asgwrn, gydag ychydig o fagnesiwm, a chan fod y rhain i'w cael mewn llaeth mae hwnnw'n werthfawr iawn i blant pan fo'u hesgyrn yn tyfu.

Gall asgwrn fod yn hir, fel y rheiny sydd yn ein coesau a'n breichiau, neu'n fyr fel esgyrn yr arddwrn a'r swrn (y migwrn neu'r ffêr), yn fflat fel asgwrn yr ysgwydd ac esgyrn y benglog, neu'n afreolaidd ei ffurf fel darnau asgwrn y cefn.

Mae'r rhan fwyaf o esgyrn y corff wedi'u cydio wrth ei gilydd â gewynnau a chyhyrau er mwyn i ni allu eu symud a chodi a cherdded a rhedeg a phlygu fel bo'r galw. Neges o'r ymennydd, drwy'r nerfau at y cyhyrau mewn rhan arbennig o'r corff, sy'n gwneud i'r esgyrn yn y rhan honno symud.

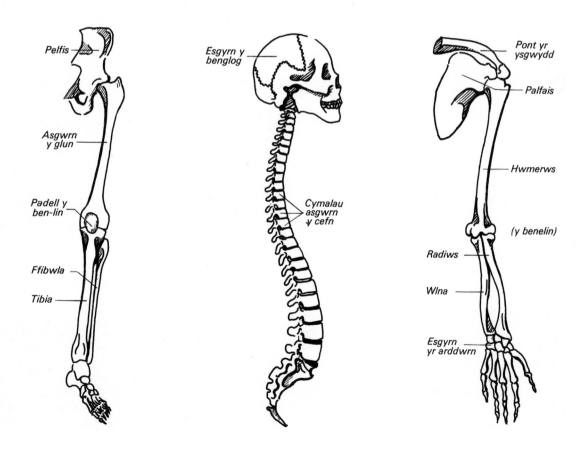

Pelfis

Asgwrn y glun

Padell y ben-lin

Ffibwla

Tibia

Esgyrn y benglog

Cymalau asgwrn y cefn

Pont yr ysgwydd

Palfais

Hwmerws

(y benelin)

Radiws

Wlna

Esgyrn yr arddwrn

Yn y prif gymalau lle cysylltir dau asgwrn pwysig, fel pen y glun, y ben-lin a'r benelin, ceir trwch o fadruddyn ar wyneb yr esgyrn i arbed poen pan fyddan nhw'n rhwbio yn ei gilydd, ac i leihau'r sioc os bydd dyn yn syrthio.

Pwrpas rhai esgyrn yw amddiffyn rhannau o'r corff a allai gael eu niweidio: mae'r benglog yn diogelu'r ymennydd, a'r asennau'n gwarchod yr ysgyfaint a'r galon yn y frest.

Er bod pob asgwrn yn ymdangos yn solet ac yn teimlo'n galed, mae'r tu mewn yn fwy meddal ac yn debyg i sbwng, a miloedd o fân dyllau ynddo i'r gwaed gael rhedeg a chadw'r asgwrn yn fyw. Mae rhai esgyrn yn gau ac yn llawn o fêr sydd yn felyn yn esgyrn hir pobl-mewn-oed ac yn goch mewn esgyrn eraill. Yn y mêr coch hwn y cynhyrchir y corffilod coch a gwyn sydd yn ein gwaed.

Pan fydd dyn yn torri asgwrn, y peth pwysig yw gosod y darnau yn ôl yn eu ffurf wreiddiol, eu cadw mewn bandais neu sblint rhag iddyn nhw symud nes eu bod yn asio yn ei gilydd eto.

Gellir trin esgyrn anifeiliaid a'u defnyddio mewn diwydiant. Er enghraifft, ar ôl eu mwydo mewn dŵr a halen ac yna'u berwi i gael gwared o'r gwaed a'r mêr, gellir defnyddio'r asgwrn sydd ar ôl i wneud botymau a dolenni cyllyll a ffyrc. O falu esgyrn a'u trin ag asid, ceir gwrtaith rhagorol i'r ardd, a defnyddir y "blawd" yma hefyd ar gyfer gwneud bwydydd i ddofednod. Aiff y mêr i wneud sebon.

O'r rhannau mewnol meddal, sy'n dyllog fel sbwng, gwneir glud a hefyd gelatin ar gyfer coginio. Os llosgir esgyrn, gellir defnyddio'r llwch at nifer o wahanol amcanion, gan gynnwys puro a gwynnu siwgr! (Gweler hefyd – YMENNYDD, NERFAU, GWRTAITH, SEBON, GLUD.)

ASIA

Hwn yw'r mwyaf o gyfandiroedd y byd, a gellid yn hawdd gynnwys Ewrop, Affrica ac Awstralia y tu mewn iddo. O'r gorllewin i'r dwyrain, o Fynyddoedd Ural i'r Môr Tawel, mae'n ymestyn am 6,000 o filltiroedd, bron chwarter y ffordd o amgylch y byd, ac mae ei arwynebedd dros 17 miliwn o filltiroedd sgwâr. Mae hanner poblogaeth y byd cyfan yn byw yn Asia, bron dwy fil o filiynau (2,000,000,000) o bobl.

Mewn cyfandir mor eang ceir amrywiaethau a gwahaniaethau eithriadol.

Mae parthau gogleddol Siberia yng Ngogledd Rwsia ymhell y tu mewn i'r Cylch Arctig, ac mae'n oer iawn yno, yn enwedig yn ystod y gaeaf hir. Pum mil o filltiroedd i'r deau mae rhannau o'r un cyfandir yn cyrraedd bron at y Cyhydedd, ac mae'n gynnes iawn yn Arabia, yn yr India, ac yn Ne-Ddwyrain Asia drwy gydol y flwyddyn.

Yng nghanolbarth y cyfandir mae mynyddoedd ucha'r byd, Cadwyn Himalaya, ac i'r gogledd o'r gadwyn hon mae tir uchel Tibet lle mae'n oer iawn bob amser. Ar y llaw arall mae glannau'r Môr Marw a'r wlad o amgylch y Môr Caspian yn is o lawer na lefel y môr.

Ceir ardaloedd ffrwythlon iawn ar wastatiroedd Rwsia lle tyfir gwenith a chnydau eraill. Yn Bwrma a Malaya a thiroedd gogledd Asia mae fforestydd anferth. Ond mae rhannau helaeth o'r cyfandir yn rhy oer neu'n rhy fynyddig i dyfu fawr o ddim, a cheir ardaloedd eang iawn sy'n sych a diffaith fel Diffeithwch Arabia yn y gorllewin a Diffeithwch Gobi – llwyfandir anferth yng nghanolbarth y cyfandir.

Yn Asia hefyd ceir rhai o afonydd hiraf y byd, yn eu plith Ob, Yenisei a Lena sy'n llifo ar draws Rwsia i'r Môr Arctig ac sydd wedi rhewi drosodd mewn mannau am chwe mis yn y flwyddyn; Yangtse a Hwang-ho yn China; Irawaddy yn Bwrma; Ganges, afon sanctaidd yr Indiaid, a Brahmaputra – y ddwy hyn yn llifo i Fae Bengal gyda'i gilydd mewn delta eang; Indus sy'n codi ym mynyddoedd gorllewin Tibet ac yn llifo i Fôr Arabia, a Thigris ac Ewffrates sy'n ymarllwys i'r un môr.

Hwyrach mai ymhlith pobl gwahanol wledydd y cyfandir anferth hwn y mae'r gwahaniaethau mwyaf amlwg. Mae Arabiaid crwydrol yr Yemen ar lannau'r Môr Coch yn y gorllewin eithaf yn annhebyg iawn i drigolion China a Japan, a go brin y gellir cymharu bywyd brodorion cyntefig Malaya a thrigolion Siberia.

Gwledydd mwyaf poblog y cyfandir yw China (700 miliwn) a'r India (500 miliwn) – mae mwy na hanner poblogaeth y cyfandir yn byw yn y ddwy wlad hyn. Ond ychydig iawn o drigolion sydd mewn rhanbarthau eang eraill – miloedd ar filoedd o filltiroedd sgwâr. Bywyd gwledig amaethyddol yw bywyd llawer o drigolion Asia, ond yng Ngogledd China a rhannau o'r India a Rwsia ceir canolfannau diwydiannol sy'n cynhyrchu amrywiaeth o nwyddau, tra mae Japan yn arwain y byd fel adeiladwyr llongau, ac yn cynhyrchu dur ar raddfa fawr iawn.

O dde-ddwyrain y cyfandir daw rwber a bron dwy ran o dair o alcam y byd, a'r parthau hynny a'r de-orllewin sy'n cynhyrchu chwarter holl olew y byd. Mae'n siwr bod llawer iawn o olew a mwynau eraill yn y ddaear mewn ardaloedd sydd heb eu datblygu eto.

Reis yw prif fwyd y mwyafrif mawr o drigolion Asia, ac mae hinsawdd gwledydd deheudir a dwyrain y cyfandir yn addas iawn at dyfu'r cnwd hwn, yn enwedig yn yr ardaloedd poeth lleidiog lle bydd glaw trwm ac eira'n toddi yn yr haf yn peri i'r afonydd orlifo.

Cyfandir mawr Asia

O Asia y daeth sylfaenwyr crefyddau mawr y byd – Crist, Mohamed, Bwda a Conffwsiws – ac mae eu dilynwyr ymhlith y miliynau sy'n byw yno heddiw. (Gweler hefyd – PACISTAN, YR INDIA, RWSIA, ARABIA, HIMALAYA, GANGES, GWENITH, RWBER, REIS, OLEW, IESU GRIST, MOHAMED, BWDA, CONFFIWS-IWS.)

ASIA LEIAF

Dyma'r hen enw ar y rhan honno o Asia sydd rhwng y Môr Du a'r Môr Canoldir. Mae tua phedair gwaith maint Cymru a Lloegr, a heddiw mae'n rhan o weriniaeth Twrci. Ar hyd yr oesoedd bu. ymladd yma: mae Asia Leiaf fel petai ar y ffordd fawr rhwng Ewrop a gweddill cyfandir Asia, ac fe'i goresgynwyd gan y Persiaid, y Groegwyr (dan Alexander Fawr), y Rhufeiniaid a'r Twrciaid yn eu tro.

Y Rhufeiniaid oedd yn llywodraethu'r wlad yn nyddiau Crist, ac yn Llyfr yr Actau cawn hanes teithiau cenhadol yr Apostol Paul drwy daleithiau Bithynia, Galatia, Capadocia, Pamffilia a Cilicia.

Yn y 11 ganrif goresgynwyd Asia Leiaf gan y Twrciaid o Ganolbarth Asia: concrwyd nhw yn eu tro gan y Mongoliaid, hwythau hefyd o Asia, dan eu harweinyddion Jenghiz Khan a'i ŵyr Kublai Khan, ond daeth y Twrciaid yn ôl a thua chanol y 15 ganrif sefydlwyd Ymerodraeth Twrci, gyda Swltan yn ei rheoli. (Gweler hefyd – PAUL.)

ASID

Cemegyn sur ei flas yw pob asid. Mae gwahanol fathau i'w cael ac mae rhai mathau'n beryglus. Gall asid sylffurig, asid nitrig ac asid hidroclorig losgi croen a chnawd dyn, a difa pren a brethyn a hyd yn oed rhai metelau.

63

Ond mae diben i bob asid: onibai fod gan ddyn rywfaint o asid hidroclorig yn ei stumog, ni allai dreulio'i fwyd yn iawn. Defnyddir asid sylffurig i wneud gwrtaith a reion ac i osod haen ariannaidd ar fetel.

Daw asid tartar o rawnwin, a gwneir powdwr pobi ohono. Mae asid ocsalig, sydd mewn dail riwbob a phlanhigion eraill, yn dda at ddileu staen, ond mae'n wenwynig. Gwenwyn arall yw asid prysig a geir mewn almonau a had eirin gwlanog.

Math o asid yw finegr. Asid sitrig sy'n rhoi blas sur i lemon ac oren, ac asid lactig sy'n troi llaeth hen yn sur.

Un ffordd o benderfynu a ydy hylif yn asid yw gosod diferyn ohono ar ddarn o bapur litmws glas: mae asid yn troi'r papur yn goch. (Gweler hefyd – REION.)

ASTRONOT

Dyma'r enw a rown ar ddyn (neu ddynes) sy'n mentro i'r gofod. Enw'r Rwsiaid arno yw cosmonot. Y cyntaf oedd Yuri Gagarin, swyddog yn awyrlu Rwsia, a lansiwyd mewn llong ofod o Baikonur yn neheudir Rwsia ar Ebrill 21, 1961. Roedd nifer o loerenni wedi'u hanfon i'r gofod cyn hyn, o America a Rwsia, un ohonyn nhw a chi ynddi, ond dyma'r tro cyntaf i ddyn fentro i fyny. Glaniodd Gagarin yn ddiogel ar ôl amgylchynu'r byd unwaith mewn 1 awr 48 munud.

Cyn pen mis, ar Fai 5, gwnaeth Americanwr, Alan B. Shepard, hedfa o 302 milltir mewn 15 munud, ac yn ddiweddarach yn yr un flwyddyn, ar Awst 6 a 7, amgylchynnodd Rwsiad arall y byd 17 o weithiau mewn 25 awr.

Wedi hynny bu nifer fawr o Rwsiaid ac Americanwyr yn mentro i'r gofod. Yr Americanwr cyntaf i amgylchynu'r byd oedd John Glenn, ym mis Chwefror 1962. Y ferch gyntaf – a'r unig un hyd yn hyn – oedd Valentina Tereshkova a aeth o amgylch y byd 48 o weithiau yn Vostok 6 mewn 2 ddiwrnod 22 awr ym mis Mehefin, 1963.

Ceisiwyd gwneud a dysgu rhywbeth newydd ar bob ymgyrch. Ym mis Hydref, 1964, aeth llong ofod o Rwsia, Voskhod 1, o amgylch y byd 16 o weithiau, y tro hwn gyda thri dyn, Komarov, Feoktistov a meddyg o'r enw Yegorov ar ei bwrdd. Aeth dau Americanwr, Virgil Grissom a John Young i fyny gyda'i gilydd yn Gemini 3 ym mis Mawrth, 1965, gan amgylchynu'r byd deirgwaith. Ym mis Mehefin yn yr un flwyddyn aeth Edward White allan o'r llong Gemini 4 ar un o'i 66 cylchdro o gwmpas y byd, a "cherdded" yn y gofod am 21 munud gyda phibell gynnal yn ei gysylltu â'r llong. Flwyddyn yn ddiweddarach bu Eugene Cernan y tu allan i'w long yntau, i fyny yn y gofod, am dros ddwyawr.

Ym mis Rhagfyr 1968 mentrodd tri Americanwr, Frank Borman, William Anders a James Lovell, ymhellach fyth, gan amgylchynu'r lleuad am y tro cyntaf, ac Americanwyr eto, Neil Armstrong ac Edwin Aldrin, oedd y dynion cyntaf i lanio ar y lleuad, ar Orffennaf 21, 1969.

Rhaid i astronot dderbyn hyfforddiant arbennig i'w baratoi ei hun ar gyfer teithio i'r gofod. Bydd yn treulio oriau lawer mewn peiriant arbennig sy'n gallu ymddwyn yr un fath â'r llong ofod ei hun: er enghraifft, gall chwyrlïo o gwmpas yn eithriadol o gyflym, er mwyn i'r astronot y tu mewn iddo deimlo yr un profiadau â phan fydd y llong ofod yn cael ei lansio neu'n cyrraedd nôl i'r ddaear. Rhaid i'r astronot ddysgu hefyd sut i wisgo siwt o ddillad arbennig iawn, sydd bron yn debycach i beiriant cymhleth nag i siwt, gan gynifer yr offer mesur a'r gwifrau cyfathrebu sy'n rhan ohoni. Mae ganddi ei hamgylchedd artiffisial ei hun, i gadw'r astronot yn gynnes yn awyrgylch oer ddi-awyr y gofod.

Awyrgylch ddi-bwysau ydy hefyd. Does gan rym disgyrchiant ddim effaith yno o gwbl, a rhaid cofio hyn wrth ddarparu tu mewn y llong ofod lle bydd yr astronot yn byw. Yno bydd hyd yn oed bwyta yn waith digon anodd: paratoir bwyd arbennig ar ei gyfer, mewn bagiau plastig, un ar gyfer pob pryd, a diod mewn tiwbiau, a rhaid iddo wasgu'r bwyd a'r ddiod i mewn i'w geg – pe bai'n colli tamaid byddai hwnnw'n hedfan o gwmpas fel balŵn, yn hytrach na disgyn i'r llawr fel y gwnâi ar y ddaear.

Ar hyd y daith mae'r astronot mewn cysylltiad â'i bencadlys ar y ddaear. Mae'n gallu siarad â'r rheolwr yn y fan honno, a bydd offer yn y llong ofod yn anfon negesau'n barhaus am ei chyflwr, faint o danwydd sydd ar ôl ganddi, ei chyflymder a'r cyfeiriad mae'n mynd, fel y gall y peirianwyr a'r gwyddonwyr yn y pencadlys ofalu bod pob dim yn iawn. Bydd offer arbennig yn anfon lluniau yn ôl i'r ddaear a dynnir gan gamerâu arbennig ar y llong ofod.

Hefyd mae gan yr astronot glociau bach yn sownd ar ei groen, sy'n mesur curiadau ei galon a'i anadlu, ac yn anfon mesuriadau i'r pencadlys lle gall meddygon eu darllen a gweld beth yw ei gyflwr corfforol ar hyd y daith.

O'r pencadlys gellir anfon cyfarwyddiadau at yr astronot os oes angen newid cwrs neu wneud rhyw arbrawf neu waith arbennig, a gellir gweithio rhai o'r offer ar y llong o'r ddaear. Pan fydd yr astronot yn cysgu, gall y rheolwr yn y pencadlys beri i gloch cloc larwm ar y llong ganu i'w ddeffro.

Er yr holl ofal a'r paratoi, mae teithio'r gofod yn dal i fod yn waith peryglus iawn. Yn 1971 aeth tri chosmonot o Rwsia i'r gofod ac aros i fyny am bedwar diwrnod ar hugain, hirach o gryn dipyn nag y bu neb arall o'u blaen, ond pan gyrhaeddodd eu llong ofod, Soyuz 11, yn ôl i'r ddaear, roedd y tri yn farw y tu mewn iddi.

Dynion dewr iawn yw'r astronots, hyd yn oed y rhai hynny sydd heddiw'n mentro lle bu nifer, erbyn hyn, o'u blaen. (Gweler hefyd – GOFOD, LLEUAD.)

Ym mis Gorffennaf, 1971, aeth James B. Irwin a David R. Scott â cherbyd gyda nhw, am y tro cyntaf, yn eu llong ofod i'r lleuad, er mwyn archwilio'r ardal fynyddig o gwmpas eu man glanio. Gallai'r cerbyd symud ar gyfartaledd yn ôl pum milltir yr awr. Yma gwelwn y ddau astronot yn dychwelyd yn y cerbyd i'r llong ofod, ar ddiwedd un o'u hymgyrchoedd.

ATOM

Mae pob peth yn y byd wedi'i wneud o ronynnau mân, mân, a elwir yn atomau. Credai'r Groegiaid hyn dros ddwy fil o flynyddoedd yn ôl, ac o'u gair hwy am rywbeth sydd mor fach fel na ellir ei rannu ymhellach y daw'r gair "atom". Yn ystod y can mlynedd diwethaf mae gwyddonwyr wedi darganfod llawer iawn am atomau, a sut i'w defnyddio.

Welodd neb atom erioed. Mae atomau mor fach nes bod dros dri chan miliwn miliwn miliwn (300,000,000,000,000,000,000) ohonyn nhw ym mhen pin, ac ymhell dros chwe mil o filiynau o filiynau o filiynau (6,000,000,000,000,000,000,000) mewn diferyn o law. Nid yw pob atom yr un fath: mae atomau haearn yn drymach nag atomau aliwminiwm, mae atomau aur yn drymach nag atomau haearn, ac mae atomau wraniwm llawer iawn trymach eto.

Gall gwahanol atomau uno gyda'i gilydd a ffurfio cyfansawdd sy'n wahanol iawn i'r hyn oedden nhw ar wahân. Er enghraifft, bydd dwy atom o hidrogen ac un o ocsigen gyda'i gilydd yn cynhyrchu dŵr.

Gall rhai atomau sy'n hollol ddiniwed bob un ar ei ben ei hun droi'n wenwyn o'u gosod at ei gilydd, fel mae hidrogen, carbon a nitrogen yn cynhyrchu seioneid hidrogen. Ar y llaw arall mae clorîn yn colli ei ansawdd gwenwynig o'i uno gyda sodiwm i gynhyrchu halen.

Bydd rhai atomau'n denu ei gilydd, ac yn glynu'n glos y naill yn y llall, a phan ddigwydd hyn bydd y defnydd maen nhw'n rhan ohono yn gryf iawn. Dyna sut mae neilon yn gryf – darganfu gwyddonwyr sut i'w wneud o ddefnyddiau y mae eu hatomau'n glynu felly wrth ei gilydd.

Mewn soled mae'r atyniad yma fwyaf nerthol: mae'r atomau'n glynu wrth ei gilydd mewn patrwm arbennig a dyna pam mae'n anodd newid ffurf rhywbeth soled. Mewn hylif, er bod yr atomau'n dal i fod wedi'u pacio'n glos yn ei gilydd, maen nhw'n rhydd i lithro rywfaint yn erbyn ei gilydd, dyna pam nad oes ffurf arbennig i hylif: mae pob hylif yn cymryd ffurf y llestr sy'n ei gynnwys.

Mewn nwy mae'r atomau'n symud yn gyflymach fyth, yn colli'u cysylltiad â'i gilydd, ac yn llenwi mwy o ofod na soled neu hylif. Os rhown ni garreg mewn potel mae'n aros yn garreg ar waelod y botel. Os rhown ni hylif yn y botel i fyny at yr hanner, bydd yr hylif yn cymryd ffurf hanner isaf y botel ac yn llenwi'r rhan honno, ond ni fydd dim hylif yn yr hanner arall. Os rhown ni rywfaint o nwy yn y botel bydd hwnnw'n ymledu ac yn llenwi'r botel i gyd. Mae'n dilyn felly fod gwres yn effeithio ar gyflymder symudiad yr atomau: mewn darn o gopr soled, er enghraifft, mae'r atomau'n aros mewn patrwm arbennig, ond os toddwn ni'r darn a throi'r soled yn hylif mae'r atomau'n symud a gellir arllwys y copr i ddysgl lle bydd yr hylif yn cymryd ffurf y ddysgl honno. Gallwn wresogi'r hylif eto a'i droi yn nwy, pryd y bydd yr atomau'n symud yn gyflymach fyth.

Nid peth difywyd yw'r atom: mae pob un fel ffatri fach yn gweithio'n ddyfal. Mae i bob atom gnewyllyn sy'n cynnwys dau fath o ronynnau mân – protonau a niwtronau. (Atom hidrogen yw'r unig un heb niwtron o gwbl). O amgylch y cnewyllyn hwn mae electronau'n chwyrlïo'n gyflym iawn, yn ôl ugain mil (20,000) o filltiroedd bob eiliad. Mae nifer y gronynnau hyn yn amrywio: atom hidrogen yw'r symlaf i gyd ac iddo un proton ac un electron, ond mewn atom wraniwm mae 92 proton, 146 niwtron a 92 electron.

Mae nifer o rymoedd cryfion yn cadw'r protonau a'r niwtronau'n glos at ei gilydd, a'r cnewyllyn yn gyfan ac yn solet. Yn nhri-degau'r ganrif hon darganfuwyd sut i hollti'r cnewyllyn a rhyddhau'r grymoedd hyn sydd yn troi y pryd hwnnw yn egni dychrynllyd. Yr atomau sydd â'r nifer fwyaf o electronau'n amgylchynu'r cnewyllyn sy'n cynhyrchu'r egni mwyaf, ac felly trodd y gwydd-onwyr eu sylw at wraniwm ac archwilio hwnnw. Os ceir darn ohono o faint arbennig, gellir gwneud i'r holl atomau ymhollti mewn amrantiad, gan greu ffrwydrad anferth. Os byddwn am losgi darn o bapur, does dim angen cynnau pob rhan o'r darn ar wahân: bydd rhoi un gornel ohono ar dân yn ddigon. Bydd y tân yn ymledu wrth i wres y fflam losgi'r rhan agosaf ato, a'r rhan honno'n cynnau'r rhan nesaf, ac yn y blaen. Rhywbeth tebyg sy'n digwydd mewn bom atomig – bydd atomau'r wraniwm yn hollti un ar ôl y llall mewn adwaith cadwynol yn gyflym iawn, gan greu gwres aruthrol.

Erbyn hyn darganfuwyd sut i reoli'r hollti hwn ac osgoi'r ffrwydro, a gwneir hyn mewn adweithydd niwcliar mewn atomfa megis honno yn Nhraws-fynydd. (Gweler hefyd – ATOMFA.)

ATOMFA

Math o bwerdy yw atomfa, a'i bwrpas yw cynhyrchu trydan. Mae'n defnyddio gwres ynni atomig i godi ager er mwyn troi tyrbein sy'n gwneud y trydan. Bydd pwerdai traddodiadol yn llosgi glo neu olew, ond yn atomfa Trawsfynydd wraniwm yw'r tanwydd.

Gosodwyd dros drigain mil o ffyn o wraniwm mewn silindr wedi'i adeiladu o bron dwy fil o dunelli o flociau plwm du neu graffeit (y stwff sydd mewn pensil): pwrpas y deunydd hwn yw arafu a rheoli'r adwaith cadwynol pan fydd atomau'r wraniwm yn ymhollti, rhag i'r cyfan ffrwydro a mynd ar dân. Mae pibau'n cario'r gwres i ran arall

Yr Atomfa Niwcliar ar lan y llyn ger Trawsfynydd.
Gall y llyn ddarparu 35,000,000 o alwyni o ddŵr yr awr i'r Atomfa, ar gyfer cynhyrchu ager ac yna oeri'r ager hwnnw drachefn a'i droi yn ôl yn ddŵr sy'n dychwelyd i'r llyn. (Mae tipyn yn gynhesach erbyn hyn, gan greu amodau rhagorol ar gyfer magu brithyllod braf!)

o'r pwerdy lle mae'n troi dŵr yn ager, a'r ager hwnnw'n gyrru tyrbeiniau mewn adeilad ar wahân Ar ôl gyrru'r peiriannau hyn, rhaid troi'r ager yn ôl yn ddŵr trwy ei oeri â dŵr – 35 o filiynau o alwyni ohono bob awr – a dyna pam y codwyd atomfa Trawsfynydd ar lan llyn. (Gweler hefyd – PWERDY, TRYDAN.)

ATHEN

Dyma brif-ddinas Gwlad Groeg, sy'n sefyll ar wastadedd Attica tua phum milltir o lan y môr, o'r porthladd Piraeus. Heddiw mae bron dwy filiwn o bobl yn byw yn Athen, ei maestrefi a'r porthladd.

Tyfodd y ddinas o gwmpas caer enwog yr Acropolis: ymsefydlodd y trigolion cyntaf yno dros dair mil o flynyddoedd cyn geni Crist, gan ddefnyddio'r gaer fel amddiffynfa naturiol rhag ymosodiadau eu gelynion.

Erbyn 450 C.C. roedd Athen yn ddinas ac yn dalaith bwysig ym myd masnach a chelfyddyd. Pericles oedd pennaeth yr Atheniaid y pryd hwnnw: gyda'r bwriad o greu'r ddinas harddaf a welodd y byd erioed, cododd yntau demlau prydferth ac adeiladau gwych eraill o farmor gwyn – rai ohonyn nhw ar ben yr Acropolis, gan gynnwys y Parthenon enwog. Hyd heddiw bydd miloedd ar filoedd o ymwelwyr yn tyrru i Athen bob blwyddyn er mwyn syllu ar adfeilion yr adeiladau hardd hyn.

Bu'r Groegiaid erioed yn hoff o chwaraeon. Pan goncrwyd y ddinas gan y Rhufeiniaid tua chanol yr ail ganrif, codwyd stadiwm mawr ar gyfer mabolgampau, i ddal 44,000 o wylwyr. Tua diwedd y 19 ganrif adeiladwyd stadiwm a maes chwarae newydd, a chynhaliwyd y Chwaraeon Olympaidd yno yn 1896 ar ôl bwlch o bron 1,500 o flynyddoedd.

Am ganrifoedd bu Athen yn bwysig fel canolfan diwylliant a chrefft. Ymhlith ei thrigolion enwog roedd y meddylwyr mawr, Platon, Socrates ac Aristotlys – byddwn yn dal i astudio'u gweithiau hyd heddiw. Yn y theatrau awyr agored a godwyd wrth droed yr Acropolis, byddai dramâu Aeschylus, Sophocles, Euripides ac Aristophanes yn cael eu chwarae o flaen cynulleidfa o 30,000 – a byddwn yn dal i'w darllen a'u hastudio hwythau hefyd.

Yn 1832 dewisodd y Groegiaid Athen yn brifddinas y wlad, er nad oedd ond clwstwr o dai yno'r pryd hwnnw wrth droed yr Acropolis. Ers hynny tyfodd a lledodd y ddinas yn gyflym iawn, a heddiw mae Athen yn gymysgedd diddorol o'r hen iawn a'r newydd, o adfeilion temlau a godwyd ganrifoedd cyn geni Crist a gwestai newydd sbon, o eglwysi bychain a adeiladwyd wyth neu naw canrif yn ôl a swyddfeydd helaeth modern, o strydoedd culion lle mae'r crefftwyr yn dal i gynhyrchu pethau cywrain a phriffyrdd eang ar gyfer anghenion ymwelwyr a masnachwyr – yr hynafol a'r modern mewn dinas â'i hanes yn ymestyn yn ôl dros dair mil a hanner o flynyddoedd. (Gweler hefyd – GROEG, Y CHWARAEON OLYMPAIDD.)

AUR

Mae dynion wedi ystyried aur yn fetel gwerthfawr am o leiaf bum mil o flynyddoedd. Sonnir amdano yn yr Hen Destament: yn ôl Llyfr Exodus, o aur coeth y gwnaed llawer o addurniadau'r Tabernacl ac Arch y Cyfamod (gweler Exodus xxv), a'r Deml hefyd – "Solomon hefyd a wisgodd y tŷ oddi mewn ag aur pur" (gweler 1 Bren.vi.21).

Mae iddo liw deniadol; nid yw byth yn pylu nac yn rhydu, ac mae'n hawdd ei weithio.

Fe'i ceir mewn mathau arbennig o graig, nid mewn haenau trwchus fel glo, ond mewn talpau a gwythiennau tenau. Rhaid malu'r graig i ddod o hyd i aur, a hwyrach mai un owns o aur a geir o dunelli lawer o gerrig. Yn wahanol i lawer o fetelau eraill, ychydig iawn o drin sydd eisiau ar yr aur: fe ddaw o'r graig, fwy neu lai, yn aur pur.

Mae'n debyg fod llawer o aur yn y môr hefyd, gwerth miliynau ar filiynau o bunnoedd ohono pe bai'n bosibl casglu'r llu o ronynnau mân, mân, a olchwyd yno gan afonydd y byd dros yr oesoedd.

Roedd yr Eifftiaid yn grefftwyr medrus, ac ym meddau eu teuluoedd brenhinol cafwyd llawer o bethau wedi'u gwneud o aur neu wedi'u haddurno ag ef. Gwyddai'r Rhufeiniaid am ei werth hefyd.

Yn y Canol Oesoedd byddai crefftwyr yn ffurfio urddau i warchod a diogelu safonau eu crefft. Un o'r cyntaf i'w sefydlu oedd Urdd yr Eurofaint, y crefftwyr mewn aur.

Tua chanol y ganrif ddiwethaf darganfuwyd aur yn ardal Klondyke yn nhalaith Yukon yng Ngogledd Canada. Heddiw, De Affrica yw ffynhonnell y rhan fwyaf o aur y byd, er bod peth i'w gael ymhob un o'r pum cyfandir.

Ceir aur yng Nghymru hefyd, ym Meirionnydd gerllaw Dolgellau. Dywedir bod digonedd o aur yn y mynyddoedd yno, ond nad yw'n werth y gôst enfawr o ddod o hyd iddo. Nid yw gweithfeydd Cefn Coch, Wnion, Gwynfynydd a'r Clogau mewn bri heddiw, er y gellir dibynnu ar yr olaf pan ddaw'r galw am aur i wneud modrwy briodas i un o'r teulu brenhinol.

Roedd y Rhufeiniaid yn cloddio am aur yn Nolau Cothi (gerllaw Pumsaint, ryw ugain milltir i'r gogledd-ddwyrain o Gaerfyrddin) cyn diwedd y ganrif gyntaf O.C.

Mae aur yn feddal ac yn hawdd ei drin, a'i droi yn addurniadau o bob math, – modrwyau, breichledau, torchau i'r gwddf a chlustdlysau – yn ogystal â watsys, blaenau pinnau sgrifennu a dysglau. Gellir ei ymestyn yn wifren denau a'i ddefnyddio i wnïo patrwm ar fathodyn neu addurnwaith ar wisg swyddogol, neu ei daro'n siten mor fain nes y gellir gweld drwyddi.

Rhag iddo dreulio'n rhy gyflym, gan ei fod mor feddal, cymysgir ef â metel arall – arian neu gopr fel rheol. "Carat" yw'r mesur a ddefnyddir wrth

Breichled aur a gafwyd yn Llanwrthwl, tuag ugain milltir i'r gogledd o dref Aberhonddau—rhan o gronfa o hen bethau yn perthyn i'r cyfnod 1000–800 C.C.

sôn am burdeb aur: aur hollol bur yw aur "24 carat". Os bydd modrwy yn "18 carat", mae hyn yn golygu bod yr aloi yn cynnwys deunaw rhan o aur a chwe rhan o ryw fetel arall.

Rhoddir nodau ar bopeth a wneir o aur fel arwydd o'i ddilysrwydd: mae'r rhain yn dangos pwy a'i gwnaeth, pa mor bur ydyw, a'r dyddiad. (Gweler hefyd – ARIAN.)

AWDL

Yn y bôn, yr un gair yw "awdl" ac "odl", a darn o farddoniaeth Gymraeg â'r llinellau i gyd yn odli â'i gilydd oedd awdl yn wreiddiol. Cerddi o'r fath yw'r enghreifftiau cynharaf o farddoniaeth Gymraeg sydd wedi aros tan heddiw: canai Taliesin ac Aneirin mewn awdlau – cerddi unodl – yn y chweched ganrif. Canodd Aneirin gân o hiraeth ar ôl milwyr Gododdin a laddwyd mewn brwydr yn erbyn y Saeson yng Nghatraeth, ac yn y llinellau hyn – sy'n cyferbynnu miri a hwyl y gwledda cyn yr ymladd â thrychineb y frwydr – cawn enghraifft o ganu ar yr un odl:

"Gwŷr a aeth Gatraeth, oedd ffraeth eu llu;
Glasfedd eu hancwyn, a gwenwyn fu.
Trichant trwy beiriant yn catu –
A gwedi elwch tawelwch fu.
Cyd elwynt i lannau i benydu,
Dadl diau angau i eu treiddu".

("Rhai parod oedd y gwŷr a aeth i Gatraeth. Cawson nhw fedd ffres i'w yfed yn y wledd, ond fe droes yn chwerw. Roedd trichant ohonyn nhw dan orchymyn i ymladd, ac ar ôl y llawenydd bu tawelwch. Er iddyn nhw fynd i eglwysi i wneud penyd, angau anochel oedd tynged pob un".)

Yn naturiol, ni allai neb gyfansoddi cerdd hir iawn ar un odl, ac felly byddai'r bardd yn gosod dwy neu ragor o awdlau byrion unodl at ei gilydd i wneud un gân hir, gan ddechrau pob awdl â'r un gair, neu'n gorffen un awdl ac yn dechrau'r un nesaf â'r un gair, er mwyn eu cysylltu â'i gilydd. Mewn cerdd o'r fath gallai nifer y llinellau amrywio yn yr "awdlau" unigol.

Yn y darn uchod o ganu Aneirin cawn enghreifftiau o odlau mewnol ("Gatraeth" a "ffraeth", "hancwyn" a "gwenwyn", "trichant" a "beiriant"), ac yn aml byddai cytseiniaid yn cyfateb â'i gilydd, neu'r un gytsain yn digwydd droeon yn yr un llinell, neu nifer o linellau'n dechrau â'r un gytsain yn ogystal ag odli â'i gilydd.

Ychydig o farddoniaeth Gymraeg y cyfnod o'r seithfed ganrif i'r unfed ganrif ar ddeg sydd wedi aros tan heddiw, ond mae gennym lu o awdlau a luniwyd yn ystod y tair canrif nesaf gan Feirdd y Tywysogion, y Gogynfeirdd. Moli'r tywysogion oedd prif waith y beirdd hyn, pwysleisio'u mawredd, canmol eu haelioni a'u rhinweddau eraill, disgrifio'u gorchestion mewn rhyfel, a chanu marwnadau ar ôl iddyn nhw farw. Dyma ddwy linell gyfarwydd o farwnad y bardd Meilyr i'r Tywysog Gruffudd ap Cynan a fu farw yn 1137:

"Cyn myned mab Cynan i dan dywawd
Ceffid yn ei gyntedd medd a bragawd".

("Cyn i fab Cynan fynd dan y gro (y tywod), roedd medd a chwrw-mêl i'w cael yn ei lys").

Weithiau canai bardd ar destun crefyddol, ac ymysg awdlau Beirdd y Tywysogion cawn hefyd gerddi i ferched.

Defnyddiai'r beirdd wahanol fesurau: byddai'r llinellau y tu mewn i'r awdl yn dal i odli â'i gilydd, a'r awdlau unigol yn cael eu cysylltu â'i gilydd drwy ail-adrodd gair. Byddai'r beirdd yn addurno'u llinellau drwy ail-adrodd a chyfateb cytseiniaid a chynnwys odlau mewnol, ac yn raddol datblygodd y gwahanol ffurfiau ar gynghanedd sy'n dal i fod yn rhan hanfodol heddiw o ganu awdl.

Ar ôl marw tywysog olaf Cymru, Llywelyn ap Gruffudd, yn 1282, a diflannu o swyddi'r beirdd yn llysoedd y Tywysogion, daliwyd ati i ganu mawl i ddosbarth uchaf newydd y gymdeithas Gymraeg, sef yr uchelwyr a oedd mor barod i estyn nodded i feirdd yn eu cartrefi. Erbyn hyn roedd mesur newydd wedi dod yn boblogaidd, sef y cywydd, cyfres o gwpledi o linellau saith sillaf yn odli, a dyma hoff fesur Beirdd yr Uchelwyr. Ar y mesur hwn y canai'r mwyaf ohonyn nhw i gyd, Dafydd ap Gwilym, ond gallai yntau lunio hefyd awdlau ar batrwm y Gogynfeirdd. Defnyddiai Beirdd yr Uchelwyr fwy nag un o nifer o fesurau, gan gynnwys yr englyn, a chysylltu'r cyfan â'i gilydd drwy arfer yr un odl ac ail-adrodd geiriau. Yn y cyfnod hwn cyfansoddwyd rhai "awdlau enghreifftiol" ac ynddyn nhw gynifer â phedwar mesur ar hugain gwahanol – yn unig er mwyn yr orchest o wneud y fath beth.

Dirywiodd yr awdl yn ystod yr ail ganrif ar bymtheg, ond daeth rhywfaint o adfywiad yn y ddeunawfed, er mai camp llawer o'r beirdd yn y cyfnod hwnnw oedd pentyrru cynifer ag oedd yn bosibl o wahanol fesurau mewn "awdl enghreifftiol". Ar batrwm o'r fath y lluniodd Twm o'r Nant farwnad i'r bardd Goronwy Owen.

Tua diwedd y ddeunawfed ganrif roedd yr Eisteddfod yn sefydliad poblogaidd, a daeth yr awdl i'r amlwg eto. Erbyn Eisteddfod Llanelwy yn 1790 roedd y beirdd wedi'u hannog i ddethol eu mesurau, a cherdd ar naw mesur yn unig, ar y testun "Rhyddid", oedd awdl fuddugol Dafydd Ddu Eryri yn yr Eisteddfod honno, a chydag awdl ar yr un patrwm yr enillodd yr un bardd ar y testun "Gwirionedd" yn Llanrwst y flwyddyn ddilynol.

Ar hyd y bedwaredd ganrif ar bymtheg roedd Eisteddfodau bach a mawr yn boblogaidd iawn, ac yn y mwyafrif ohonyn nhw gwahoddwyd y beirdd i lunio awdl ar destun penodedig. Canwyd felly gannoedd o awdlau ar gyfer eisteddfodau, ond nid oedd safon y mwyafrif mawr ohonyn nhw'n uchel iawn. Yn rhy aml credai'r bardd mai'r gamp oedd canu, mewn geiriau ac ymadroddion mawreddog, cymhleth, gymaint ag y gallai ar bob agwedd o'r testun, a chawn awdlau hirfaith (sydd yn wir yn nifer o awdlau bychain wedi'u cydio yn ei gilydd) yn cynnwys cannoedd ar gannoedd o linellau, – ond ychydig iawn ohonyn nhw fyddai'n werth eu dyfynnu!

Carreg filltir yn hanes datblygiad yr awdl oedd Eisteddfod Genedlaethol Bangor yn 1902. Testun cystadleuaeth y Gadair oedd "Ymadawiad Arthur", a thorrodd T. Gwynn Jones dir newydd yn ei awdl fuddugol: yn lle cynnwys popeth posibl ar y testun, dewisodd adrodd yn syml hanes brwydr Camlan a chlwyfo'r Brenin Arthur, a'r llong ac ynddi "firain ferched niferoedd" i'w gludo i Ynys Afallon i wella'i glwyfau. Dyma awdl wahanol iawn i awdlau hirwyntog ac anfarddonol y ganrif o'r blaen.

Er na lwyddodd pob bardd buddugol yn Eisteddfodau'r ganrif hon i ddilyn yr arweiniad a roddodd T. Gwynn Jones, cafwyd nifer o awdlau rhagorol ar amrywiaeth o destunau, yn eu plith "Yr Haf" (R. Williams Parry – Eisteddfod Bae Colwyn, 1910), "Min y Môr" (Meuryn – Caernarfon, 1921), "I'r Duw nid adweinir" (Cynan – Pont-y-Pŵl, 1924), "Ogof Arthur" (William Morris – Castell Nedd, 1934), "Awdl Foliant i'r Amaethwr" (Geraint Bowen – Aberpennar, 1946), "Y Glöwr" (Gwilym R. Tilsley – Caerffili, 1950), "Awdl Foliant i Gymru" (Emrys Edwards – Dyffryn Maelor, 1961), "Y Cynhaeaf" (Dic Jones – Aberafan, 1966). (Gweler hefyd – ARTHUR, CYWYDD, DAFYDD AP GWILYM, Y GYNGHANEDD, YR EISTEDDFOD GENEDLAETHOL, T. GWYNN JONES).

AWSTRALIA

Y lleiaf o'r pum cyfandir yw Awstralia.

Yn 1970 dathlwyd daucanmlwyddiant glaniad y Sais, Capten James Cook, yno a hawlio rhannau o'r ynys fawr ar ran Prydain, er bod eraill wedi glanio mewn mannau eraill o'i flaen. Ar y pryd mae'n debyg bod tua 300,000 o'r brodorion gwreiddiol yn byw yno, pobl o groen brown tywyll a gwallt du cyrliog. Erbyn hyn mae rhyw 80,000 o'r rhain yn dal i fyw yn Awstralia, yn y parthau mwyaf anghysbell, gan mwyaf, gan lynu wrth eu harferion cyntefig, – yn crwydro o fan i fan, yn byw wrth hela adar ac anifeiliaid bychain a chasglu pryfed a chynrhon a had a gwreiddiau. Maen nhw'n defnyddio arfau syml, cyntefig, o garreg a phren, – yn eu plith y bwmerang.

Gan gynnwys ynys Tasmania, i'r deau o'r cyfandir, arwynebedd Awstralia yw bron tair miliwn o filltiroedd sgwâr, sef dros ddeg ar hugain o weithiau'n fwy na Phrydain Fawr ac ychydig llai nag arwynebedd cyfandir Ewrop. Mae dros bum can miliwn o drigolion yn Ewrop ond tua deuddeng miliwn a hanner oedd poblogaeth Awstralia yn 1970. Polisi llywodraeth Awstralia o hyd yw annog pobl o wledydd eraill i ddod ac ymsefydlu yno: aeth dros ddwy filiwn yno er diwedd yr Ail Ryfel Byd.

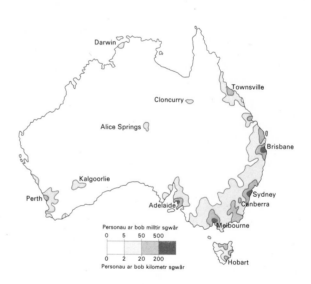

Map sy'n dangos lle mae pobl Awstralia'n byw

Ychydig iawn o afonydd mawr sydd yn Awstralia am nad oes fawr o law mewn rhannau helaeth o'r wlad. Yr afonydd mwyaf yw Murray a'i changhennau, Darling, Lachlan a Murrumbidgee, yn y de-ddwyrain: bydd amryw o'r afonydd eraill a llynnoedd hefyd (hyd yn oed y llyn mawr Eyre) yn hollol sych am ysbeidiau hir.

Mae rhannau helaeth yng ngorllewin y cyfandir yn ddiffeithwch sych, heb neb yn byw yno na fawr o ddim yn tyfu. Bach iawn yw nifer y trigolion

69

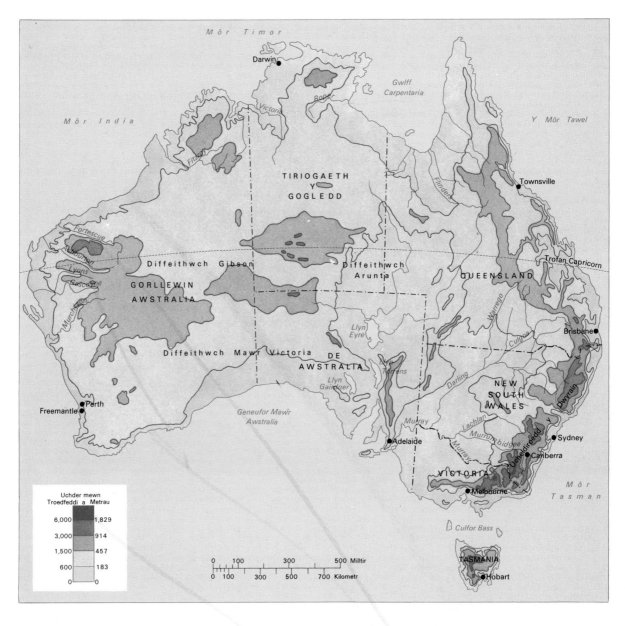

mewn rhannau eraill yn y canolbarth a'r gogledd lle nad oes digon o law i ddim ond tyfu glaswellt. Yn ffodus, gellir cloddio pydewau yn y parthau hyn a chodi dŵr o gronfeydd anferth ymhell dan y ddaear, ac o gwmpas y rhain cedwir defaid a gwartheg.

Miliynau o flynyddoedd yn ôl roedd Awstralia ynghlwm wrth gyfandir Asia, ac ar ôl iddi dorri'n rhydd datblygodd anifeiliaid yno na cheir eu tebyg yn unman arall yn y byd. Yn eu plith y mae amryw sy'n magu'u rhai bach mewn cwd yn eu crwyn, gan gynnwys mathau o lygod, gwiwerod, y koala sy'n debyg i "dedi bêr" (ond nad yw'n arth o gwbl) yn trigo yn y coed ac yn byw ar ddail iwcalyptus, a theulu'r cangarŵ. Creadur rhyfedd yw'r platypws, anifail y dŵr a chanddo gôt o ffwr, traed gweog a phig fel hwyaden, ac sy'n dodwy wyau. Brodorion hefyd yw'r alarch du a'r dingo, math o gi gwyllt sy'n lladd a bwyta defaid.

Doedd dim ceffylau, moch, gwartheg, defaid na chwningod yn Awstralia nes i ddynion eu cario yno o wledydd eraill. Erbyn heddiw mae'r cwningod yn bla sy'n achosi difrod mawr drwy fwyta porfeydd y defaid a'r gwartheg. Sylweddolodd yr arloeswyr a ymsefydlodd yn gynnar yn Awstralia fod yr hinsawdd yn addas iawn ar gyfer cadw defaid, ac erbyn 1970 roedd yno dros 165,000,000 ohonyn nhw, mwy nag mewn unrhyw wlad arall dan haul, ac maen nhw'n cynhyrchu tuag un rhan o dair o holl wlân y byd. Merino yw'r mwyafrif mawr, defaid sy'n tyfu gwlân braf iawn. Mae rhai o'r ffermydd yn enfawr: cymerai ddyddiau lawer i ddyn farchogaeth o'u hamgylch ar gefn ceffyl ond erbyn heddiw mae llawer o'r ffermwyr yn defnyddio tryc neu gàr.

Yng ngogledd y cyfandir ceir miloedd o wartheg, ac ar ôl eu pesgi bydd y ffermwyr yn eu gyrru am gannoedd o filltiroedd ar draws gwlad at y porthladd agosaf i'w lladd a'u hallforio i wledydd eraill (lawer ohonyn nhw i Brydain) – yr un fath ag y byddai'r porthmyn gynt yn gyrru gwartheg o Gymru i'w gwerthu yn Llundain.

70

Cangarŵ a chenau (joey) tua naw mis oed yn ei chwd. Gall y fam dyfu i daldra o chwe throedfedd, a gall symud yn gyflym gan lamu ar ei choesau ôl cryf.

Cnwd pwysicaf Awstralia yw gwenith, a thyfir hefyd geirch, barlys, reis, indrawn a siwgr cên, ac amrywiaeth o ffrwythau – yn enwedig bricyll ac eirin gwlanog.

Darganfuwyd aur yn Awstralia yn 1851 ac mae cloddio a thrin aur yn dal i fod yn ddiwydiant o bwys yno, yn cynhyrchu aur gwerth deng miliwn o bunnoedd bob blwyddyn. Ceir hefyd arian a haearn, copr, plwm ac alcam, ac yn y de-ddwyrain mae diwydiannau pwysig wedi'u seilio ar y mwynau hyn.

Er 1927, Canberra yw prifddinas Awstralia a chanolfan llywodraeth y wlad. Y dinasoedd pwysicaf eraill yw Brisbane, Sydney (porthladd o bwys ac ynddo bont grog enwog), Melbourne, Adeilade, Perth a Freemantle. Mae Awstralia yn rhan o Gymanwlad y Cenhedloedd.

Fel y gŵyr pob bachgen, mae trigolion Awstralia yn hoff iawn o chwaraeon, a daw nofwyr, chwaraewyr rygbi a chricedwyr o fri oddi yno.

AWYR

Mae'r awyr sydd o'n cwmpas ymhobman yn cynnwys gwahanol nwyon. Nitrogen yw bron pedair rhan o bump ohono, ocsigen yw'r rhan fwyaf o'r gweddill ond mae ynddo rywfaint o nwyon eraill hefyd, yn eu plith argon, heliwm, neon a charbon deuocsid.

Mae angen awyr ar bopeth byw, boed blanhigyn neu anifail. Rhaid i anifeiliaid (gan gynnwys dyn) gael ocsigen er mwyn cynhyrchu ynni ar gyfer tyfu a symud a chadw'n gynnes, a rhaid i blanhigion ei gael hefyd er mwyn tyfu. Bydd pob planhigyn yn defnyddio carbon deuocsid o'r awyr i wneud ei fwyd.

Bydd dyn yn defnyddio rhai o'r nwyon eraill mewn diwydiant – nitrogen wrth wneud gwrtaith, neon ar gyfer goleuadau ac arwyddion, argon mewn bylbiau trydan, a heliwm (sy'n ysgafn iawn) i lenwi balwnau a anfonir i fyny'n uchel i'r awyr er mwyn darganfod ffeithiau am y tywydd.

Gellir defnyddio awyr hefyd i broffwydo'r tywydd. Mae awyr yn pwyso, ac mae'r pwysedd yn fwy pan yw'n oer ac yn llonydd ac yn llai ar ôl ei dwymo. Os yw pwysedd yr awyr yn isel mewn man arbennig, bydd awyr o ardal arall lle mae'r pwysedd yn uwch yn rhuthro i mewn gan achosi newid yn y tywydd a dod â glaw a gwynt a gwres. Os yw'r pwysedd yn codi, mae hyn yn golygu bod yr awyr o'r ardal lle roedd yn isel wedi symud yn ei flaen a bod tywydd teg ar ei ffordd. Wrth ddefnyddio baromedr gall dyn "ddarllen" beth yw pwysedd yr awyr yn yr ardal. (Gweler hefyd – OCSIGEN, TYWYDD, BAROMEDR.)

AWYREN

Er yn gynnar iawn yn ei hanes mae dyn wedi edmygu gallu'r adar i hedfan, ac wedi ceisio'u hefelychu. O bryd i bryd, ar hyd y canrifoedd, byddai rhywun yn llunio pâr o adenydd ac yn eu clymu am ei freichiau cyn ei lansio'i hun o ben clogwyn neu adeilad uchel – a phlymio, fel rheol, i'w farwolaeth.

Credai rhai mai'r ffordd i deithio'r wybrennau oedd mewn balŵn, heb adenydd, ac yn 1783 llwyddodd y brodyr Montgolfier i anfon cwdyn mawr sidan i fyny i'r awyr yn llawn o aer poeth – a dyma gychwyn cyfnod y balŵn. Roedd eraill yn dal i arbrofi gydag adenydd: un o'r rhai mwyaf mentrus – a medrus – oedd Almaenwr, Otto Lilienthal, a wnaeth dros 2,000 o hedfeydd llwyddiannus mewn gleider cyn cael ei ladd wrth hedfan yn 1896.

Symbylwyd dau frawd o America, Wilbur ac Orville Wright, i efelychu Lilienthal, a bu'r ddau hyn yn hedfan gleider yn bur lwyddiannus hefyd

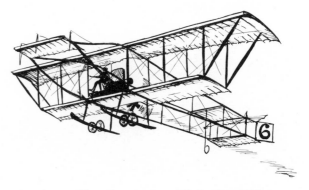

Awyren ddwy-aden gynnar a adeiladwyd tua 1909

Caban peilot yr awyren Concorde.
Rhaid i'r peilot ddysgu pwrpas yr holl offerynnau a'r deialau hyn, a gwybod sut i'w trafod, cyn y gall hedfan yr awyren anferth hon.

cyn troi eu sylw at ddefnyddio injan er mwyn rheoli'r awyren a'i gyrru ymhellach nag y gallai'r gleider fynd. Ar Ragfyr 17, 1903, llwyddodd y brodyr Wright i hedfan awyren o'r fath, un ac injan ynddi, am yn agos i funud, a chyn pen dwy flynedd roeddyn nhw'n gallu hedfan am hanner awr ar y tro. Roedd oes yr awyren wedi dechrau, cyfnod o ddatblygu nes bod gennym heddiw, ymhen llai na thri-chwarter canrif, beiriannau gwahanol iawn i awyren gyntaf y brodyr Wright. Hyd yn oed yn y dyddiau cynnar hynny, bu arbrofi cyson ar ffurf a chynllun corff yr awyren, ar nifer a safle'r adenydd a safle'r sgriw.

Hedodd y Prydeiniwr cyntaf ym 1909, ac yn yr un flwyddyn, ar Orffennaf 25, hedodd y Ffrancwr Blériot o Ffrainc i Loegr – y tro cyntaf i neb groesi môr mewn awyren.

Cyn Rhyfel Mawr 1914–1918 hobi oedd hedfan awyren: gallai'r awyrennau gorau gyrraedd cyflymdra o 50 milltir yr awr a hedfan am fwy na dwyawr ar y tro.

Ar ddechrau'r rhyfel, ysbïo a thynnu lluniau o'r awyr oedd prif waith awyrennau, ond yn ddiwedd-arach gosodwyd gynnau arnyn nhw a'u defnyddio i saethu awyrennau'r gelyn i lawr, ac i ollwng bomiau. Ffurfiwyd yr Awyrlu Brenhinol yn 1918: tan hynny roedd yr awyrennau ymladd yn perthyn i'r Fyddin.

Ar ôl y rhyfel bu mwy o gynnydd. Datblygwyd ym Mhrydain awyren-fôr a allai godi o'r dŵr a glanio arno, a Phrydain hefyd a gynhyrchodd y llong-awyrennau gyntaf, llong fawr yn cludo nifer o awyrennau, a dec arbennig arni lle gall y peiriannau hyn godi a glanio nôl ar ôl gwneud eu gwaith.

Datblygwyd dyfais i godi'r olwynion ar ôl i'r awyren godi, a'u cuddio y tu mewn i gorff yr awyren nes bod eu hangen ar gyfer glanio. Defnyddiwyd mwy a mwy o fetel (aloi'n cynnwys aliwminiwm ysgafn, fel rheol), a llai o bren a chynfas. Darparwyd lle i fwy a mwy o deithwyr. Dechreuwyd defnyddio awyrennau i gario llythyrau a nwyddau o wlad i wlad, ac erbyn i'r Ail Ryfel Byd dorri allan yn 1939 roedd rhai mathau'n gallu hedfan dros 350 o filltiroedd yr awr.

Defnyddiwyd awyrennau'n helaeth iawn yn ystod y rhyfel hwnnw. Yn ddiamau, gallwn ddweud bod yr Awyrlu wedi achub Prydain yn 1940 drwy lwyddo mewn sgarmesoedd gydag awyrennau'r Almaen – y Luftwaffe. Fe'u defnyddiwyd hefyd i ollwng llwythi o fomiau ar y gelyn ac i ymlid llongau tanfor, ac i gario milwyr o fan i fan.

Yn ystod y rhyfel datblygodd yr Almaen fath o awyren, yn llawn o ffrwydron, a allai gyrraedd ei nod heb gymorth peilot.

Daeth y rhyfel i ben, a chychwyn cyfnod newydd o ddatblygiadau pwysig. Erbyn heddiw, diwydiant mawr iawn yw cynllunio, profi a chynhyrchu awyrennau, a phethau cymhleth eithriadol yw awyrennau modern. Gall rhai gario rhwng 200 a 300 o deithwyr ar y tro, yn gyflym iawn, iawn; gall eraill hedfan ddwywaith neu deirgwaith mor gyflym â sŵn (ac mae sŵn yn teithio yn ôl 750 o filltiroedd yr awr, neu 1,100 o droedfeddi yr eiliad). Daeth bri ar yr hofrennydd, a ddyfeisiwyd gyntaf yn 1936, ond diflannodd yr awyren-fôr bron yn gyfangwbl.

Mae angen meysydd glanio eang ar gyfer yr awyrennau mawr sydd eisiau "heolydd" hir iawn i godi a glanio, ond datblygwyd hefyd fath arbennig o awyren sy'n gallu codi'n syth i fyny drwy gymorth peiriannau jet sy'n wynebu tuag i lawr; ar ôl codi gall hedfan yn ei blaen fel awyrennau eraill, ac yna disgyn a glanio'n syth i lawr, gan ddefnyddio'r un peiriannau ag a ddefnyddiwyd i'w chodi, i'w chadw yn yr awyr rhag disgyn yn rhy gyflym.

Yn 1969 ehedodd y Concorde am y tro cyntaf, awyren fawr a gynhyrchwyd ar y cyd gan Brydain a Ffrainc i gario 128 o deithwyr ar draws Môr Iwerydd yn ôl cyflymder o 1,450 o filltiroedd yr awr. Gall hon symud yn gyflymach na'r haul: ar ôl gadael Llundain, dweder, am 3 y prynhawn, bydd yn cyrraedd Efrog Newydd am 1 o'r gloch yr un prynhawn! Yr un mor syfrdanol â'r ffaith honno yw'r nifer fawr o fesuryddion, deialau a chlociau y mae'n rhaid i'r peilot a'i griw eu gwylio wrth hedfan yr awyren.

Beth ddwedai'r brodyr Wright, tybed? (Gweler hefyd: BALŴN, HOFRENNYDD, INJAN JET.)

B

BACBIB

Byddwn yn cysylltu'r offeryn chwyth hwn â'r Alban yn fwyaf arbennig, ond mae gwahanol ffurfiau ohono i'w cael yn Iwerddon, yng Nghernyw, yng ngogledd Lloegr, yn Llydaw ac mewn gwledydd eraill yn Ewrop ac Asia – fe welwn rai ohonyn nhw weithiau yn yr Eisteddfod Ryngwladol yn Llangollen. Mae'n offeryn hen iawn: byddai pobl yn y gwledydd o gwmpas y Môr Canoldir yn ei ganu filoedd o flynyddoedd yn ôl.

Bydd y pibydd yn dal cwdyn o groen dafad dan ei gesail ac yn chwythu aer i mewn iddo. Daw tair

Pibydd Ail Fataliwn y Gwarchodlu Albanaidd yn ei wisg swyddogol.

neu bedair pib o'r cwdyn: y bwysicaf yw'r cantor sy'n hongian i lawr, ac ynddo wyth twll. Hwn sy'n cynhyrchu'r alaw wrth i'r pibydd wasgu'r cwdyn aer â'i fraich a chau ac agor y tyllau yn eu tro â'i fysedd (yr un fath ag wrth ganu ffliwt). Un nodyn parhaol sy'n dod o bob un o'r pibau eraill sydd, fel rheol, yn gorwedd yn erbyn ysgwydd y pibydd.

Er nad oes nemor ddim sôn am ganu'r pibau yng Nghymru heddiw, mae'n debyg mai nhw, y crwth a'r delyn oedd offerynnau cerdd traddodiadol ein gwlad. Mae'r hen feirdd yn cyfeirio atyn nhw: er enghraifft, yn y bedwaredd ganrif ar ddeg soniodd Iolo Goch am "chwibanogl a chod". Yn eglwys y plwyf yn Llaneilian ym Môn mae cerflun a wnaed yn y bymthegfed ganrif o bibydd gyda chwibanogl yn ei geg, ei fysedd ar dyllau'r cantor, a'r cwdyn aer yn amlwg dan ei gesail chwith, – prawf arall fod y bacbib yn adnabyddus yng Nghymru yn y dyddiau hynny.

Yn yr Alban bydd y bacbibydd yn cyfeilio i ddawnswyr a gorymdeithwyr. Mewn rhyfeloedd ar hyd y canrifoedd bu ei nodau cyffrous yn ysbrydoli milwyr llwythau a chatrodau Albanaidd i ymladd yn ddewr.

Johann Sebastian BACH (1685–1750)

Yr enwocaf o deulu mawr o gerddorion o'r enw Bach yn yr Almaen oedd Johann Sebastian, a hwyrach mai ef yw'r cerddor mwyaf a fu erioed. Yn bymtheg oed ymunodd â chôr eglwys Lüneburg, lle câi gyfle hefyd i ganu'r organ ac i ganu'r ffidil yn y gerddorfa. Y pryd hwnnw roedd organ a chôr a cherddorfa ymhob eglwys, bron, yn perfformio yn y gwasanaethau, a disgwylid i'r organydd gyfansoddi cerddoriaeth ar eu cyfer.

Cerddai Johann Sebastian filltiroedd lawer i glywed rhai o organyddion gorau'r byd neu i wrando ar gerddorfeydd yn chwarae. Yr organ oedd ei hoff offeryn: dechreuodd gyfansoddi ar ei chyfer a phenderfynodd fod yn organydd ei hun.

Symudodd i Arnstadt lle roedd organ wych newydd a chôr rhagorol. Yn 1707 aeth fel organydd a chôrfeistr i lys ac eglwys y Dug yn Weimar, ac arhosodd yno am bedair blynedd cyn symud i swydd debyg yn Cöthen. Erbyn hyn roedd yn organydd medrus, a thyrrai pobl i wrando arno. Tra oedd yn Weimar trefnwyd cystadleuaeth rhyngddo ac organydd enwog iawn o Ffrainc a oedd yno ar ymweliad, ond diflannodd hwnnw ar frys ar ôl clywed Bach yn ymarfer!

Roedd hefyd yn brysur yn cyfansoddi preliwdiau corawl a darnau eraill ar gyfer yr organ (gan gynnwys y Tocata a'r Ffiwg enwog yn D leiaf), a llawer o gerddoriaeth offerynnol i gerddorfa fawr ac i grwpiau bychain (a elwir yn fiwsig-siambr). Un o'i ddarnau mwyaf adnabyddus yw'r Alaw ar y Llinyn G – a bod yn fanwl gywir trefniant rhywun arall yw hwn o alaw i'w chanu ar linyn G y ffidil, ond ar gyfer cerddorfa lawn y creodd Bach y gerddoriaeth hon yn wreiddiol.

Tra oedd yn Cöthen cyfansoddodd chwe consierto ar gais tywysog o Brandenburg. Creodd hefyd gyfrol o ddarnau syml yn arbennig i'w ail wraig, Anna Magdalena, er mwyn iddi ddysgu sut i ganu'r clafier, offeryn tebyg i biano, ac er y dyddiau hynny mae llawer iawn wedi defnyddio'r darnau hyn wrth ddysgu canu'r piano. Cyfansoddodd hefyd lawer o ganeuon i'w wraig eu canu, yn eu plith *Bist du bei mir* – "Bydd gyda mi".

Ar ôl treulio chwe blynedd yn Cöthen, aeth i Leipzig yn 1723, ac yno y treuliodd weddill ei fywyd nes iddo farw yn 1750. Gofalai am gerddoriaeth tair eglwys yno. Daliai i ganu'r organ ac arwain côr a cherddorfa, a chyfansoddi ar gyfer y gwasanaethau. Yno y cyfansoddodd ei weithiau corawl mawr, sy'n cynnwys "Y Dioddefaint yn ôl Sant Mathew", "Y Dioddefaint yn ôl Sant Ioan", "Yr Offeren yn B Leiaf", ac "Oratorio'r Nadolig" – pedwar cyfanwaith godidog sy'n dal yn boblogaidd iawn o hyd. Mae'n amlwg bod Bach yn ddyn crefyddol, a bod geiriau'r gweithiau mawr hyn yn golygu llawer iddo. Ar ddiwedd pob cyfansoddiad byddai'n sgrifennu'r geiriau Lladin – *Soli Deo Gloria* ("I Dduw yn unig y byddo'r gogoniant").

Mae'n syndod nad oedd gwaith Johann Sebastian Bach yn adnabyddus iawn yn ystod ei oes nac, yn wir, am rai blynyddoedd wedi iddo farw, ac mae'n siwr bod llawer o'i gyfansoddiadau wedi mynd ar goll. Ond erbyn heddiw bydd cerddorion led-led y byd yn ei edmygu ac yn perfformio'i waith.

BACTERIA

Rhaid cael meicrosgob cryf iawn i weld bacteria am eu bod mor fach – byddai mil o'r rhai lleiaf, wedi'u gosod ochr yn ochr, yn mesur milimedr. Maen nhw'n bod ymhobman, wrth y miliynau – mewn dŵr, yn yr awyr, yn y pridd, ac yn ein cyrff: maen nhw'n fyw, ac maen nhw'n gallu lluosogi'n hynod o gyflym – gall un dyfu'n filiwn mewn ychydig oriau. Fel arfer maen nhw'n ddi-liw ac felly'n anodd eu gweld hyd yn oed dan feicrosgob heb roi staen arnyn nhw i'w lliwio – darganfu'r

gwyddonydd Robert Koch sut i wneud hyn tua chan mlynedd yn ôl.

Maen nhw'n amrywio o ran ffurf, rhai yn grwn fel pelenni bychain, eraill fel gwiail ac eraill eto'n droellog fel tynnwr corcyn – weithiau ynghlwm yn ei gilydd fel cadwyni, weithiau'n glystyrau fel sypiau grawnwin.

Er bod rhai mathau'n niweidiol, mae'r mwyafrif mawr yn gwneud lles, ac ni allai bywyd barhau hebddyn nhw. Bydd un math llesol, y saproffeit, yn bwyta anifeiliaid a phlanhigion marw, yn peri iddyn nhw bydru, ac yn eu dychwelyd i'r pridd ac i'r awyr yn fwyd i blanhigion newydd yn eu tro. Onibai am y bacteria hyn, byddai'r ddaear wedi'i gorchuddio gan bethau marw.

Gall dyn wneud i bacteria dyfu a lluosogi drwy eu bwydo a'u cadw'n gynnes, ac yna gall eu defnyddio at wahanol amcanion, megis glanhau a phuro carthion, trin crwyn ar gyfer gwneud nwyddau lledr, gwneud lliain o lin drwy beri i'r bacteria doddi'r glud sy'n dal ffibrau'r llin yn glos at ei gilydd – a hyd yn oed at wneud caws a gwin.

Mae'n rhaid i blanhigion gael nitrogen: mae digonedd o'r nwy hwn yn yr awyr (nitrogen yw pedair rhan o bump o'r awyr y byddwn ni'n ei hanadlu), ond mae'n rhaid ei droi yn halwynau cyn gall planhigion ei ddefnyddio ar gyfer tyfu – a bacteria sy'n cyflawni'r dasg hon.

Bydd bacteria eraill yn suro llaeth, yn peri i gig bydru ac i fenyn ddrewi, ac mae hyn yn dangos pa mor bwysig ydy cadw bwyd yn lân fel na bo'r bacteria niweidiol hyn yn cael cyfle i'w wenwyno.

Y bacteria peryclaf yw'r paraseitiau sy'n achosi heintiau megis colera, teiffoid, tetanws, y pla gwyn, diffheria, a gwenwyn yn y gwaed. Gall gofal ymlaen llaw, megis brechiad neu imiwniad, a defnyddio antiseptig lle bydd clwyfau'n cael eu trin, rwystro'r heintiau hyn rhag gafael, a bydd meddygon yn defnyddio cyffuriau megis penisilin, streptomeisin a sylffa i ladd bacteria yn y corff. (Gweler hefyd ANTISEPTIG, HAINT, GWEN-WYN, PENISILIN, BRECHU.)

BAD ACHUB

Mewn tua 150 o fannau cyfleus ar hyd arfordir Ynysoedd Prydain, mae cychod arbennig yn cael eu cadw'n barod bob amser i fentro i'r môr i geisio achub unrhyw un sydd mewn perygl. Ar ddechrau'r ganrif ddiwethaf roedd ychydig o fadau achub preifat i'w cael yma ac acw, wedi'u hadeiladu gyda'r bwriad o wrthsefyll stormydd yn well na chychod cyffredin. Cychod rhwyfo oedd y rhain, ac roedd leinin trwchus o gorc ar rai ohonyn nhw i'w cadw rhag suddo.

Yn 1823 sgrifennodd gŵr o'r enw William Hillary, a drigai ar Ynys Manaw, "Apêl at bobl Prydain Fawr" am arian ar gyfer sefydlu mudiad cenedlaethol a fyddai'n gyfrifol am drefnu i achub rhai a allai fod mewn perygl ar y môr, o ba wlad

Bad achub Moelfre, Sir Fôn, ar y slipway. Tra oedd Richard Evans yn gapten arno—ef sydd ym mhen ôl y cwch, mewn gwisg dywyll—enillodd yntau fedal aur Sefydliad Brenhinol y Badau Achub, a chafodd aelodau'r criw fedalau eraill, am eu gwrhydri yn achub morwyr y llong HINDLEA *a aeth i anawsterau mewn storm ger arfordir dwyreiniol Sir Fôn.*

bynnag y bydden nhw'n dod. Dwy flynedd wedi hyn ffurfiwyd "Sefydliad Cenedlaethol Brenhinol y Badau Achub". Dibynnai'r mudiad ar gyfraniadau gwirfoddol, fel y gwna tan heddiw. Erbyn hyn mae'r Sefydliad yn casglu ac yn gwario chwarter miliwn o bunnoedd bob blwyddyn wrth gynnal tua chant a hanner o orsafoedd ym Mhrydain, gyda bad achub ymhob un.

Er nad yw'n fawr iawn gall bad achub fentro allan yn y storm fwyaf enbyd, a chadw heb suddo hyd yn oed os torrir twll yn ei ochr, am fod ei gorff yn cynnwys nifer fawr o flychau sy'n llawn o awyr. Os daw tonnau mawr i mewn i'r cwch, bydd y dŵr yn rhedeg allan yn fuan iawn drwy ddrysau bach yn yr ochrau sydd wedi'u llunio fel bod pwysau'r dŵr o'r tu mewn yn eu hagor, a phwysau'r môr o'r tu allan yn eu cadw ynghau.

Erbyn hyn, olew disel sy'n gyrru'r injan nerthol, a bydd y bad yn cario digon ohono fel y gall fynd dros gan milltir oddi cartref, neu hebrwng llong am ddyddiau ar eu hyd. Bydd hefyd yn cario chwiloleuadau a rocedau ar gyfer gweithio yn y

nos, a bwyd, a nifer o daclau arbennig ar gyfer cynorthwyo'r sawl sy'n cael eu hachub i groesi o'u llong i'r bad ac i'w cysuro ar ôl iddyn nhw gyrraedd diogelwch.

Os yw'n gyfleus bydd yr adeilad lle cedwir y bad achub yn cael ei godi ar uchder fel y gellir lansio'r bad i lawr slipwe i'r dŵr a'i dynnu nôl â wins: dyma'r drefn yn y Mwmbwls, Dinbych-y-pysgod, Tŷ Ddewi a Phortinllaen. Lle mae'r traeth yn rhy wastad, fel y mae yn Aberystwyth a Llandudno, rhaid llusgo'r bad at y dŵr â thractor a'i lansio ar ffrâm-gludo arbennig. Weithiau mewn harbwr bydd y bad achub yn nofio ar y dŵr bob amser.

Ers rhai blynyddoedd bellach dechreuwyd defnyddio cychod llai, wedi'u gwneud o rwber gwydn, i'r pwrpas o achub nofwyr ac eraill a all fod mewn cyfyngder yn agosach at y lan.

Ceir badau achub ar longau mawr hefyd: rhaid i bob un gario cychod arbennig rhag ofn y bydd angen i'r teithwyr a'r criw adael y llong os bydd perygl i honno suddo.

76

Y BALA (pob. 1971 – 1,620)

Tref ar lan Llyn Tegid ym Meirionnydd yw'r Bala, enwog am ei chysylltiadau â gwŷr blaenllaw yn hanes Cymru. Cododd y Normaniaid gastell mwnt-a-beili yma, ar y fan a elwir Tomen y Bala y tu ôl i'r hen ysgol ramadeg, castell a feddiannwyd, mae'n debyg, gan Lywelyn Fawr yn 1202.

Dwy ganrif yn ôl roedd yr ardal yn enwog am y sanau gwlân y byddai dynion a gwragedd y dre yn eu gwau – yn aml wrth eistedd ar y Domen ar nosweithiau o haf. Dywedir bod y Brenin Sior III yn mynnu eu gwisgo er mwyn gwella'i grydcymalau.

Un o ganolfannau'r Diwygiad Methodistaidd yng ngogledd Cymru oedd y Bala. Yma roedd Thomas Charles yn byw, ac mae cofgolofn iddo'n sefyll yn y Stryd Fawr o flaen Capel Tegid. Ŵyr i Thomas Charles, sef David Charles, gyda gŵr i wyres iddo, Lewis Edwards, a sefydlodd ysgol yn y Bala yn 1837 a ddaeth wedyn yn goleg hyfforddi pregethwyr a gweinidogion i'r Methodistiaid Calfinaidd, a bu Lewis Edwards yn brifathro arno am 50 mlynedd. Mae adeilad y Coleg yno byth, ond bellach mae'n ganolfan i waith ieuenctid.

Roedd Michael D. Jones yn weinidog gyda'r Annibynwyr yn y Bala: ef a drefnodd i fintai o Gymry ymfudo i Dde America yn 1865 a sefydlu Gwladfa Gymreig ym Mhatagonia yn Ariannin.

Ger y Bala, yng Nghynlas, Cefnddwysarn, yn 1859 ganed Thomas Edward Ellis a fu'n Aelod Seneddol dros Feirionnydd o 1886 hyd 1899. Mae cofgolofn iddo ar Stryd Fawr y Bala, ac un arall yng nghyntedd Coleg Prifysgol Cymru, Aberystwyth.

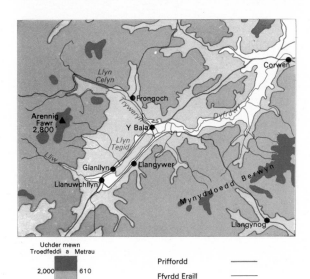

Y Bala a'r cyffiniau

Yn Llanuwchllyn, ym mhen arall y llyn, yn 1858 y ganed Syr Owen M. Edwards, cyfaill i Tom Ellis a'i olynydd fel Aelod Seneddol y sir, ac, yn 1895, ei fab, Syr Ifan, sefydlydd Urdd Gobaith Cymru.

Un o'r Frongoch, ryw ddwy filltir o'r Bala, oedd Robert (Bob) Roberts, Tai'r Felin, baledwr a chanwr cerddi a wnaeth enw iddo'i hun mewn nosweithiau llawen led-led y wlad cyn ei farw yn 1951.

Yn y Frongoch hefyd yr adeiladodd R. J. Lloyd Price, Sgweier Ystad y Rhiwlas, fragdy yn 1889 ar gyfer gwneud whisgi, ond methiant fu'r fenter. Yn ystod cyfnod y Rhyfel Byd Cyntaf defnyddiwyd yr adeiladau i letya carcharorion rhyfel, ac fe'u llanwyd ag Almaenwyr ac aelodau Sinn Fein, mudiad cenedlaethol yn Iwerddon, a fu'n gwrthryfela yn Nulyn yn 1916, – ond fe'u chwalwyd yn ddiweddarach.

Mae Llyn Tegid (neu Lyn y Bala) yn enwog am y gwyniad, pysgodyn prin o deulu'r eog, sy'n byw yno. Bydd cychod hwyliau yn gwneud defnydd mawr o'r llyn heddiw, a threfnir rasus hwylio a nofio yno. Ar ei lan ogleddol mae Glanllyn, hen blasty sydd heddiw'n ganolfan wersylla i aelodau Urdd Gobaith Cymru.

Ystyr "bala" yw'r fan lle mae afon yn llifo allan o lyn: Afon Dyfrdwy sy'n llifo o ben dwyreiniol Llyn Tegid, a heb fod nepell o'r Bala mae Afon Tryweryn yn ymuno â hi. Yn chwedegau'r ganrif hon cododd Corfforaeth Lerpwl argae enfawr ar draws Cwm Tryweryn, a chreu cronfa newydd, Llyn Celyn, yng nghysgod yr Arenig Fawr, mewn ardal sy'n derbyn bron pedwar ugain o fodfeddi o law mewn blwyddyn. Pan yw'n llawn mae Llyn Celyn yn dal 16,400 miliwn o alwyni o ddŵr, a gellir gollwng cyflenwad ohono i Afon Tryweryn fel y bo'r galw, gyda'r bwriad o reoli lefel Dyfrdwy a sicrhau bod ynddi lif digonol bob amser fel y gall awdurdodau lleol ar hyd ei glannau dynnu dŵr ohoni ar hyd y flwyddyn. Bydd awdurdodau Lerpwl yn tynnu dros filiwn galwyn y dydd ohoni ym mhentref Huntingdon, ryw ddwy filltir i fyny'r afon o ddinas Caer. (Gweler hefyd THOMAS CHARLES o'r BALA, O. M. EDWARDS, IFAN AB OWEN EDWARDS, CRONFA DDŴR.)

BALE

Math o ddifyrrwch neu adloniant yw bale, lle mae dawnswyr, gyda chymorth miwsig arbennig, yn cyfleu stori neu'n creu awyrgylch wrth symud, yn hytrach na thrwy siarad fel y bydd actorion mewn drama. Mae'n gelfyddyd hen iawn a ddechreuodd, mae'n debyg, yn llys y brenin i'w ddifyrru ef a'i gyfeillion, ond erbyn heddiw ar lwyfan theatr y bydd dawnswyr yn perfformio bale fel rheol.

Weithiau bydd cyfansoddwr y gerddoriaeth a meistr y ddawns (y *choreographer*) yn cyd-weithio er mwyn ffitio'r miwsig a'r symudiadau arbennig at ei gilydd, neu gall meistr y ddawns ddewis cerddoriaeth a gyfansoddwyd o'r blaen ac sydd, yn ei farn ef, yn addas ar gyfer llunio bale. Felly mae'r bale'n cael ei drefnu, a phob symudiad o eiddo'r prif ddawnswyr a gweddill y cwmni – y *corps de ballet* – yn cael ei bennu. Yna rhaid cynllunio golygfeydd pwrpasol a'u hadeiladu a'u peintio, a chynllunio a chynhyrchu gwisgoedd y dawnswyr, a threfnu'r goleuadau, fel bod y cyfan yn hardd ac yn ddeniadol i'r llygad ac i'r glust.

Mae Ffrainc a Rwsia yn arbennig yn cymryd bale o ddifrif ac yn dechrau hyfforddi plant yn ifanc iawn ar gyfer bod yn ddawnswyr proffesiynol, a cheir ysgolion yn Lloegr hefyd lle bydd plant yn dechrau dysgu'n gynnar. Mae'r hyfforddiant yn hir ac yn llafurus, gan fod y dawnswyr yn defnyddio pob rhan o'u cyrff, ac nid eu traed yn unig, i gyfleu'r hyn mae'r bale am ei ddarlunio i'r gynulleidfa. Rhaid wrth gorff ystwyth, ond nid acrobat yw'r dawnsiwr bale: rhaid ymdeimlo â'r gerddoriaeth a sylweddoli bod ystyr i bob symudiad. Fel y dywedodd Pavlova – hwyrach y prima ballerina orau a fu erioed – "rhaid defnyddio'r pen wrth ddawnsio".

Gan fod bale mewn bri yn Ffrainc ganrifoedd yn ôl, enwau Ffrangeg sydd ar lawer iawn o'r gwahanol symudiadau y mae'n rhaid i bob dawnsiwr eu dysgu.

gnau, a'r hyn a ddigwyddodd iddi pan drodd yr efel yn dywysog hardd; *Coppélia* (gan Ffrancwr, Délibes) – stori dol a grewyd gan hen ŵr, Doctor Coppelius, sy'n dod yn fyw wrth i ferch ifanc, Swanhilde, a'i chariad, Ffranz, chwarae tric ar yr hen ŵr; *Yr Het Dri-chornel* (gan Sbaenwr, de Falla), sy'n darlunio ar y llwyfan fywyd syml gwerin Sbaen, drwy gyfrwng stori am felinydd a'i wraig, gan ddefnyddio canu a dawnsio gwerin y wlad honno wedi'u haddasu ar gyfer llwyfan bale mewn theatr.

BALED

Ers canrifoedd mae pobl wedi mwynhau gwrando ar eraill yn adrodd storïau ac un ffordd o adrodd stori'n ddiddorol yw gwneud baled ohoni, sef stori ar gân. Gynt byddai'r baledwr yn crwydro'r wlad i ganu mewn ffair a marchnad, neu'n aros am ysbeidiau hir mewn ardaloedd poblog i ganu

Rhai o aelodau'r Cwmni Bale Brenhinol yn dawnsio'r bale "Llyn yr Elyrch" i fiwsig a gyfansoddwyd gan Tchaikowsky.

Gall bale barhau am lai na hanner awr, neu gall fod yn waith hir fel drama tair act. Ymhlith y gweithiau mwyaf poblogaidd sy'n dal i gael eu perfformio'n gyson mae: *Y Brydferth Ynghwsg* (cyfansoddwyd y gerddoriaeth gan Tchaikowsky) – y stori am y dywysoges a gysgodd am flynyddoedd cyn cael ei dihuno gan gusan tywysog; *Yr Efel Gnau* (Tchaikowsky eto) – sy'n adrodd stori parti Nadolig lle cafodd merch fach anrheg ryfedd, gefel

o gwmpas y tai – yn wir, mewn unrhyw fan lle câi gynulleidfa i wrando arno.

Ar ddechrau'r ddeunawfed ganrif ychydig iawn o bobl oedd yn medru darllen, ac felly drwy'r baledi y bydden nhw'n cael clywed newyddion y dydd, am ryfeloedd a thrychinebau, llifogydd a daeargrynfâu, damweiniau a llofruddiaethau, llongddrylliadau a digwyddiadau cyffrous eraill. Canai'r baledwr hefyd ar destunau crefyddol, gan osod y Deg Gorchymyn ar gân neu adrodd hanes troedigaeth Paul neu un arall o ddigwyddiadau niferus y Beibl, tra canai eraill am broblemau'r oes, gan gwyno am amgylchiadau caled y cyfnod a thlodi'r werin. Yn aml diweddai'r gân â moeswers, gan annog y gwrandawyr i fyw yn well ac osgoi "pechodau" fel tyngu a rhegi, meddwi a thorri'r Saboth.

Wrth i fwy a mwy o bobl ddysgu darllen, roedd nifer o weisg argraffu yn barod i gynhyrchu'r baledi mewn print, a bellach byddai'r baledwr yn gorffen drwy annog ei wrandawyr i brynu'r pamffledi oedd ganddo ar werth am geiniog neu ddwy. Pamffledi o'r fath, weithiau'n cynnwys un faled, weithiau dwy neu dair, oedd prif gynnyrch argraffdai Cymru yn y ddeunawfed ganrif.

Byddai'r baledwyr enwocaf yn canu eu gwaith eu hunain, tra canai eraill faledi a cherddi eraill gan feirdd y cyfnod hefyd. Yn rhai o'r pamffledi roedd cyfieithiadau Saesneg o rai o'r cerddi Cymraeg mwyaf adnabyddus, a chyfieithiadau Cymraeg o gerddi Saesneg.

Weithiau canai baledwr am ei drafferthion ei hun, gan ofyn am sylw a chardod, fel yn y pennill hwn:

"Yn Nant-y-glo a Dowlais
Y bûm am amser maith,
Dros wyth ac ugain blwyddyn
Yn dilyn wrth fy ngwaith;
Y dydd diwethaf yno
Daeth damwain drom i mi,
Am hyn rwy'n methu cerdded,
Trwm iawn yw 'nghyflwr i."

Gwelwn yma fod iaith y faled yn gartrefol ac yn hawdd gwrando arni a'i darllen. Mae llawer iawn o'r hen bamffledi ar gael heddiw ac er na allwn ystyried y faled yn farddoniaeth o safon lenyddol uchel iawn, na'r baledwr yn fardd o'r radd flaenaf, fe wnaeth yntau wasanaeth gwerthfawr wrth annog ei wrandawyr i ddarllen Cymraeg, ac iddo ef mae'r diolch hefyd am gadw cynifer o'r hen alawon yn fyw.

Ŵyr neb erbyn heddiw pwy gyfansoddodd lawer o'r hen faledi. Mae sawl fersiwn ar gael o rai ohonyn nhw, a hwyrach fod ambell un sy'n aros wedi'i chyfieithu o'r Saesneg: baled o'r fath yw "Y Blotyn du", stori am dad yn lladd teithiwr er mwyn dwyn ei arian ac yna'n deall, wrth weld y 'blotyn du' ar ei fraich, mai ei fab ei hun ydoedd. Dyma un o'r penillion olaf:

"Mae hanes y gyflafan
A diwedd teulu cyfan,
Yn wers ryfedd i ni i gyd
Rhag caru'r byd a'i arian."

Un o brif faledwyr y ddeunawfed ganrif oedd Huw Jones o Langwm yn Sir Dinbych, a gyfansoddodd dros gant o gerddi ar amrywiaeth o destunau – pynciau crefyddol a moesol, baledi'n

ymdrin â helyntion y dydd, cerddi protest yn erbyn gorthrwm a thlodi, ac ambell gân serch.

Mae beirdd cyfoes yn dal i gyfansoddi baledi heddiw, i adrodd storïau gan mwyaf – ond does dim angen mwyach iddyn nhw'u pedlera o ffair i ffair.

BALŴN

Sylwi sut y byddai mwg tân bob amser yn codi i'r awyr a symbylodd ddau frawd o Ffrainc i feddwl am wneud balŵn yn y 18 ganrif. Ar ôl arbrofi â gwahanol ddefnyddiau, llanwodd y brodyr Montgolfier gwdyn mawr sidan ag aer poeth, uwchben tân yn yr awyr agored ar 5 Mehefin, 1783, ac er syndod i lu o wylwyr cododd i'r awyr am ryw filltir. Yna pan oerodd yr aer tu mewn iddo, disgynnodd y balŵn yn ôl i'r ddaear.

Erbyn hyn roedd gwyddonydd o Sais wedi darganfod y nwy hidrogen, a dechreuwyd defnyddio hwn yn lle aer gan ei fod bymtheg gwaith yn ysgafnach. Ym mis Medi yr un flwyddyn anfonwyd dafad, hwyaden ac iâr i fyny mewn basged yn hongian o dan falŵn hidrogen er mwyn gweld beth fyddai'n digwydd iddyn nhw: roedd yr arbrawf honno'n llwyddiant, ac ar 21 Tachwedd, 1783, aeth dau Ffrancwr i fyny yn yr awyr ac aros yno am 23 munud, y tro cyntaf erioed i ddyn esgyn mewn balŵn.

Doedd gan deithiwr fawr o reolaeth ar falŵn o'r fath. Roedd yn rhaid sicrhau'r peth â rhaffau nes y byddai'r teithiwr yn barod i gychwyn, rhaid cario cerrig neu sachau o dywod fel balast a'u taflu allan pan fyddai am godi'n uwch, ac roedd ganddo falf ar y cwdyn er mwyn iddo ollwng peth o'r nwy pan fyddai am ddisgyn. Roedd yn amhosibl llywio'r balŵn: câi ei gario lle mynnai'r gwynt, ac erbyn canol y 19 ganrif roedd pobl yn ystyried dulliau o'i yrru a'i lywio. Yn 1852 adeiladodd Ffrancwr arall falŵn ar ffurf sgwâr gydag injan stêm a sgriwiau i'w yrru.

Dyma gychwyn cyfnod yr awyrlong, yr enw a roddir ar falŵn mawr ac iddo injan a llyw. Y Prydeiniwr cyntaf i arbrofi gydag awyrlongau o'r fath oedd Ernest Willows, dyn o Gaerdydd. (Mae ardal ac ysgol uwchradd yn y ddinas yn dal i gadw'i enw.) Dechreuodd yntau arbrofi yn gynnar yn y ganrif hon, a chynlluniodd ei awyrlong gyntaf yn 1905 pan oedd yn ddeunaw oed. Cynlluniodd bum awyrlong arall cyn cael ei ladd mewn damwain yn 1926. Ef oedd y cyntaf i hedfan awyrlong o Loegr i Ffrainc. Roedd yn hyderus iawn fod dyfodol gwych a llwyddiannus i'r dull yma o deithio a chario nwyddau, ond doedd fawr o neb yn barod i wrando arno ar y pryd. (Ysgrifennwyd ei hanes gan Alec McKinty mewn llyfr sy'n dwyn yr enw arwyddocaol *The Father of British Airships*.)

Cyn y Rhyfel Byd cyntaf roedd wedi ceisio darbwyllo Llywodraeth Prydain Fawr am werth awyrlongau mewn rhyfel, a'u rhybuddio bod yr Almaen yn ennill y blaen yn y maes hwn, ond

Un o falwnau Ernest Willows yn glanio o flaen Neuadd y Ddinas yng Nghaerdydd.

thalodd neb lawer o sylw iddo. Mewn gwledydd eraill bu nifer yn arbrofi gyda'r bwriad o gynllunio fframwaith gadarn y tu mewn i'r balŵn i gynnal y croen allanol, a'r enwocaf o'r rhain oedd Almaenwr, Frederick Zeppelin. Lansiodd ef ei awyrlong gyntaf yn 1900, a galwyd hi'n Zeppelin ar ôl ei enw yntau. Roedd hi tua 400 troedfedd o hyd ac roedd iddi gerbyd (a elwid gondola) o dan y balŵn i gario'r criw a'r teithwyr, injan i yrru'r sgriwiau, a llywiau i droi'r llong i'r dde neu i'r chwith, i fyny neu i lawr. Y tu mewn i'r fframwaith roedd nifer o falŵnau llai yn llawn o nwy. Y perygl gyda hidrogen oedd ei fod yn ffrwydro'n hawdd: collwyd rhai o'r awyrlongau cynnar, un ai drwy iddyn nhw fynd ar dân neu gael eu dryllio mewn stormydd, ond erbyn 1912 roedd rhai yn cario teithwyr yn rheolaidd, ac aeth Prydain a'r Unol Daleithiau ati i adeiladu rhai tebyg. Awyrlong Prydeinig, yr *R-34*, oedd y gyntaf i groesi Môr Iwerydd - gwnaeth hynny yn 1919 – ond torrodd olynydd iddi yn ei hanner yn yr awyr gan ladd 44. Yn 1930 drylliwyd yr *R-101* yn Ffrainc a rhoes Prydain y gorau i adeiladu awyrlongau o'r fath. Ond daliodd eraill ati, ac erbyn diwedd 1936 roedd yr *Hindenberg* enwog yn croesi'r Iwerydd yn rheolaidd yn cario teithwyr a nwyddau, ond yn gynnar y flwyddyn ganlynol aeth ar dân a bu farw 36.

Ychydig iawn o deithio mewn awyrlong fu ar ôl hynny. Yn ystod yr Ail Ryfel Byd byddai balwnau hyblyg yn hofran uwchben trefi a dinasoedd er mwyn drysu awyrennau'r gelyn a'u rhwystro rhag hedfan yn isel i ollwng bomiau.

Mae rhai pobl o hyd yn dal i ymddiddori mewn esgyn mewn balŵn, ac yn mwynhau mynd gyda'r gwynt, ac eraill yn dal i gredu bod gwerth masnachol i falwnau ac y dylem eu datblygu eto i gario teithwyr a nwyddau. Serch hynny, y defnydd

mwyaf a wneir o'r balŵn heddiw yw ei hanfon i'r entrychion i anfon negesau radio nôl i'r ddaear sy'n cynorthwyo gwyddonwyr i broffwydo'r tywydd ac i ddarganfod sut le sydd i fyny yn yr awyr, ymhell uwchben y ddaear, a sut mae'n effeithio ar ein bywyd bob dydd ni. Heliwm sydd yn y rhan fwyaf o'r balwnau hyn: er nad yw mor ysgafn â hidrogen mae'n fwy diogel o lawer am nad yw'n ffrwydro.

BANANA

Mae angen gwres, lleithder a phridd da ar y ffrwyth blasus hwn, ac mae'n llwyddo yn y trofannau, sef ym Mecsico, Ynysoedd India'r Gorllewin, Canolbarth America, Brasil, Colombia, ac Ynysoedd Canary. Mae'r ardaloedd yma'n allforio llawer i wledydd eraill, tra mae Awstralia a De Affrica, sydd i'r deau i'r trofannau, yn tyfu digon iddyn nhw'u hunain.

Mae'r planhigyn yn tyfu'n gyflym iawn, i fyny at ugain troedfedd mewn blwyddyn. Un bonyn sydd iddo, a chan mai coesau dail sydd yn hwnnw, wedi'u gwasgu'n dynn at ei gilydd, yn hytrach na phren, "planhigyn" ydy ac nid coeden. Un flwyddyn yn unig mae pob planhigyn yn para, ac mae'n cynhyrchu un stem o ffrwyth a all gynnwys dros gant o fananas a phwyso llawer mwy na hanner canpwys.

Yn gyntaf daw blodyn mawr piws, yn hongian i lawr fel côn â'i big i waered. Wrth i hwn agor, daw rhesi o'r ffrwyth i'r golwg fel bysedd bach gwyrdd rhwng y petalau. Bydd y blodyn yn gwywo a'r ffrwythau'n troi i fyny wrth dyfu fel y gwelir yn y llun. Rhaid torri'r stem tra bo'r bananas yn wyrdd, neu byddan nhw'n hollti ac yn pydru. Yna torrir y planhigyn i lawr a'i losgi i wneud gwrtaith neu adael iddo bydru i'r un pwrpas, gan adael un bonyn bach newydd sydd wedi tyfu o'r un gwreiddyn, a hwnnw fydd yn cynhyrchu'r ffrwythau y flwyddyn nesaf.

Mae'r dail hir llydan yn gwneud i'r planhigyn edrych fel palmwydden. Ar ôl cwympo'r hen fonyn, gellir torri'r dail yn stribedi a'u defnyddio yr un fath â raffia i wneud matiau a basgedi, ac i glymu planhigion tomato, a bydd y brodorion yn defnyddio dail cyfan i doi eu cartrefi.

Byddwn ni ym Mhrydain yn bwyta llawer iawn o fananas, a gallwn eu prynu ar hyd y flwyddyn. Bydd ymhell dros fil o filiynau o fananas gwyrdd yn cyrraedd porthladd y Barri bob blwyddyn, o Ynysoedd India'r Gorllewin gan mwyaf. Rhaid eu gwarchod yn ofalus iawn, a'u cadw mewn awyrgylch a thymheredd addas, rhwng 13°C a 21°C, yn hongian mewn ystafelloedd mawr arbennig i'r pwrpas, yn y porthladd, er mwyn iddyn nhw aeddfedu'n iawn a chyrraedd y siopau'n felyn braf heb gleisiau na briwiau arnyn nhw.

Fel arfer bydd yr aeddfedu'n cymryd chwe diwrnod, ond gellir cyflymu neu arafu'r broses fel y bo'r galw, yn dibynnu ar y stoc sydd ar gael. Wrth aeddfedu bydd y bananas yn cynhyrchu eu

Planhigyn banana yn tyfu ar ynys Tenerife. Sylwn ar y petalau'n troi i fyny cyn gwywo a syrthio, y ffrwythau bach bach yn dod i'r golwg, a hwythau hefyd yn troi i fyny, yn rhan uchaf y llun, wrth dyfu'n fwy.

gwres eu hunain, a rhaid gofalu felly nad aiff yr ystafell yn rhy boeth. Os na fydd y tymheredd yn iawn, gall y ffrwythau aeddfedu'n rhy gyflym, neu bydd eu crwyn yn tueddu i droi'n llwyd – ac yna bydd pobl yn amharod i'w prynu. Crefft ddigon dyrys yw trin bananas fel y bôn nhw'n cyrraedd y siopau'n berffaith.

BANC

Os bydd gan ddyn lawer o arian, un ffordd o'i warchod yw ei guddio yn y tŷ neu yn yr ardd, neu ei gario i bobman gydag ef. Dull llawer mwy effeithiol fyddai gofyn i ryw sefydliad y gall ddibynnu arno ofalu am ei gyfoeth drosto – a dyna brif bwrpas banc.

Erbyn heddiw mae nifer o wahanol fanciau ymhob tref. Gall dyn ddewis un ohonyn nhw a thalu'i arian i mewn iddo: os yw'n barod i adael yr arian yno am beth amser heb gyffwrdd ag ef, bydd y banc yn barod i dalu llog iddo (hynny yw, rhoi rhywfaint iddo – £3 neu £4, dweder – am bob £100 sydd ganddo yn y banc) fel bod mwy o arian gan y dyn ymhen amser nag oedd ganddo ar y dechrau.

Bydd y banc hefyd yn barod i wneud busnes drosto. Os bydd rhaid iddo dalu bil am nwy i'r Bwrdd Nwy, dweder, yna, yn lle casglu'r swm dyledus mewn papurau punt a darnau arian a'i dalu dros y cownter, gall ddefnyddio un o'r sieciau a gafodd gan y banc lle mae ei arian, – hynny yw, lle mae ganddo gyfrif. Does angen iddo wneud dim ond sgrifennu enw'r Bwrdd Nwy ar y siec, y dyddiad, a'r swm mewn geiriau a ffigurau, ei arwyddo, a'i anfon i swyddfa'r Bwrdd. Bydd swyddog yno yn ei anfon ymlaen i fanc y Bwrdd, a'r banc hwnnw'n ychwanegu'r swm at y cyfrif sydd gan y Bwrdd yn y banc. Ymhen amser aiff y siec yn ôl i'r banc cyntaf, banc y dyn a gafodd y bil, ac yno byddan nhw'n tynnu'r un swm oddi ar ei gyfrif yntau. Felly, wrth i'r darn papur hwn, y siec, gael ei anfon o un lle i'r llall, mae'r dyn wedi talu ei ddyled i'r Bwrdd Nwy heb drin arian o gwbl. Bydd y ddau fanc yn setlo â'i gilydd drwy Gyfnewidfa'r Banciau yn Llundain, lle mae miliynau o bunnoedd yn newid dwylo bob dydd drwy gyfrwng sieciau yn unig.

Wrth gwrs, rhaid i'r dyn ofalu bod o leiaf gymaint o arian ar ei gyfrif yn y banc a'r swm sydd ar y bil, onide bydd mewn dyled i'w fanc ei hun – ac ni chaiff fod yn y sefyllfa honno heb ganiatâd rheolwr y banc. Fe all gael y caniatâd hwnnw os

bydd angen, hynny yw, fe all y banc roi benthyg arian i'w gwsmeriaid ei hun. Bwriwn fod y dyn yn siopwr, yn berchen ar ei siop a'r stoc sydd ynddo, ac ar ei dŷ a'r dodrefn sydd yn hwnnw, ac ar ei gar: mae'n eithaf cefnog, ond does dim llawer o arian parod ganddo. Mae am brynu fan i gario nwyddau i gartrefi ei gwsmeriaid, ac mae'r fan yn costio, dweder, £1500: os bydd rheolwr y banc yn ei nabod yn dda, ac yn gwybod y gall ddibynnu arno i dalu'r arian yn ôl rywbryd, gall fenthyca'r £1500 i'r siopwr er mwyn iddo brynu'r fan – a chodi llog arno am y gymwynas.

Gall dyn ddefnyddio siec hefyd i gael arian o'r banc iddo'i hun. Hwyrach ei fod am fynd ar ei wyliau ac am gael mwy o arian parod nag arfer yn ei boced: gall sgrifennu siec i ofyn i'r banc dalu hyn-a-hyn iddo, dros y cownter, mewn papurau punt neu bumpunt ac arian gleision, hynny yw, bydd yn codi swm o'i gyfrif ei hun. Rhaid felly i'r banc gadw digon o arian parod ar gyfer cwsmeriaid a fydd yn galw fel hyn i godi arian, a'i warchod dan glo mewn cist neu mewn ystafell arbennig lle bydd yn ddiogel nes y bydd ei angen.

Beth wna'r banc â gweddill yr arian a gafodd gan ei gwsmeriaid i'w gadw drostyn nhw? Bydd yn ei fenthyca i eraill – i ffyrmiau mawr neu hyd yn oed i'r Llywodraeth – ac yn codi llog am wneud.

Mae bron pob banc heddiw yn rhan o gwmni mawr ac iddo ganghennau dros y wlad i gyd ac weithiau mewn gwledydd eraill hefyd. Gynt roedd nifer o fanciau preifat yma ac acw, a dau o fanciau preifat Cymru ar ddiwedd y 18 ganrif a dechrau'r ganrif nesaf oedd "Banc y Ddafad Ddu" yn Aberystwyth a "Banc yr Eidion Du" yn Llanymddyfri. Porthmyn a gychwynnodd y rhain i gadw'r

Papur dwybunt o hen fanc ABERYSTWITH AND TREGARON.

symiau mawr o arian fyddai ganddyn nhw o bryd i'w gilydd, a hefyd, wrth gwrs, i ennill llog ar yr arian drwy ei fenthyca i eraill.

Mae'n debyg mai gofaint aur ac arian oedd yn gyfrifol am gychwyn banciau yn y lle cyntaf i gyd: gan fod ganddyn nhw gyfleusterau ar gyfer cadw'u nwyddau gwerthfawr eu hunain, roedden nhw'n barod i'w defnyddio i warchod arian pobl eraill. Yna dechreuodd y bobl hyn ofyn i'r gofaint dalu eu biliau drostyn nhw, neu bydden nhw'n trosglwyddo i rywun arall, fel tâl am ddyled, y daleb a gawson nhw gan y gofaint am eu harian, yn lle defnyddio arian, gan osgoi felly berygl lladrad. Dyma gychwyn y syniad o ddefnyddio sieciau. Byddai marsiandwyr o'r Eidal yn barod iawn, ganrifoedd yn ôl, i newid a benthyca arian, ac ar feinciau yn y farchnadfa y bydden nhw'n gwneud llawer o'r busnes yma – ac o'r gair Eidaleg am fainc – "*banco*" – y daw'r gair "banc".

BANER

Mae defnyddio baneri yn arferiad hen iawn. Meddai'r Salmydd, ganrifoedd lawer yn ôl – "Gorfoleddwn yn dy iachawdwriaeth di, a dyrchafwn faner yn enw ein Duw ni", ac yn nechrau'r Hen Destament darllenwn am wahanol lwythau'r Israeliaid yn gwersylla, bob un wrth ei faner ei hun (er mai "lluman" yw'r gair am faner yn y rhan hon o'r Beibl Cymraeg).

Arferai byddinoedd ar hyd yr oesoedd gario'u baneri i ryfel. Daliai'r banerwr ei faner yn uchel fel y gallai'r milwyr ei weld a chael eu symbylu i ymladd. Tan heddiw mae gan bob catrawd ei baner ei hun, ond ar gyfer seremonïau arbennig yn unig y defnyddir hi bellach.

Mae gan bob gwlad ei baner ei hun hefyd, a dyma'r baneri sydd mwyaf cyfarwydd i ni heddiw. Mae'r mwyafrif mawr ar ffurf pedrongl. Weithiau ceir llun ar faner o rywbeth sy'n nodweddiadol o'r wlad honno, fel y llun o ddeilen masarnen sydd ar faner Canada.

Ar faner y Deyrnas Unedig ceir tair croes – croes goch Sant Siôr (yn cynrychioli Lloegr), croes wen groeslin Sant Andreas (Yr Alban), a chroes goch groeslin Sant Padrig (Iwerddon).

Draig goch sydd ar faner genedlaethol Cymru, creadur ac iddo bedwar troed crafangog, pâr o adenydd tebyg i ystlum anferth, cynffon hir bigfain a thafod blaenllym. Ond pam llun draig, o bopeth?

Ganrifoedd lawer yn ôl byddai rhai byddinoedd – yn eu plith byddinoedd Rhufain – yn cario llun draig mewn brwydr, yn y gobaith y byddai'n eu hamddiffyn nhw ac yn dychryn eu gelynion. Enw'r milwr a gariai'r faner â'r ddraig arni oedd y *draconarius*.

Yng Nghymru ar hyd y canrifoedd mae beirdd wedi arfer cymharu gwron neu bennaeth neu ymladdwr dewr â draig neu ddragon. Tua 1137

cyfeiriodd Meilir Brydydd at y tywysog Gruffydd ap Cynan fel "draig Gwynedd". I Brydydd y Moch, ar ddechrau'r drydedd ganrif ar ddeg, roedd Llywelyn Fawr yn "bendragon". Mae gan Iolo Goch yn y ganrif nesaf nifer fawr o gyfeiriadau at yr anifail, ac yn un ohonyn nhw mae'n atgoffa Iarll Mortimer mai "gwaed y ddraig goch" sy'n rhedeg yn ei wythiennau. Dywedir bod gan Owain Glyndŵr ddraig euraid ar gefndir gwyn ar ei faner pan ymosododd ar Gaernarfon yn 1401.

Ar y cyfan ychydig o sôn sydd am y ddraig ar faner neu arfbais tan yr 16 ganrif, ond daeth i fri yn Oes y Tuduriaid, o barch, hwyrach, i'w llinach Gymreig. Wedi hynny ymddangosai'r ddraig goch ar faner yn aml, a daeth pobl i edrych ar faner o'r fath fel "baner Cymru", ond gwrthodai Coleg yr Arfbeisiau gydnabod hyn o gwbl, gan ddweud nad oedd unrhyw awdurdod iddo.

Daliai pobl Cymru i ddefnyddio baner y ddraig goch, ac yn 1958 gofynnodd Gorsedd Beirdd Ynys Prydain am gydnabyddiaeth swyddogol iddi. Ym mis Chwefror y flwyddyn ganlynol gorchmynnodd y Frenhines Elisabeth mai'r ddraig goch ar gefndir gwyrdd a gwyn (neu, a defnyddio iaith herodraeth, *per fess argent and vert a dragon passant gules*) oedd i'w hedfan ar adeiladau'r Goron yng Nghymru a hefyd mewn mannau priodol yn Llundain o hynny ymlaen.

Weithiau bydd baner gwlad yn cario llun sy'n cyfeirio at achlysur arbennig yn ei hanes: mae'r tair llinell ar ddeg, rhai coch a rhai gwyn, sydd ar faner Unol Daleithiau America yn cynrychioli'r tair talaith ar ddeg wreiddiol, a'r 50 seren yn cynrychioli'r taleithiau presennol.

Baner gymharol newydd yw honno a luniwyd pan ffurfiwyd y Cenhedloedd Unedig – dau frigyn olewydden, symbol heddwch, oddeutu map o'r byd, gyda Phegwn y Gogledd yn ei ganol – y cyfan yn wyn ar gefndir glas.

(*Mae llun lliw o'r Ddraig Goch a baneri'r Deyrnas Unedig a'r Cenhedloedd Unedig ar dudalen 90.*)

BANGOR (pob. 1971 – 15,730)

Dinas yn Arfon yw Bangor, ar lan Afon Menai heb fod nepell o'r ddwy bont – pont grog Telford a phont y tiwb – ac ar y ffordd A5 sy'n rhedeg o Lundain i Gaergybi.

Mae yno Eglwys Gadeiriol sy'n gallu ymffrostio ei bod yn un o'r hynaf ym Mhrydain er nad yw'n adeilad trawiadol iawn o'r tu allan. Sefydlodd Deiniol gell yma yn gynnar yn y chweched ganrif, ac mae'n debyg mai ei "fangor" ef, hynny yw, man cysegredig y tu mewn i gylch o wrych wedi'i blethu, a roddodd ei enw i'r lle.

Pentref digon tawel oedd Bangor tan ddiwedd y 18 ganrif. Yn gynnar yn y ganrif nesaf adeiladodd Thomas Telford ffordd fawr newydd o Amwythig i Gaergybi, drwy ganol Bangor, gan godi ei bont

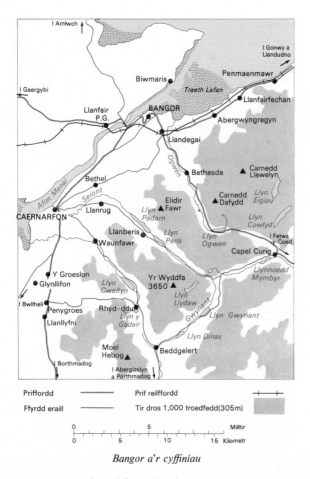

Bangor a'r cyffiniau

grog enwog dros Afon Menai, - agorwyd y bont ar 1 Gorffennaf 1826. Adeiladwyd hefyd borthladd Abercegin ym mhen dwyreiniol Bangor ar gyfer allforio llechi o chwarel Bethesda, ryw bedair milltir i ffwrdd i fyny yn nyffryn Ogwen. Dyma gychwyn pwysigrwydd Bangor. Yn 1848 cyrhaeddodd y *Chester and Holyhead Railway* cyn belled â Bangor, ac erbyn Hydref 1850 roedd Robert Stephenson wedi gorffen Pont Britannia (Pont y "Tiwb") i gario'r rheilffordd dros y culfor i Fôn.

Wedyn daeth y sefydliadau a wnaeth Bangor yn "dre'r colegau": Coleg y Normal (a agorwyd yn 1858) a Choleg y Santes Fair (1892) – dau goleg hyfforddi athrawon; Coleg y Brifysgol (1884 – er mai yn 1911 y codwyd yr adeiladau ar y bryn ym Mangor Uchaf); a dau goleg diwinyddol – daeth Coleg yr Annibynwyr yma o'r Bala yn 1886 a Choleg y Bedyddwyr o Langollen yn 1892. Erbyn heddiw mae yma Goleg Technegol helaeth hefyd.

Sefydliad hynafol iawn oedd Ysgol y Brodyr Duon – y "Ffriars" – a sefydlwyd yn 1557 ac a wasanaethodd genedlaethau o fechgyn (gan gynnwys y bardd Goronwy Owen) am dros bedair canrif cyn ei gwneud yn rhan o ysgol gyfun newydd yn 1971.

Gosododd y BBC swyddfa a stiwdio darlledu ym Mangor yn y tridegau, a dechreuwyd teledu oddi yno yn 1971. (Gweler hefyd DEINIOL, PRIFYSGOL CYMRU, PONTYDD, THOMAS TELFORD, GORONWY OWEN.)

BANNAU BRYCHEINIOG

Cefn o fynyddoedd yw'r Bannau, yn ymestyn ar draws deheudir Brycheiniog. Mae rhan helaeth o'r tir dros 1,500 o droedfeddi: y copäon uchaf yw Pen-y-Fan (2,906 o droedfeddi), Corn Du (2,863) a'r Cribyn (2,608). I'r gogledd mae Mynydd Epynt, yr ochr draw i Afon Wysg sy'n rhedeg ar draws y sir o'r gorllewin i'r de-ddwyrain.

Yr un fath â phob cadwyn arall o fynyddoedd, mae'r Bannau'n wahanfa ddŵr naturiol. Mae afonydd Crai, Senni, Tarell, Cynrig, Menasin a Chaerfanell yn llifo tua'r gogledd cyn ymuno ag Afon Wysg. Tua'r deau am Fôr Hafren y llifa Tawe, Nedd, Mellte, Taf Fawr a Thaf Fechan, ac ar rai ohonyn nhw codwyd nifer o gronfeydd (megis Crai, Ystradfellte, Llwyn-On, Nant-ddu (neu'r Gantref), y Bannau, y Neuadd, Pentwyn, Pontsticill a Thalybont) ar gyfer diwallu anghenion trigolion cymoedd y de.

Ar gyfartaledd mae'r Bannau'n derbyn yn agos i gan modfedd o law mewn blwyddyn, cymaint bedair gwaith ag a geir yn Llundain. Bydd defaid a merlod yn pori ar y tir uchel, anifeiliaid sy'n gallu goddef tywydd garw. Mae'r Comisiwn Coedwigo wedi lleihau'r tir pori gryn dipyn drwy blannu ffynidwydd ar rannau o'r tir mynyddig yn ogystal ag yn nyffrynnoedd rhai o'r afonydd.

Mae'r Bannau bellach yn rhan o Barc Cenedlaethol sy'n ymestyn o Landeilo a Llanymddyfri yn y gorllewin i'r Gelli Gandryll a'r Fenni yn y dwyrain, ac i lawr cyn belled â Phont-y-pŵl yn y de-ddwyrain. Dyma ardal eang lle mae'n ddyletswydd ar yr awdurdodau lleol gadw a diogelu'r harddwch naturiol. Tua phedair milltir i'r deorllewin i dref Aberhonddu mae'r Ganolfan Fynyddig lle gall ymwelwyr – drwy gydol y flwyddyn ond ar Ddydd Nadolig – fwynhau golygfeydd godidog iawn, neu geisio a chael gwybodaeth am gyfleusterau'r Parc – neu'n syml ymlacio a blasu picnic yn yr awyr agored mewn awyrgylch llonydd, braf. (Gweler hefyd – PARC CENEDLAETHOL.)

BARA

Mae dyn mewn llawer rhan o'r byd wedi gwneud a bwyta bara ers oesoedd mawr. Hyd yn oed cyn iddo ddysgu sut i dyfu gwenith a chnydau eraill, mae'n siwr iddo falu had aeddfed gwahanol fathau o weiriau a dyfai'n wyllt a chymysgu'r "blawd" cwrs a gâi ohonyn nhw â dŵr, ac yna pobi'r toes drwy ei osod ar garreg i mewn yn y tân neu'n agos ato.

Mae sôn mynych am fara yn y Beibl, ac yno mae "bwyta bara" yn gyfystyr â "chael pryd o fwyd" am fod bara'n rhan bwysig iawn o ymborth y bobl. Mae'n debyg fod poptai cyhoeddus yn y dinasoedd – mae rhai o'r proffwydi'n sôn am grefft y pobydd

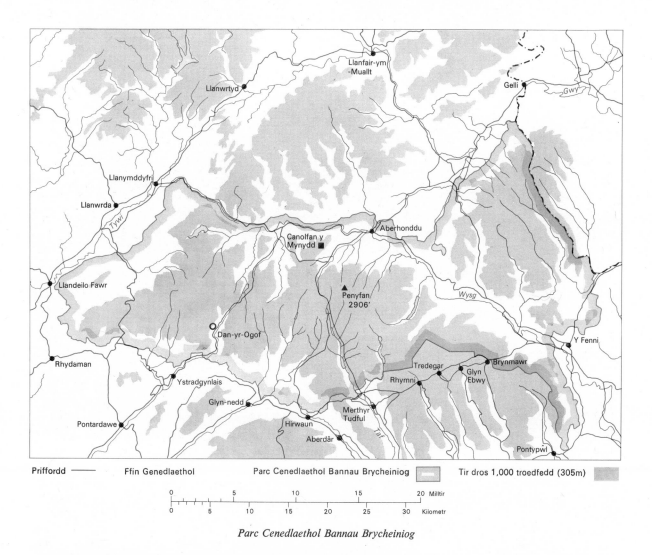

Prifffordd ———   Ffin Genedlaethol   Parc Cenedlaethol Bannau Brycheiniog   Tir dros 1,000 troedfedd (305m)

Parc Cenedlaethol Bannau Brycheiniog

Y Bannau o gyfeiriad Llanhamlach.

85

Un o boptai cwmni Ranks Hovis McDougall.
Aiff y toes i mewn i un pen i'r peiriannau hyn, a daw allan o'r pen arall yn fara. Mae'r peiriannau'n torri'r toes yn dorthau, yn eu
pwyso a'u tylino, yna'n gadael iddyn nhw godi cyn eu pobi a'u taflu allan—filoedd ohonyn nhw mewn awr.

ac am heol y pobyddion yn Jerwsalem, ond hefyd byddai gwraig yn gwneud bara i'w theulu ei hun.

Gan amlaf defnyddiai hi haidd, weithiau gwenith, ond mae adnod yn Llyfr Eseciel yn sôn am roi "gwenith, a haidd, a ffa, a ffacbys, a milet, a chorbys" mewn llestr a'u gwneud yn fara. Byddai'r wraig yn malu'r grawn rhwng dau faen: cymysgai'r blawd â dŵr a darn o lefain, sef tamaid o does sur wedi'i gadw o'r pobiad diwethaf, – ei bwrpas oedd gwneud i'r bara godi, yr un fath â'r burum a ddefnyddiwn ni heddiw.

Roedd yn bosibl gwneud bara heb lefain hefyd – bara croyw oedd hwnnw, rywbeth tebyg i fisged tenau ond ei fod yn ystwyth – ac ni châi'r Iddewon gynt fwyta unrhyw fara arall yn ystod Gŵyl y Pasg. (Enw arall ar Ŵyl y Pasg oedd "Gŵyl y Bara Croyw".)

Heddiw byddwn ni'n defnyddio gwahanol fathau o flawd: bydd lliw y blawd yn dibynnu ar sut y caiff ei falu a pha fitaminau a phethau eraill sy'n cael ei ychwanegu ato. Daw blawd brown o'r grawn cyfan, blawd gwyn o'r cnewyllyn mewnol yn unig gan osgoi'r plisgyn sy'n cael ei ddefnyddio fel eisin yn fwyd i anifeiliaid. Ceir blawd hefyd o geirch, o ryg, o farlys ac o reis, a bydd pob amrywiaeth yn rhoi blas gwahanol i'r bara. Mae bara rhyg yn dywyll ac yn drwm iawn.

Erbyn heddiw diflannodd y grefft o wneud "bara cartref" yng Nghymru i raddau helaeth. Daw'r rhan fwyaf o'n bara ni o ffatrïoedd mawr lle ni fydd neb yn cyffwrdd â'r toes o gwbl. Peiriannau fydd yn ei gymysgu a'i dylino, yn ei dorri'n ddarnau o'r pwysau priodol, yn gosod y darnau hyn mewn tuniau pobi lle mae'r toes yn cael codi am ysbaid, cyn pasio'n araf drwy boptai anferth poeth a dod allan yn y pen arall wedi'u pobi. Bydd llawer o dorthau'n cael eu pacio mewn papur wedi'i gŵyro, rhai wedi'u sgleisio'n dafelli tenau – y cyfan yn cael ei wneud gan beiriannau. (Gweler hefyd BURUM, LEFAIN, IDDEWON.)

DR. BARNARDO

Ganed Thomas Barnardo yn Nulyn yn 1845. Yn ŵr ifanc roedd ei fryd ar fod yn genhadwr, ac aeth i Lundain i ddysgu bod yn feddyg cyn mynd dros y môr. Yn Llundain bu'n gweithio ymysg pobl oedd yn byw mewn slymiau, ac agorodd ysgol i blant bach carpiog Stepney. Yno darganfu fod nifer fawr o blant y cylch yn cysgu allan bob nos am nad oedd ganddyn nhw gartrefi. Penderfynodd roi'r gorau i'r bwriad o fynd i China gan fod digon o waith iddo'i wneud yn Llundain.

Prynodd ddau fwthyn fel cartrefi i fechgyn digartref, a threfnodd iddyn nhw ddysgu crefft. Yn fuan roedd y bythynnod hyn yn rhy fach, a thua diwedd 1870, pan oedd Barnardo yn 23 oed, cafodd adeilad ar rent yn Stepney Causeway a lle ynddo i drigain o fechgyn. Bu un bachgen bach farw o newyn ac oerfel ar ôl i Barnardo wrthod ei dderbyn am nad oedd ganddo le iddo, a'r diwrnod hwnnw penderfynodd na fyddai byth eto'n gwrthod unrhyw blentyn, costied a gostio, dyled neu beidio. Arwyddair Cartrefi Barnardo hyd heddiw yw'r geiriau a osodwyd ar flaen yr adeilad yn Stepney Causeway y pryd hwnnw – "Ni wrthodir yma unrhyw blentyn amddifad".

Cafodd arian gan bobl oedd yn cydymdeimlo â'i ymdrechion, fel y gallai ledaenu ei waith. Agorodd gartref i drigain o ferched mewn tŷ a gafodd ei wraig ac yntau yn anrheg briodas. Aeth ati hefyd i godi adeiladau bychain tebyg i gartrefi cyffredin: mewn ateb i'w weddïau cafodd fwy a mwy o arian, ac adeiladodd bentref cyfan o gartrefi o'r fath yn Barkingside yn Swydd Essex. Ymledodd y gwaith, ac agorwyd nifer o gartrefi mewn dinasoedd eraill hefyd. Sefydlodd Barnardo ganolfannau yn Toronto, Ontario a Manitoba i dderbyn bechgyn amddifad a'u hyfforddi ar gyfer gweithio ar ffermydd.

Llwyddodd y Doctor hefyd i gael Senedd Prydain Fawr i basio deddfau yn ymwneud â lles plant, a bu'n brysur ar hyd ei oes yn ceisio gwella byd yr ifainc a'r hen.

Dros y byd i gyd mae miloedd ar filoedd o wragedd a dynion sy'n ddiolchgar am y cychwyn da a gawson nhw dan ofal Dr. Barnardo a'i gartrefi. Erbyn heddiw mae gan y mudiad ei ysbytai a'i goleg technegol ei hun, ysgol yn Swydd Dorset sy'n hyfforddi bechgyn sydd am fynd i'r môr, a chartrefi arbennig ar gyfer plant â rhyw nam ar eu cyrff. Mae'r gwaith da, yma ym Mhrydain a thros y môr, yn dal i ddibynnu ar roddion caredigion: yn 1905, y flwyddyn y bu farw Barnardo, derbyniwyd bron dau gant o filoedd o bunnoedd mewn rhoddion. Mae angen mwy na chwe cheiniog

Jim Jarvis yn dangos i'r Doctor lle mae plant di-gartref yn treulio'r nos.

newydd bob eiliad o'r dydd a'r nos i gynnal y cyfan o'r gwaith sy'n mynd ymlaen heddiw ac a ddechreuwyd yn y ganrif o'r blaen gan Thomas Barnardo.

BARNWR

Cynhelir llysoedd barn ar hyd a lled y wlad i wrando achosion rhai sy'n cael eu cyhuddo o dorri cyfraith y wlad. Bydd yr achosion llai difrifol (megis parcio car lle nad oes caniatâd i wneud hynny, neu yrru car yn rhy gyflym, neu dorri i mewn i dŷ neu siop i ddwyn) yn cael eu trin mewn llys lleol gan ynadon neu ynad cyflogedig, ac yno dydy'r gosb ddim yn drwm iawn.

Caiff achosion mwy difrifol eu hanfon ymlaen i lysoedd uwch lle bydd barnwr a rheithgor yn gwrando'r dystiolaeth. Llysoedd Aséis neu Lysoedd Chwarter oedd y rhain tan 1972, yn cyfarfod mewn canolfannau arbennig megis Caerdydd, Abertawe, Caerfyrddin, Caernarfon, Beaumaris, Llanbedr-Pont-Steffan, Yr Wyddgrug, Dolgellau, Y Trallwng, Hwlffordd, Casnewydd ac Aberhonddu. Er 1972 mae'r Uchel Lys yn cyfarfod yng Nghaernarfon, Caerdydd, Yr Wyddgrug ac Abertawe i drin troseddau ac achosion sifil, a Llys y Goron yn trin troseddau yn unig yng Nghaerfyrddin, Hwlffordd, Merthyr Tudful, Casnewydd, Dolgellau a'r Trallwng.

Mewn achos troseddol (hynny yw, lle cyhuddir rhywun o dorri'r gyfraith) bydd y barnwr yn egluro ac yn esbonio'r gyfraith i aelodau'r rheithgor, ac ar ôl gwrando'r holl dystiolaeth – o blaid ac yn erbyn y sawl sy'n cael ei gyhuddo – y rheithgor sy'n penderfynu a yw'n euog ynte'n ddieuog. Os yw'n euog, y barnwr sy'n penderfynu pa gosb i'w roi iddo.

Yn ogystal â gwrando achosion troseddol gall barnwr yn yr Uchel Lys drafod hefyd "achosion sifil". Mewn achosion o'r fath bydd rhywun yn dwyn cais am iawndâl yn erbyn rhywun arall neu rywrai sydd, yn ei farn ef, wedi gwneud cam ag ef neu sydd mewn dyled iddo neu wedi achosi niwed iddo.

Penodir barnwyr gan y Frenhines neu gan yr Arglwydd Gangellor (prif farnwr Prydain) o blith bargyfreithwyr a gafodd flynyddoedd o brofiad.

BAROMEDR

Pwrpas baromedr yw mesur pwysedd yr awyr, a nodi sut mae'n gostwng ac yn codi. Bydd gwybodaeth o'r fath yn cael ei defnyddio ar gyfer rhagfynegi'r tywydd. Yn gyffredinol, pan fydd baromedr mewn ardal arbennig yn dangos bod pwysedd yr awyr yn y fan honno yn lleihau, mae hyn yn golygu y bydd awyr yn rhuthro i mewn yno o ranbarth lle mae'r pwysedd yn dal yn uchel. Bydd y tywydd yn newid, a cheir cyfnod o wynt a glaw. Ar y llaw arall, os bydd y pwysedd yn codi mae hyn yn golygu bod y pwysedd isel wedi mynd

heibio a gellir disgwyl cyfnod o dywydd teg sefydlog.

Mae dau brif fath o faromedr yn cael eu defnyddio heddiw. Mewn un math mae colofn o fercwri tua 30 modfedd o hyd mewn tiwb o wydr: mae pen uchaf y tiwb wedi'i selio, a gwactod – man gwag di-awyr – ar ben y golofn, a phen arall y tiwb (sydd ar ffurf llythyren J) yn agored. Wrth i bwysedd yr awyr ar y pen agored yma amrywio, mae pen arall y golofn o fercwri'n codi neu'n disgyn, a gellir mesur pob newid – a rhagweld ei effaith ar y tywydd.

Yn y math arall mae amrywiadau ym mhwysedd yr awyr yn effeithio ar ochrau bocs sydd wedi'i wneud o bres tenau iawn a'i du mewn bron yn wactod. Wrth i'r ochrau symud i mewn ac allan dan bwysedd yr awyr, mae system o farrau neu lifars yn troi bys, tebyg i fys cloc, a gellir darllen ar ddeial sut mae'r pwysedd yn amrywio, yr un fath ag edrych ar gloc a darllen faint o'r gloch ydy hi. Baromedr aneroid yw hwn.

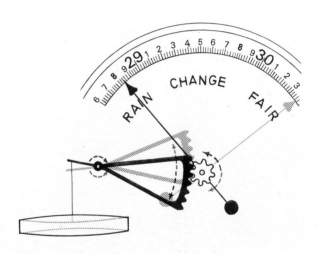

Baromedr aneroid

Mae'r llinellau coch yn dangos sut mae ochrau'r bocs yn cael eu gwasgu i mewn wrth i bwysedd yr awyr godi. Mae newid o'r fath yn arwydd o dywydd teg—a dyna neges y bys coch.

Mae pwysedd yr awyr yn amrywio hefyd po uchaf y mae, hynny yw, mae'n fwy wrth droed mynydd nag ydy ar y pen, ac felly wrth ddefnyddio baromedr gall dringwr weld pa mor uchel y mae uwchben ei fan cychwyn, neu uwchben lefel y môr. Am ei fod yn fwy hwylus na cholofn o fercwri, baromedr aneroid sy'n cael ei ddefnyddio i'r gwaith yma – yr un fath â mewn awyren i ddangos pa mor uchel y mae.

BATRI

Pwrpas batri yw darparu trydan a'i storio ar gyfer gweithio tors neu lamp ar feisigl, cloch drws neu gloc neu radio transistor – neu un o nifer o bethau o'r fath – lle nad oes cyflenwad o drydan o gêbl ar gael neu pan fyddwn am symud y teclyn o fan i fan.

Ymhob batri mae cell neu gelloedd lle mae gwahanol gemegau'n effeithio ar ei gilydd ac yn cynhyrchu trydan, a dau ben – un posidiol ac un negyddol : o gysylltu'r ddau ben hyn â'i gilydd gall y trydan lifo a gwneud ei waith, sef goleuo bwlb neu yrru peiriant.

Mae dau fath o fatri i'w cael. Ar ôl defnyddio batri o'r math cyntaf am dipyn, mae'n mynd yn wannach ac yn wannach, nes o'r diwedd mae'n dda i ddim ond ei daflu i ffwrdd. Mae'r math yma fel rheol yn sych, a dyma'r batri a geir mewn tors llaw a lamp beic, a hyd yn oed gyda math arbennig o frws glanhau dannedd!

Pan fydd batri o'r math arall yn mynd yn wan, gellir ei adnewyddu drwy ei ail-lwytho neu'i ail-drydanu. Yr enghraifft fwyaf adnabyddus o'r math hwn yw'r batri sydd mewn car. (Gweler hefyd TRYDAN.)

BATHDY

Dyma'r enw ar y ffatri lle bydd darnau arian a medalau arbennig yn cael eu gwneud, neu eu "bathu". Y Bathdy Brenhinol sy'n gyfrifol am gynhyrchu'r holl ddarnau a ddefnyddir ym Mhrydain (ac arian rhai gwledydd tramor hefyd), ac er 1810 bu hwn ar Fryn y Tŵr yn Llundain.

Mae'r grefft o fathu darnau arian yn hen iawn. Pan ddaeth Iwl Cesar i Brydain yn 55 C.C. fe gafodd fod y trigolion yn defnyddio darnau o aur a phres. Daeth y Rhufeiniaid â'u harian eu hunain, ac ar ôl iddyn nhw ymadael â Phrydain aeth brenhinoedd Lloegr ati, un ar ôl y llall, i gopïo'r darnau Rhufeinig.

Tua 774 bathwyd y geiniog arian gyntaf ym Mhrydain, a dyma'r unig ddarn oedd mewn bri am ryw bum canrif. Os oedd rhywun am ddefnyddio llai na cheiniog, y cyfan a wnâi oedd torri'r darn arian hwn yn ei hanner, neu yn bedair rhan – ac wrth rannu'r ceiniogau fel hyn peth hawdd oedd torri tameidiau bach ychwanegol i ffwrdd a'u toddi i wneud darnau newydd, er gwaetha'r gosb o gael torri i ffwrdd law dde pwy bynnag a gâi ei ddal.

Ond roedd yn well gan lawer iawn o'r bobl barhau i ddefnyddio'r hen ddull o ffeirio neu drwco, sef cyfnewid rhywbeth roedd pawb yn cydnabod ei werth – anifail efallai – am y nwyddau roedd ar ddyn eu hangen. Dull digon trafferthus oedd hwn, a gwelodd Hywel Dda fod angen bathu mwy o ddarnau arian gan eu bod nhw'n fwy hwylus o lawer i'w cyfnewid am nwyddau. Hywel Dda yw'r unig dywysog Cymreig, hyd y gwyddom, a gafodd ei enw ar ddarnau arian. Yng Nghaer y

Arolygwr yn archwilio'r darnau arian gorffenedig. Rhaid i bob darn fod yn berffaith.

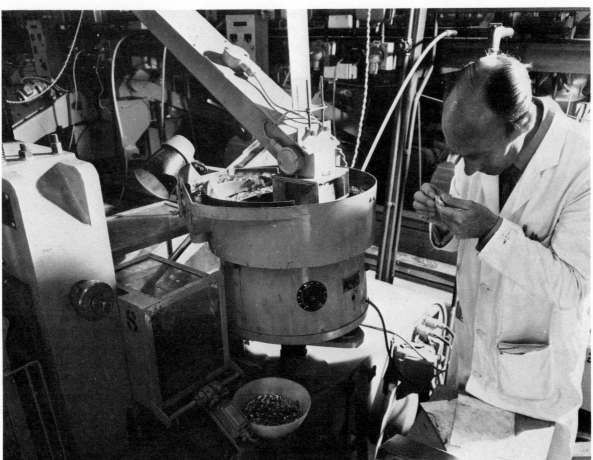

89

Dyma dair baner adnabyddus—o'r chwith i'r dde, baner y Deyrnas Unedig, baner y Cenhedloedd Unedig a'r Ddraig Goch. Cyfuniad yw baner y Deyrnas Unedig o groes goch Sant Siôr (nawddsant Lloegr) ar gefndir gwyn, croes groeslin wen Sant Andreas (nawddsant Yr Alban) ar gefndir glas, a chroes groeslin goch Sant Padrig (nawddsant Iwerddon) ar gefndir gwyn.

Daw cannoedd o ymwelwyr o wledydd tramor i Eisteddfod Ryngwladol Llangollen bob blwyddyn. Bydd pawb yn mwynhau eu gwylio yn eu gwisgoedd lliwgar, ac mae golygfeydd prydferth y fro yn atyniad iddyn nhw hefyd. Dyma rai ohonyn nhw wrth eu bodd ar daith mewn cwch ar y gamlas yn Llangollen.

Gwahanol fathau o frethyn Cymru. Daeth y darnau hyn o ffatri wlân yn Llanwrtyd. Ffatrïoedd bychain sydd yng Nghymru o'u cymharu â'r rhai mawr a geir yn Leeds a Bradford a threfi eraill yng ngogledd Lloegr, ond maen nhw'n cynhyrchu amrywiaeth o ddefnyddiau. Gwaith diddorol yw cynllunio'r gwahanol batrymau: bydd gan rai ffatrïoedd eu patrymau nodweddiadol eu hunain.

Dyma'r olygfa yng Nghastell Caernarfon ar ddiwedd seremoni Arwisgo'r Tywysog Charles yn Dywysog Cymru ar 1 Gorffennaf 1969.

Tynnwyd y llun hwn o Fwlch Simplon, yn edrych tua'r gogledd. Yn y pellter mae copaon gwynion yr Alpau Berner— y Bernese Alps. Yn eu plith mae'r Jungfrau sydd dros 13,000 troedfedd o uchder. (Ystyr "jungfrau" yw "merch ifanc".) Er bod yr olygfa hon yn brydferth, bydd stormydd o eira ym mynyddoedd yr Alpau o bryd i'w gilydd.

Yma mae pum patrwm gwahanol o'r brethyn lliwgar—y tartan—sy'n ein hatgoffa am wisgoedd traddodiadol pobl Yr Alban. Patrymau sgwâr o wahanol liwiau sydd ym mhob cynllun. Ar dudalen 74 mae llun pibydd Albanaidd mewn gwisg swyddogol wedi'i gwneud o'r fath ddefnydd.

bathwyd ei geiniogau ef: dim ond un ohonyn nhw sydd ar gael erbyn heddiw, ac mae honno yn yr Amgueddfa Brydeinig yn Llundain. Arni mae'r geiriau HOWAEL REX, sef Hywel Frenin. Credai Hywel ei fod yn gwneud cymwynas fawr â'r bobl – ". . . canys â gwartheg y telid pob tâl gynt".

Tan y 13 ganrif roedd darnau arian yn cael eu bathu mewn llawer tref yn Lloegr, ond ar ôl hynny torrwyd i lawr ar y nifer, ac erbyn oes y Frenhines Elisabeth un bathdy, yn y Tŵr yn Llundain, oedd yn bennaf gyfrifol am gynhyrchu holl arian y deyrnas. Yn y Tŵr y bu tan 1810 pryd y symudodd ar draws y ffordd i adeilad newydd ar y Bryn. Ymhen canrif a hanner roedd mwy na mil o filiynau o ddarnau'n cael eu cynhyrchu yno bob blwyddyn.

Gan ragweld na allai'r adeilad hwnnw yn Llundain gynhyrchu'r miloedd o filiynau o ddarnau degol y byddai eu hangen yn 1971, penderfynodd y Llywodraeth yn 1967 godi adeilad newydd sbon yn Llantrisant ym Morgannwg ar gyfer bathu'r holl arian degol. Yma y deuai'r Bathdy Brenhinol yn gyfangwbl yn gynnar yn y saith degau – ar ôl mil o flynyddoedd daeth ei arhosiad yn Llundain i ben.

Erbyn heddiw peiriannau, wrth gwrs, sy'n llunio'r darnau arian. Aloi arbennig sydd ymhob darn, ac ar ôl cymysgu'r metelau yn y cyfartaledd priodol gellir cynhyrchu stribedi hir o'r trwch cywir. Bydd peiriant torri yn pwnsio disciau plaen o'r stribedi hyn, fel platiau bach crwn, yn eu trin nes eu bod yn berffaith ac yn codi ymyl ar bob un er mwyn diogelu'r lluniau rhag iddyn nhw dreulio'n rhy gyflym. Yna bydd peiriant arall yn gwasgu pob disc plaen rhwng dau blât sy'n gadael dau argraff ar bob un – llun pen y Frenhines a'i theitlau ar un ochr a rhywbeth gwahanol ar y llall, yn dibynnu ar werth y darn.

Yr hen ffordd oedd taro talp o fetel ar eingion nes ei fod yn blât tenau, torri darn crwn ohono a phwnio'r lluniau arno drwy gymorth pwnsiau a morthwyl.

Yn 1870 daeth y Bathdy dan reolaeth Canghellor y Trysorlys: mae'n rhan o'r Wladwriaeth, a does gan neb arall hawl i gynhyrchu darnau arian. Banc Lloegr sy'n gyfrifol am wneud arian papur. (Gweler hefyd – ALOI, ARIAN, Y DULL DEG.)

B.B.C.

Dyma'r "enw" a roddwn fel arfer ar y Gorfforaeth Ddarlledu Brydeinig, y *British Broadcasting Corporation*, un o'r cyrff darlledu a theledu mwyaf yn y byd.

Yn 1922 ffurfiwyd y Cwmni Darlledu Prydeinig, ond cyn bo hir teimlai'r Llywodraeth ar y pryd mai gwell fyddai i gorff cyhoeddus fod yn gyfrifol am ddarlledu ym Mhrydain yn hytrach na chwmni preifat, ac ar Ionawr 1, 1927 daeth y B.B.C. i fod. Mae ganddo Fwrdd o Lywodraethwyr i'w reoli, dwsin ohonyn nhw sy'n cael eu penodi gan y Llywodraeth, ac mae'r Bwrdd yn gyfrifol i'r Gweinidog Post a Thelathrebu.

Bob deng mlynedd bydd y Llywodraeth yn adnewyddu hawl y B.B.C. i ddarlledu. Tan 1967 gan y B.B.C. yn unig yr oedd hawl i ddarlledu rhaglenni radio ym Mhrydain, a than 1952 roedd hyn yn wir am raglenni teledu hefyd, ond ym mis Gorffennaf 1954 y dechreuodd y cwmnïau teledu masnachol ar eu gwaith. Yn 1967 y cychwynnodd yr Orsaf Radio Lleol gyntaf, yng Nghaerlŷr: erbyn 1973 roedd ugain o orsafoedd tebyg yn darlledu, ac yn yr un flwyddyn rhoddwyd caniatâd i gwmni o Abertawe gychwyn menter tebyg yn yr ardal honno – y cyntaf o'i bath yng Nghymru. Dros gylch cyfyng bydd Gorsaf Radio Lleol yn darlledu, fel yr awgryma'r enw, gan roi naws yr ardal ar rai o leiaf o'r rhaglenni.

Erbyn 1970 roedd y B.B.C. yn cyflogi ymhell dros ugain mil, ac yn darlledu amrywiaeth fawr o raglenni radio a theledu am oriau helaeth bob dydd. Costiodd hyn i gyd yn agos i gan miliwn o bunnoedd yn 1970, a derbyniodd y B.B.C. y swm yma bron i gyd o gost y drwydded mae'n rhaid i bawb sy'n gwylied ac yn gwrando ei phrynu bob blwyddyn. Cynyddodd nifer y trwyddedau o flwyddyn i flwyddyn nes cyrraedd dros dair miliwn yn 1930, dros ddeuddeng miliwn yn 1950, a thros ddeunaw miliwn yn 1970. Un drwydded sydd ar gyfer radio a theledu; yn 1971 gwnaed i ffwrdd â'r drwydded ar gyfer radio yn unig.

Yn ogystal â rhaglenni mewn Saesneg a Chymraeg ar gyfer trigolion Prydain Fawr, mae'r B.B.C. yn darlledu rhaglenni mewn ieithoedd estron i wledydd tramor, a Llywodraeth Prydain sy'n talu am drefnu a throsglwyddo'r rhain.

Cychwynnodd gwasanaeth teledu'r B.B.C. yn 1936, o Balas Alexandra yn Llundain. Bu'n rhaid rhoi'r gorau iddo dros adeg y rhyfel, ond ail-agorodd y gwasanaeth du a gwyn yn 1946, ac yn 1967 dechreuwyd darlledu rhaglenni lliw.

Y tu mewn i fframwaith y B.B.C. mae Cymru'n rhanbarth cenedlaethol, ac iddi ei Chyngor Darlledu ei hun. Hwn sy'n penderfynu polisi B.B.C. Cymru ac i raddau gynnwys ei raglenni. Mae un broblem fawr yn ei wynebu'n barhaus nad yw'n poeni dim ar ranbarthau Lloegr, sef sut i wasanaethu gwlad ac iddi ddwy iaith – y broblem o ddarparu rhaglenni Cymraeg a Saesneg yn ogystal â phwyso a mesur anghenion Cymru gyfan. Dathlodd B.B.C. Cymru gwblhau hanner canrif o ddarlledu ym mis Chwefror 1973.

Yn Llandaf mae pencadlys B.B.C. Cymru: ceir is-ganolfan ym Mangor a stiwdios yn Aberystwyth, Abertawe, Hwlffordd a Wrecsam. (Gweler hefyd – DARLLEDU, TELEDU.)

(Mae llun stiwdio deledu ar y tudalen nesaf.)

Camerâu yn recordio rhifyn o'r ddrama-gyfres "Y Garej", mewn stiwdio deledu lle codwyd darn o ystafell fyw at y pwrpas. Charles Williams yw'r actor sydd â'i gefn at y camera pellaf: ef yw "perchennog y garej".

BECA

Pobl dlawd oedd gwerin cefn gwlad Cymru ym mlynyddoedd cynnar y 19 ganrif. Roedd gan ffermwyr siroedd y gorllewin yn arbennig nifer o achosion i gwyno: cynaeafau gwael cyfnod hir o flynyddoedd gwlyb, y prisiau isel a gâi'r ffermwyr am eu cynnyrch – gwartheg, ymenyn, defaid a gwlân – y degwm yr oedd yn rhaid ei dalu i'r Eglwys, rhenti a threthi'n codi yn ystod y rhyfel yn erbyn Ffrainc, galw mawr am ffermydd a'r tirfeddianwyr yn eu gosod i'r sawl a gynigiai'r rhenti uchaf, ac yn fwy na dim efallai y tollau roedd yn rhaid eu talu er mwyn teithio ar hyd y ffordd fawr.

Heddiw, cynghorau lleol sy'n gofalu am ein ffyrdd, ond y pryd hwnnw roedd y priffyrdd – y ffyrdd tyrpeg – dan ofal cwmnïau preifat, a bydden nhw'n gosod clwydi ar bob ffordd, weithiau o fewn milltir i'w gilydd, ac yn gorfodi'r ffermwyr i dalu toll cyn cael mynd trwy bob clwyd. Roedd yn rhaid i'r ffermwr ddefnyddio'r ffordd dyrpeg wrth gwrs i fynd i'r farchnad i brynu stoc a gwerthu ei gynnyrch ac i gario calch o odynau pell ar gyfer gwrteithio'r tir. Yr esgus dros godi tollau oedd bod angen yr arian i drwsio'r ffyrdd, ond yn rhy aml ychydig iawn a wnâi'r cwmnïau hyn i wella cyflwr gwael y rhan fwyaf o'r ffyrdd.

93

Erbyn canol haf 1839 roedd ffermwyr gorllewin Sir Gaerfyrddin wedi cael hen ddigon ar y gormes hwn ac ymosododd nifer ohonyn nhw ar glwyd Efailwen, ryw wyth milltir i'r gogledd-orllewin o'r Hendy Gwyn ar Daf, a'i thorri i fyny a llosgi tŷ ceidwad y glwyd. Dyma'r cyntaf o nifer fawr o ymosodiadau tebyg a wnaed yng ngorllewin Cymru yn ystod y pedair blynedd nesaf. Fel rheol byddai cant neu ddeucant neu fwy o ddynion gyda'i gilydd, yn gweithredu yn y nos, yn gwisgo dillad merched ac wedi pardduo'u hwynebau rhag i neb eu hadnabod.

Eu henw ar eu harweinydd oedd Beca (neu Rebecca): ŵyr neb i sicrwydd pam y dewiswyd yr enw hwn, na phwy mewn gwirionedd oedd Beca, nac yn wir ai un Beca oedd ynteu mwy nag un. Hwyrach bod sawl arweinydd a hwyrach hefyd fod rhywun arall yn trefnu'r gwaith. Gwisgai Beca wisg merch – gŵn gwyn fel rheol – a "gwallt" hir o rawn ceffyl dros ei hysgwyddau ac i lawr ei chefn, a galwai hithau aelodau'r cwmni yn "ferched" neu yn "blant" iddi. (Dywedir mai Thomas Rees – Twm Carnabwth – oedd yr arweinydd yn Efailwen.)

Fel rheol byddai Beca'n rhybuddio ceidwad y glwyd ymlaenllaw er mwyn iddo symud ei deulu a'i eiddo cyn iddi hi a'i phlant ddryllio'r glwyd a'r tŷ. Weithiau byddai'r ceidwad – neu rywun arall – yn adnabod rhai o'r cwmni ac yn rhoi'r wybodaeth i'r awdurdodau, a phan gâi hi wybod am hyn byddai Beca'n dial arno'n ddidrugaredd.

Ym mis Mehefin, 1843, ymosododd y cwmni ar Dloty Caerfyrddin – y "wyrcws" lle câi'r hen a'r methedig a'r di-waith eu hanfon i fyw dan arolygiaeth fanwl, bron na ellid ei alw'n gaethiwed. Roedd yn gas gan y Cymry'r sefydliad hwn, a theimlai Beca a'i dilynwyr eu bod yn cyflawni gwasanaeth cymdeithasol drwy geisio'i ddifodi.

Aeth hi ati hefyd i wella cyflwr y werin mewn cyfeiriadau eraill. Ysgrifennai at hwn a'r llall yn sôn am ryw gam a gyflawnodd – fel y ficer a gipiodd Feibl teulu o Ymneilltuwyr a wrthodai dalu'r degwm – ac am y gosb a ddodai hi a'i merched arno oni fyddai'n unioni'r cam ar fyrder. Pe ceisiai ffermwyr gael gafael ar fferm rhywun arall trwy gynnig talu rhent uwch nag ef, câi lythyr gan Beca yn ei rybuddio mai gwell fyddai iddo dynnu'i gynnig yn ôl – neu wynebu'r canlyniadau!

Byddai hefyd yn ymyrryd mewn materion personol iawn – yn dweud wrth hen ŵr o Lanfihangel-ar-Arth pwy roedd i'w cofio yn ei ewyllys, neu'n rhybuddio dau o Gastell Newydd Emlyn beth ddigwyddai iddyn nhw os na fydden nhw rhoi'r gorau i guro'u gwragedd!

Ond dinistrio tollbyrth oedd diddordeb pennaf Beca a'i "merched", ac erbyn diwedd 1843 roedd yn amlwg bod eu hymdrechion yn llwyddo. Penododd y Llywodraeth Gomisiwn i ystyried achosion yr helyntion. Yn eu hadroddiad awgrymodd y Comisiwn sut i wella sefyllfa'r ffyrdd yng Nghymru – trwy gael un "bwrdd"

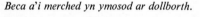

Beca a'i merched yn ymosod ar dollborth.

94

ymhob sir i ofalu amdanyn nhw (felny roedd hi wedi bod, yn wir, ym Mrycheiniog, lle ni fuasai helynt o gwbl), trwy godi'r un tollau ymhobman, a'r rheiny i fod yn llai nag o'r blaen, a chaniatáu o leiaf saith milltir o ffordd glir am un taliad. Bellach roedd arian y tollau i'w ddefnyddio ar gyfer gofalu am y ffyrdd.

Yn 1844 pasiwyd deddf i ddod â'r argymhellion hyn i rym, a newidiodd amgylchiadau'r bobl er gwell – diolch yn y pen draw i Beca a'i "merched" am iddyn nhw dynnu sylw'r Llywodraeth at gyflwr truenus gwerin cefn gwlad Cymru. (Gweler hefyd – DEGWM.)

BEDWEN

Coeden luniaidd yw'r fedwen a all dyfu i 60 neu 70 troedfedd. Mae sawl math i'w cael mewn llawer iawn o wahanol fannau – un rheswm am hyn yw bod y gwynt yn cario'r ffrwythau adeiniog dros bellteroedd mawr. Ond gallwn nabod y fedwen sy'n gyffredin ym Mhrydain (yn enwedig yng ngogledd yr Alban) wrth ei bonyn llyfn a'i rhisgl sy'n wyn neu o liw arian, a daw i ffwrdd yn hawdd yn haenau tenau.

Mae'r dail yn amrywio'u lliw yn ôl y tymor – lliw aur yn y gwanwyn, gwyrdd yn yr haf, a melyn yn yr hydref cyn iddyn nhw gwympo. Mae'r pren yn wyn a defnyddir ef i wneud argaen. Gwneir ysgubellau o'r brigau.

Roedd nifer o hen arferion ynglŷn â'r fedwen. Ar fore Calan Mai byddai pobl yn casglu blodau a brigau ar gyfer addurno'r tu allan i'w cartrefi i ddathlu'r ffaith fod yr haf, tymor y tyfu, wedi cyrraedd. Ym Maesyfed a rhai mannau eraill byddai'r trigolion yn defnyddio brigau'r fedwen i'r pwrpas hwn.

Arferiad arall ar Galan Mai, a hefyd ar Wyl Ifan tua chanol haf, oedd torri bedwen a'i chodi mewn man cyfleus, wedi'i haddurno â rhubanau, i bobl ddawnsio o'i chwmpas. Hon oedd y fedwen Fai neu bawl haf. Roedd hwn yn arferiad hen iawn: tua chanol y bedwaredd ganrif ar ddeg canodd y bardd Gruffudd ab Adda gywydd i "fedwen las anfadwallt" (hynny yw, â'i dail wedi crino) a dorrwyd i lawr ar gyfer dawnsio yn nhref Llanidloes.

Roedd y fedwen yn gysylltiedig â charu hefyd. Byddai gŵr ifanc yn cyflwyno brigyn o'r goeden hon i'w gariad: os byddai hi'n ei dderbyn, câi frigyn tebyg yn ôl ganddi, ond os oedd am ei wrthod anfonai hi gangen gollen iddo. Meddai Alun Mabon am ei gariad Menna Rhun:

"Rhoddais iddi gangen fedwen,
Gyrrodd imi gangen gollen;
Ond parhaf o hyd i'w hoffi
Pe bai'n gyrru amdo imi".

Ludwig van BEETHOVEN (1770–1827)

Mae'n anodd meddwl am gerddor yn cyflawni gwaith mwya'i fywyd ar ôl colli'i glyw yn llwyr, ond dyna fu hanes Ludwig van Beethoven. Fe'i ganed yn Bonn yn yr Almaen yn 1770. Y flwyddyn honno roedd Mozart yn 14 oed ac yn barod yn cyfansoddi ac yn rhoi cyngherddau ar hyd a lled y wlad, a dymuniad tad Ludwig oedd i'w fab yntau wneud yr un fath, ac ennill arian mawr iddo ef. Felly gwnaeth i'r bachgen ymarfer ar y piano a'r ffidil am oriau hir iawn.

Daeth Beethoven yn bianydd dawnus: yn 15 oed enillodd ganmoliaeth Mozart ei hun, a phan oedd yn 22 symudodd i Vienna er mwyn cael ei hyfforddi gan yr enwog Haydn. Roedd hefyd yn cyfansoddi'n brysur – erbyn cyrraedd 30 roedd wedi cyfansoddi naw sonata i biano, dau gonsierto i'r un offeryn, dwy symffoni, a nifer o weithiau eraill. Ond yn barod roedd yn dechrau colli ei glyw.

Yn hytrach na phlygu dan yr anffawd hwn, penderfynodd ei feistroli. Parhaodd i gyfansoddi ac i arwain ei weithiau, hyd yn oed ar ôl mynd yn hollol fyddar cyn cyrraedd deugain.

Roedd rhyw ffresni a gwreiddioldeb yn ei waith: torrai dir newydd yn barhaus, ac weithiau gwnâi beth chwyldroadol, fel pan ddaeth â chôr ac unawdwyr i mewn i'w Symffoni Gorawl – yr unig dro y sgrifennodd waith mawr i leisiau ar wahân i'w opera Fidelio. Cyfansoddodd ei symffonïau eraill ar gyfer cerddorfeydd mawr yn cynnwys offerynnau na sgrifennwyd ar eu cyfer erioed o'r blaen. Roedd newydd-deb yn y sonatâu a gyfansoddodd i'r piano, fel pe bai wedi darganfod dull newydd o drin yr offeryn hwnnw. Un o'i gampweithiau oedd yr Offeren yn D, un o'r ychydig gyfansoddiadau lle mae'n defnyddio geiriau cysegredig.

Mae llawer o'r gweithiau hyn yn mynegi'r boen a'r blinder a ddioddefodd y dyn unig, trist hwn, fel petai ei helbulon ei hun yn ei ysbrydoli i gyfansoddi. Dyn anfoesgar, byr ei dymer oedd, a daw ei gymeriad cryf, ystyfnig i'r golwg yn ei gerddoriaeth rymus. Yn ystod ei flynyddoedd mwyaf anhapus y lluniodd ei gyfansoddiadau gorau, a'r trasiedi mawr yw na chafodd yntau glywed nemor ddim ohonyn nhw.

Dywedai rhai o'i gyfoeswyr fod llawer o'i waith yn anodd ei ddeall, ond bellach caiff ei gydnabod yn un o'r cyfansoddwyr mwyaf a fu erioed. Bu farw yn Vienna yn 1827 yn 57 oed.

Y BEIBL

Nifer o lyfrau wedi'u casglu mewn un gyfrol yw'r Beibl, wedi'u rhannu'n ddau Destament, gyda thri deg naw o lyfrau yn yr Hen Destament a dau ddeg saith yn y Testament Newydd. (Mewn rhai Beiblau ceir adran ychwanegol – yr Apocryffa.)

Gyda'i gilydd mae'r ddau Destament yn adrodd stori dyfodiad Iesu o Nasareth i'r byd, ac mae Cristnogion – hynny yw, pawb sy'n credu mai'r Iesu hwnnw oedd mab Duw, y Meseia roedd Duw wedi addo'i anfon i achub y byd – yn credu mai astudio'r Beibl yw'r ffordd i ddod i adnabod Duw.

Yn yr Hen Destament cawn hanes y paratoi ar gyfer dyfodiad yr Iesu: yma mae hanes yr Iddewon, cenedl Israel, y genedl a ddewisodd Duw yn arbennig ar gyfer ei fab. Mae rhai o'r llyfrau'n adrodd stori gofal Duw dros yr Iddewon a'r gyfraith a roddodd iddyn nhw ei dilyn, eraill yn cynnwys caneuon o fawl iddo Ef, ac eraill eto yn sôn am y proffwydi – dynion doeth a fedrai ddeall sut roedd Duw yn cyflawni ei fwriad o baratoi'r byd ar gyfer ei fab, y Meseia, a ddeuai i arwain y byd yn ôl o ddrygioni i ddaioni.

Cawn hanes y Meseia hwnnw yn y Testament Newydd. Mae'r Efengylau'n sôn am ei eni, am ei waith yn dysgu, yn pregethu ac yn iacháu, am ei groeshoelio a'i atgyfodiad. Yna cawn hanes ei esgyniad i'r nef, a'r hyn a wnaeth rhai o'i ddilynwyr i gario'i waith ymlaen yn y byd. Sefydlwyd ei Eglwys ar y ddaear ac mae'r Testament Newydd wedi cadw nifer o'r llythyrau o gyngor a sgrifennodd rhai o'r apostolion at ganghennau newydd yr Eglwys honno yn eu calonogi a'u hannog i lynu at ddysgeidiaeth yr Iesu – llythyrau a fu'n gymorth i Gristnogion ar hyd yr oesoedd.

Cyfansoddwyd llyfrau'r Hen Destament fesul dipyn dros gyfnod hir – y mil blynyddoedd efallai cyn geni'r Iesu – yn Hebraeg yn gyntaf ac yna'u cyfieithu i Roeg, a'u gosod at ei gilydd gan yr Iddewon fel casgliad o'u llenyddiaeth sanctaidd. Mae'n debyg mai rhwng 50 a 100 O.C. y sgrifennwyd llyfrau'r Testament Newydd yn yr iaith Roeg, ac yn ystod y ddwy ganrif nesaf, wrth i'r Eglwys ymledu, aeth rhai ati i gyfieithu'r Hen a'r Newydd i Ladin gan mai hon oedd iaith swyddogol y gwasanaethau. Y cyfieithiad Lladin enwocaf oedd hwnnw a wnaeth Sant Jerome dros gyfnod o bum mlynedd ar hugain ar ddiwedd y bedwaredd ganrif a dechrau'r bumed. Offeiriaid ac ysgolheigion yn unig fedrai ddarllen Lladin ac ni fedrai'r bobl gyffredin ddarllen na deall gair o'r Beibl yn yr iaith honno.

Yn Lloegr gwnaeth amryw fersiynau Saesneg o rannau o'r Beibl, yn eu plith dau fynach, Caedmon a Bede, tua diwedd y seithfed ganrif, a'r Brenin Alfred ryw ganrif yn ddiweddarach, ac erbyn y Canol Oesoedd roedd galw mawr am Feibl y medrai pawb ei ddarllen. Tua 1382 gwnaeth offeiriad, John Wycliffe, gyfieithiad Saesneg o'r Beibl cyfan gyda chymorth rhai o'i ddilynwyr. Doedd neb eto wedi darganfod sut i argraffu llyfrau, ac felly copïwyd y cyfieithiadau hyn mewn llawysgrif. Ni chytunai'r Eglwys mai rhywbeth i'w ddarllen gan bawb oedd y Beibl, ac ar orchymyn Archesgob Caergaint llosgwyd pob copi o Feibl Wycliffe y llwyddodd awdurdodau'r Eglwys i gael gafael arno.

Ond ni phallodd y galw, a phan benderfynodd sgolor arall, William Tyndale, yn 1523 wneud cyfieithiad Saesneg newydd, aeth i'r Almaen i weithio er mwyn osgoi cael ei erlid. Erbyn hyn roedd yn bosibl argraffu llyfrau, miloedd ar y tro, ac felly y cynhyrchwyd copïau o gyfieithiad gwych Tyndale a'u smyglo i Loegr a'u gwerthu yno yn y dirgel. Yn 1535 daliwyd Tyndale a'i losgi wrth y stanc am feiddio anwybyddu gorchmynion yr Archesgob. Ei eiriau olaf cyn marw oedd "Arglwydd, agor lygaid Brenin Lloegr", ac atebwyd ei weddi ddwy flynedd yn ddiweddarach pan orchmynnodd y Brenin Harri'r Wythfed fod copi o'r Beibl yn Saesneg i'w osod ymhob eglwys yn y deyrnas.

Erbyn dechrau'r ail ganrif ar bymtheg roedd gwahanol gyfieithiadau Saesneg o'r Beibl ar gael, a gorchmynnodd y Brenin Iago'r Cyntaf i ysgolheigion gorau Lloegr lunio "fersiwn awdurdodedig"- a alwyd felly am fod y Brenin wedi'i awdurdodi – a gorffennwyd y gwaith yn 1611. Erbyn heddiw, er mai hwn yw'r cyfieithiad swyddogol, mae nifer o fersiynau Saesneg eraill i'w cael a luniwyd gan rai a gredai y gallen nhw wella ar gyfieithiad 1611 neu wneud y Saesneg yn haws ei ddarllen a'i ddeall.

Bellach hefyd cyfieithwyd y Beibl, neu rannau helaeth ohono, i gannoedd ar gannoedd o ieithoedd eraill, fel bod pobl led-led y byd yn gallu ei ddarllen yn eu hiaith eu hunain.

Roedd darnau o'r Ysgrythyrau wedi'u cyfieithu i'r Gymraeg hefyd yn gynnar iawn. Mae rhai i'w cael mewn gwaith o'r enw *Y Bibl yng Nghymraeg*, ac eraill mewn llyfr a sgrifennodd meudwy dienw o Landdewibrefi yn 1346. Ond William Salesbury biau'r clod am weld angen Cymru am Feibl cyflawn yn Gymraeg. Am flynyddoedd ceisiodd ennyn diddordeb pobl eraill yn y fenter, ac yn 1551 cyhoeddodd gasgliad o lithoedd yn Gymraeg, yn dwyn y teitl *Kynniver llith a ban*, ar gyfer eu darllen yn yr eglwysi. Diolch i'w ddycnwch ef, pasiwyd deddf yn 1563 yn gorchymyn i'r esgobion drefnu i gael cyfieithiad Cymraeg o'r Beibl, a bod copi ohono i'w osod ymhob eglwys yng Nghymru erbyn y cyntaf o Fawrth 1566. Ond roedd yr amser yn rhy fyr: cyhoeddwyd y Testament Newydd yn Gymraeg yn 1567, ond bu'n rhaid aros am ugain mlynedd arall am gyfieithiad Cymraeg o'r Beibl cyfan – gan William Morgan y cyflawnwyd y gwaith hwnnw a chyhoeddwyd *Y Beibl Cyssegrlan* yn 1588.

Doedd y cyfieithiad hwn ddim yn berffaith a chafwyd fersiwn arall yn 1620, ond cyfrolau mawr oedd y Beiblau hyn i gyd, wedi'u sicrhau â chadwyni yn yr Eglwysi i'w defnyddio yn y gwasanaethau yn unig. Yn 1630 cyhoeddwyd, am y tro cyntaf, gyfrol fechan hwylus i bawb ei phrynu a'i darllen. Am y gyfrol hon y sgrifennodd y Ficer Prichard:
"Mae'r beibl bach yn awr yn gyson
Yn iaith dy fam i'w gael er coron;
Gwerth dy grys cyn bod heb hwnnw,
Mae'n well na thre dy dad i'th gadw".

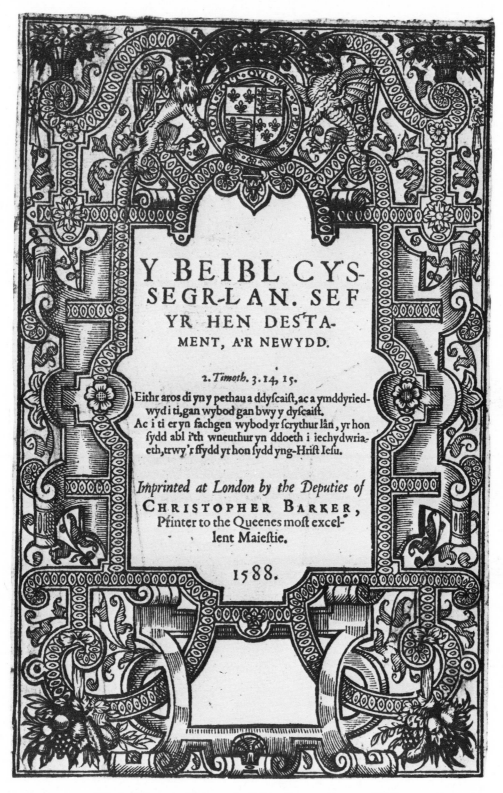

Y BEIBL CYS-
SEGR-LAN. SEF
YR HEN DESTA-
MENT, A'R NEWYDD.

2. *Timoth.* 3. 14, 15.

Eithr aros di yn y pethau a ddyſcaiſt, ac a ymddyried-
wyd i ti, gan wybod gan bwy y dyſcaiſt.
Ac i ti er yn fachgen wybod yr ſcrythur lân, yr hon
ſydd abl i'th wneuthur yn ddoeth i iechydwria-
eth, trwy'r ffydd yr hon ſydd yng-Hriſt Ieſu.

Imprinted at London by the Deputies of
CHRISTOPHER BARKER,
Printer to the Queenes moſt excel-
lent Maieſtie.

1588.

Wyneb-ddalen argraffiad cyntaf y Beibl cyflawn yn Gymraeg (1588).

Cafodd y Beibl Cymraeg ddylanwad mawr iawn ar fywyd cenedl y Cymry. Yn ystod y pedair canrif ddiwethaf sgrifennwyd toreth o lenyddiaeth grefyddol y gallwn ei chysylltu â'r Beibl, gan gynnwys llu o emynau sy'n llawn o ymadroddion a thermau a darddodd yn syth o gyfieithiad William Morgan. (Gweler hefyd – APOCRYFFA, CHARLES O'R BALA, CRISTNOGAETH, YR EGLWYS GRISTNOGOL, IDDEWON, IESU GRIST, GRIFFITH JONES, WILLIAM MORGAN, WILLIAM SALESBURY, LLYFR Y SALMAU, SGROLIAU'R MÔR MARW, PETER WILLIAMS, JOHN WYCLIFFE.)

BEISIGL

Ar wahân i'r ffaith fod iddo ddwy olwyn a ffrâm, roedd y beisigl cyntaf yn annhebyg iawn i'r beic modern. Doedd dim cadwyn arno, na phedalau: eisteddai'r marchog ag un goes o bobtu'r ffrâm, ond cadwai ei draed ar y ddaear a symudai ymlaen drwy frasgamu'n gyflym â'i ddeudroed bob yn ail. Dyfeisiwyd beisigl o'r fath yn gynnar yn y 19 ganrif, ac aeth hanner can mlynedd heibio cyn i Ffrancwr osod pedalau ar yr olwyn flaen – byddai'r olwyn honno'n troi a'r cyfan yn symud ymlaen wrth i'r marchog bedlo – a pho fwyaf yr olwyn flaen, cyflymaf y gallai deithio. Ond doedd hi ddim yn hawdd dringo ar y beisigl hwn, na'i farchogaeth.

"Hen feic peni-ffardding".
Sylwn ar faint yr olwyn flaen.

Yn saithdegau'r 19 ganrif gosodwyd dau bedal ar olwyn ddanheddog ar ganol y ffrâm, a chadwyn ddi-dor o'r olwyn honno i ganol yr olwyn ôl. Dyma welliant mawr, ac roedd y beisigl yma'n fwy diogel nag unrhyw un a fu o'r blaen. Ond doedd e ddim yn gyffordddus iawn am mai teiars soled, caled oedd arno tan 1888, pryd y dyfeisiodd Dr. Dunlop y teiar niwmatig, llawn o aer.

Yna trefnwyd bwlyn yr olwyn ôl fel nad oedd angen i'r marchog bedlo o hyd: gallai orffwys ar yr "olwyn rydd" wrth i'r beic redeg ar oriwaered. Gwelliant arall oedd trefnu ei fod yn gallu newid gêr, gan ei wneud yn haws iddo fynd i fyny rhiw.

Dyfeisiwyd beic i ddau, yn eistedd ochr yn ochr, ac i bedwar y tu ôl i'w gilydd, ond fu'r rhain ddim yn boblogaidd iawn, er y gwelwn heddiw ambell feic i ddau, un y tu ôl i'r llall – *tandem* fel y'i gelwir.

Gwnaed y brêcs yn fwy effeithiol a'r ffrâm yn ysgafnach. Ar feic rasio mae'r marchog yn eistedd â'i ben i lawr yn agos at y corn llywio, gan edrych fel petai am "geisio â'i droed gosi'i drwyn"!

Arhosodd y ddwy olwyn yr un maint am flynyddoedd, tua 26 modfedd o drawsfesur, ond yn 1962 dyfeisiodd peiriannydd o Sais olwynion llawer llai a theiars trwchus, a daeth y rhain yn boblogaidd iawn.

Alexander Graham BELL (1847–1922)

Ganwyd y gwyddonydd hwn yn yr Alban, yng Nghaeredin, a chafodd ei addysg yn y Brifysgol yno ac ym Mhrifysgol Llundain. Roedd ei dad yn athro, yn ceisio dysgu pobl fud a byddar i siarad.

Aeth y teulu i Ontario, Canada, yn 1870, a chychwynnodd Bell ysgol yno ar gyfer athrawon pobl fyddar. Cyn bo hir fe'i gwnaed yn athro ym Mhrifysgol Boston lle bu'n astudio'r gelfyddyd o lefaru. Arbrofai'n gyson, yn enwedig â dulliau o ddanfon swn ar hyd gwifrau, a gyda chymorth trydanwr medrus, Thomas Watson, dyfeisiodd y teliffon cyntaf yn 1874.

Trefnodd fod swn yn taro ar ddiaffram (haenen denau, tenau o fetel) ar un pen i wifren, a gwnaeth iddo grynu, a chafodd ei fod yn creu yr un swn y pen arall i'r lein. Y frawddeg gyfan gyntaf a lefarwyd erioed ar y ffôn oedd, "Mr. Watson, come here: I want you" – llais Bell yn galw ar y trydanwr o ystafell arall.

Tan ddiwedd ei oes bu'n ddiwyd yn arbrofi ac yn dyfeisio – ond y ffôn oedd ei ddyfais fwyaf llwyddiannus. Pan fu farw, cadwyd pob teliffon yng Ngogledd America yn ddistaw am ysbaid o funud, o barch i Alexander Graham Bell. (Gweler hefyd – TELIFFON.)

BENDIGEIDFRAN

Yn ôl ail gainc y Mabinogi, Brenin Ynys Prydain oedd Bendigeidfran – cawr o ddyn a chanddo lys yn Harlech a phrif lys yn Aberffraw. Priododd Matholwch, Brenin Iwerddon, â Branwen, chwaer Bendigeidfran, ond ar ôl dychwelyd i'w lys yn Iwerddon gorchmynnodd ei chosbi am fod ei hanner-brawd hi, Efnisien, wedi dwyn sarhad arno pan oedd ym Mhrydain.

Pan glywodd Bendigeidfran am hyn, aeth â byddin draw i Iwerddon i ddial ar Fatholwch. Bu ymladd caled, dinistriwyd byddinoedd y ddau frenin a saethwyd Bendigeidfran yn ei droed â gwaywffon wenwynig. Gorchmynnodd yntau i'r ychydig o'i ddilynwyr a oedd ar ôl dorri ei ben i ffwrdd, a chario'r pen i Lundain i'w gladdu yno yn y Gwynfryn. Credai pobl yn y dyddiau hynny na lwyddai gelynion i oresgyn y wlad tra byddai pen y brenin wedi'i gladdu. (Gweler hefyd – Y MABINOGI.)

BERLIN

Hyd at ddiwedd yr Ail Ryfel Byd, Berlin oedd prifddinas yr Almaen, ac un o ddinasoedd mwyaf Ewrop. Roedd yn ganolfan fasnachol sylweddol iawn, gyda'i diwydiannau pwysig yn cynhyrchu peiriannau, cemegau, brethynnau, papur, cwrw a bwydydd. Roedd yn ddinas hardd, ac iddi nifer o adeiladau braf iawn.

Yn ystod y Rhyfel bomiwyd a dinistriwyd rhannau helaeth o'r ddinas nes ei bod mewn cyflwr truenus erbyn 1945. Y pryd hwnnw, ar derfyn y Rhyfel, rhannwyd yr Almaen yn bedair rhan, dan arolygaeth Prydain, Ffrainc, yr Unol Daleithiau a Rwsia, a rhannwyd Berlin yr un fath. Yn 1948 gwahanwyd rhanbarth y Rwsiaidd yn y dwyrain oddi wrth y tri arall yn y gorllewin a chreu dwy werin-lywodraeth. Safai Berlin yn y rhanbarth Rwsiaidd a rhannwyd hi yn yr un modd, ac felly mae Gorllewin Berlin bellach wedi'i lleoli ynghanol y Werin-lywodraeth Gomiwnyddol er ei bod yn perthyn i Orllewin yr Almaen, y Werin-lywodraeth Ffederal, sydd dros gan milltir i ffwrdd.

Carai'r Rwsiaid reoli'r ddinas i gyd, ond ofer fu eu hymdrechion i uno'r ddwy ran, hyd yn oed pan rwystrwyd trafnidiaeth ar y rheilffyrdd, y priffyrdd, yr afonydd a'r camlesi rhag cario nwyddau yno

o'r gorllewin yn 1948. Parhaodd y gwarchae hwn am tua blwyddyn, ond llwyddodd awyrluoedd Prydain a'r Unol Daleithiau i hedfan bwyd i mewn, a glo a defnyddiau crai i'r ffatrïoedd, ac felly ddiwallu cymaint ar anghenion trigolion Gorllewin Berlin nes i'r Rwsiaid roi'r gorau i'r ymdrech i'w gorfodi i gytuno â'u gofynion.

Yn 1961 cododd y Rwsiaid wal uchel ar draws y ddinas i rwystro trigolion eu rhanbarth hwy rhag ffoi i'r Gorllewin: mae'n debyg fod dros ddwy filiwn wedi gwneud hynny'n barod. Felly, mae Berlin yn wir yn ddinas ranedig, ond mae'r sefyllfa wedi gwella llawer er mis Mehefin 1972 pryd – ar ôl trafodaethau maith – yr arwyddwyd cytundebau gan arweinwyr Dwyrain a Gorllewin yr Almaen a fyddai'n caniatáu, ymhlith pethau eraill, i bobl deithio'n rhydd rhwng un rhanbarth a'r llall am y tro cyntaf ers 1948. Agorwyd o'r newydd ffyrdd a rheilffyrdd yn ninas Berlin – er bod y mur yno o hyd – ac mewn mannau eraill ar draws y ffin i hwyluso'r drafnidiaeth. (Gweler hefyd – YR ALMAEN.)

Rhan o ddinas Berlin.
Gwelwn y wal sy'n rhannu Berlin yng ngwaelod y llun. Tu draw i'r wal mae Porth Brandenburg, sydd yn Nwyrain Berlin.

BETYS

Mae gwahanol fathau o'r llysieuyn hwn i'w cael. Hwyrach mai'r pwysicaf yw'r betys siwgr, ac iddyn nhw wreiddiau gwyn, tebyg i wreiddiau panas. Anfonir y gwreiddiau i'r ffatri lle caiff y sudd ei wasgu allan a'i ferwi i gynhyrchu siwgr. Defnyddir y gweddillion, y mwydion, i wneud bwyd i wartheg, a hwythau hefyd sy'n cael y dail. Tyfir llawer iawn o'r planhigyn hwn ym Mhrydain, gan mwyaf yn Nwyrain Lloegr lle mae iddo amodau ffafriol – tir bras, haul a digonedd o law.

Bydd garddwyr yn tyfu betys ac iddyn nhw wreiddiau coch tywyll neu liw oren sy'n flasus i'w bwyta mewn salad ar ôl eu berwi. Tyfir math arall, betys sbinais, ar gyfer eu dail sydd hefyd yn dda i'w bwyta. Bydd ffermwyr yn tyfu mangls – llysiau eraill o deulu'r betys – i fwydo gwartheg a defaid yn ystod y gaeaf. (Gweler hefyd – SIWGR.)

BETHLEHEM

Pentref tua phum milltir i'r deau o Jerwsalem, sy'n enwog led-led y byd fel y man lle ganwyd y baban Iesu. Mil o flynyddoedd cyn hynny roedd Boas yn dirfeddiannwr cefnog yn yr ardal, ac yno y ganwyd ei or-ŵyr, Dafydd, a ddaeth yn frenin ar Israel.

Ers canrifoedd lawer mae Cristnogion wedi ymweld â Bethlehem i weld yr Eglwys a godwyd yn y man lle, yn ôl yr hanes, y safai llety'r anifail lle ganwyd yr Iesu, ac i gerdded y llechweddau lle bu'r bugeiliaid "yn gwylied eu praidd liw nos".

Yn ystod y ganrif hon mae wedi newid dwylo sawl gwaith. Roedd ym meddiant Twrci tan 1917, yna gofalai Prydain am Balesteina i gyd tan 1948. Y flwyddyn honno sefydlwyd gwlad Israel, ond ymosodwyd arni hi ar unwaith gan ei chymdogion Arabaidd a meddiannwyd Bethlehem. Fe'i cymerwyd eto gan Israel yn 1967 yn ystod y "Rhyfel Chwe Diwrnod". (Gweler hefyd – ISRAEL, JERWSALEM.)

BEUNO

Sant oedd Beuno a sefydlodd nifer o eglwysi yng ngogledd Cymru – ac un yn y de. Does dim sicrwydd am fan ei eni tua'r flwyddyn 570, ond mae'n debyg mai yn ardal Caerwent yn neheudir Mynwy y cafodd ei addysg gynnar.

Symudodd y teulu i ddyffryn Olchon, yn ne-orllewin Swydd Henffordd, ac am ugain mlynedd bu Beuno'n byw yn yr ardal lle saif Llanfeuno heddiw. Sefydlodd eglwys yno sy'n dwyn ei enw byth.

Tua'r flwyddyn 600 symudodd tua'r gogledd, i Aberriw ym Maldwyn. Heb fod ymhell oddi yno mae Maen Beuno yn sefyll o hyd, gerllaw'r ffordd o'r Trallwng i'r Drenewydd, yn dynodi man lle pregethodd Beuno i'r bobl. Sefydlodd eglwys yn Aberriw, ac ym Metws Cedewain ar lan Afon Hafren, ond nid arhosodd yn yr ardal hon yn hir iawn. Symudodd nesaf i Wyddelwern yn nwyrain Meirionnydd, ac mae ei enw o hyd ar yr eglwys yno ac ar un arall a sefydlodd yn Llanycil ar lan Llyn y Bala. Mae'r enw hefyd ar ffynnon gerllaw Gwyddelwern ac ar ffynnon arall ym Metws Gwerful Goch. Sefydlodd Beuno eglwysi yng ngogledd-ddwyrain Cymru hefyd, ac mae ffynhonnau sanctaidd yn dwyn ei enw yn Nhremeirchion ac yn Nhreffynnon.

Nith iddo oedd Gwenffrewi: cyflawnodd Beuno wyrth arni pan dorrodd llanc ei phen i ffwrdd â'i gleddyf. Gweddïodd ar i'r ferch gael ei hadfer ac atebwyd ei weddi. Tarddodd ffynnon yn y fan lle syrthiodd ei phen, a dyna gychwyn hynodrwydd pentref Treffynnon ac ystyr enw'r lle. Mae darn o dir ger y pentref yn dal i arddel yr enw Gerddi Beuno.

Tua'r flwyddyn 630 symudodd Beuno i Wynedd. Cynigiodd brenin y wlad ddarn o dir iddo godi eglwys arno, yng Ngwredog lle mae Waunfawr heddiw – mae Afon Beuno a Glan Beuno yn yr ardal o hyd. Ond pan sylweddolodd Beuno fod y brenin wedi dwyn y tir, melltithiodd ef ac aeth i ffwrdd oddi yno. Cafodd gynnig darn o dir yng Nghlynnog, gan gefnder y brenin, a chododd eglwys yno, mewn llecyn hyfryd ar arfordir gogleddol Arfon. Mewn gwirionedd, math o fynachlog oedd, a bu Beuno a'i ddilynwyr – ei "glas" – yn byw yno gyda'i gilydd, yn fawr eu dylanwad dros gylch eang.

Codwyd nifer o eglwysi yng Ngwynedd, rhai'n dwyn enw'r sant ei hun fel eglwysi Pistyll a Botwnnog yn Llŷn ac Aberffraw a Threfdraeth ym Môn. Enwau rhai o'i ddisgyblion sydd ar eglwysi eraill yn y rhannau hynny o'r wlad – Aelhaearn, Twrog, Ceidio, Cwyfan ac Edern.

Dydy hi ddim yn rhyfedd fod Beuno'n cael ei alw'n nawddsant gogledd Cymru. Mae braslun byr o'i hanes yn *Llyfr Ancr Llanddewi Brefi* a sgrifennwyd tua chanol y bedwaredd ganrif ar ddeg. Bu farw tua'r flwyddyn 642. (Gweler hefyd – GWENFFREWI, SEINTIAU.)

BILI-DOWCAR

Dyma enw arall ar y fulfran neu'r forfran, aderyn mawr plu tywyll a welwn weithiau yn sefyll ar graig ar lan y môr, ei adenydd ar led fel pe bai'n ceisio'u sychu. Hwn yw'r unig aderyn a chanddo draed gweog nad ydy'n cynhyrchu olew i gadw dŵr rhag glynu yn ei blu – ac felly mae'n gofalu eu sychu bob tro y daw i'r lan.

Bydd y bili-dowcar yn adeiladu nyth mawr o wymon, gwellt, coesau planhigion a darnau o goed, ac yno bydd yr iâr yn dodwy tri neu bedwar neu bump o wyau glas golau – ond bod haen o galch ar bob wy bron â chuddio'i liw. Bydd y rhain yn deor ymhen rhyw fis, ac ymhen deufis wedyn, yn yr hydref, i ffwrdd â'r cywion i'r môr gan adael y rhieni ar ôl – byddan nhw'n aros yn yr unfan ar hyd y flwyddyn.

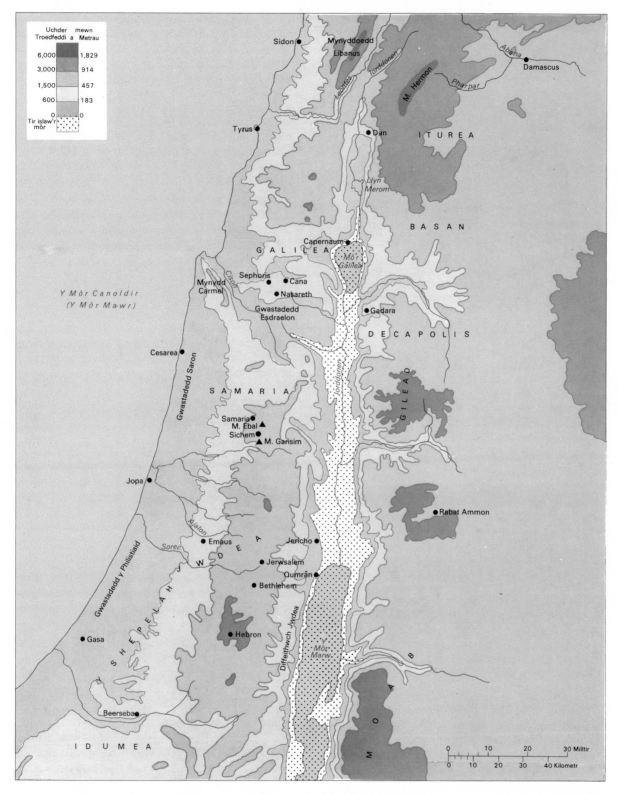

Scale legend:
Uchder mewn
Troedfeddi a Metrau
6,000 — 1,829
3,000 — 914
1,500 — 457
600 — 183
0 — 0
Tir islaw'r môr

Sidon
Mynyddoedd Libanus
Damascus
Tyrus
Dan
ITUREA
M. Hermon
Abana
Pharpar
Leontes
Iorddonen
Llyn Merom
BASAN
Capernaum
GALILEA
Môr Galilea
Mynydd Carmel
Cison
Sephoris
Cana
Nasareth
Gadara
DECAPOLIS
Gwastadedd Esdraelon
Y Môr Canoldir (Y Môr Mawr)
Cesarea
Gwastadedd Saron
SAMARIA
GILEAD
Iorddonen
Samaria
M. Ebal
Sichem
M. Garisim
Jopa
Rabat Ammon
Ajalon
Sorec
Emaus
JWDEA
Jericho
Jerwsalem
Qumrân
Bethlehem
Gwastadedd y Philistiaid
SHEPELAH
Diffeithwch Jwdea
Hebron
Y Môr Marw
Gasa
MOAB
Beerseba
IDUMEA

30 Milltir
40 Kilometr

Palesteina—Gwlad yr Iesu

Bili-dowcar yn sychu'i adenydd

Pysgotwr barus yw'r bili-dowcar, a all fwyta mwy na'i bwysau ei hun mewn diwrnod. Bydd yn nofio'n isel dan wyneb y dŵr, heb ddim ond ei ben a'i wddf hir yn y golwg. Yna'n sydyn mae'n deifio o'r fan honno i chwilio am bysgod. Gall aros dan y dŵr am funudau ar eu hyd, yn nofio'n gryf iawn, ei adenydd wedi'u plygu'n glos at ei gorff, gan ddefnyddio'i draed mawr gweog i'w wthio ymlaen.

Mae'n codi i'r wyneb ymhell o'r fan lle diflannodd, ac yn deifio drachefn a thrachefn nes bydd ei grombil yn llawn, ac yna'n codi'n llwythog o'r dŵr ac yn hedfan yn isel yn ôl i'w nyth. Yno bydd y cywion yn pigo'n ddiamynedd yn ei ylfin nes peri iddo daflu bwyd i fyny ar eu cyfer.

Bydd pysgotwyr China a Japan yn hyfforddi'r adar hyn i ddal pysgod drostynt gan osod coler am wddf yr aderyn i rwystro iddo lyncu'r pysgod mae'n eu dal. Wedi rhwymo'r bili-dowcar wrth dennyn, gall y pysgotwr ei dynnu'n ôl i'r cwch a chasglu'r pysgodyn o'i big cyn ei anfon yn ôl i ddal rhagor.

Aderyn tebyg iawn i'r bili-dowcar yw'r fulfran werdd; mae hi ychydig yn llai na'i pherthynas, a gallwn ei nabod wrth y crib o blu sy'n tyfu ar ei phen yn y gwanwyn a'r haf. Fel yr awgryma'i henw, mae gwawr werdd ar ei phlu brown tywyll.

BIOLEG

Ers oesoedd lawer mae dyn wedi ceisio gwybod mwy amdano'i hun ac am bopeth sydd o'i gwmpas. Deallodd yn gynnar iawn fod rhai pethau yn y cread yn fyw ac eraill yn hollol ddifywyd. Bioleg yw'r adran o wyddoniaeth sy'n ymwneud â phethau byw, o'r amiba lleiaf hyd at ddyn ei hun, ac o'r planhigion mwyaf bitw at y goeden fwyaf i gyd – a biolegwyr yw'r dynion sy'n astudio pethau byw o'r fath.

Mae dwy brif gangen i fioleg: sŵoleg sy'n ymdrin ag anifeiliaid, a llysieueg sy'n ymdrin â phlanhigion. Bydd dyn sy'n astudio creadur neu lysieuyn arbennig am ddarganfod sut mae wedi'i osod at ei gilydd, pa wahanol rannau sydd ynddo a beth yw pwrpas a gwaith pob un ohonyn nhw, sut mae'n cadw'n fyw, pa elynion sydd ganddo a sut mae'n ei amddiffyn ei hun rhagddyn nhw. Wrth ymhel â'r cwestiynau hyn mae dyn yn astudio bioleg. (Gweler hefyd – LLYSIEUEG, SŴOLEG.)

BISGEDI

A barnu wrth y nifer anferth sy'n cael eu bwyta, daeth bisgedi'n rhan hanfodol o'n hymborth. Mae llawer iawn o fathau gwahanol i'w cael, y rhan fwyaf yn felys – rhai â chnau neu ffrwythau bychain (megis cwrens neu syltanas) ynddyn nhw, rhai â haen o siocled neu "hufen" yn y canol, a rhai eto wedi'u gorchuddio ag eisin neu siocled. Mae mathau eraill heb eu melysu, yn fwy plaen, ar gyfer eu bwyta gyda chaws neu fenyn.

Sylfaen y rhan fwyaf o fisgedi yw pastai o flawd a llaeth neu ddŵr, a bydd y pobydd yn ychwanegu cynhwysion eraill fel y bo'r angen – menyn, wyau, halen, sinsir a mathau eraill o sbeis, mêl, ceirch, cnau, siwgr, caws neu siocled – i roi blas arbennig ar bob math gwahanol.

Daw'r enw "bisged" o ddau air Ffrangeg, *bis cuit*, sy'n golygu "wedi'i bobi ddwywaith": math o fara oedd y bisgedi gwreiddiol a fyddai'n cael eu pobi felly er mwyn eu cadw rhag pydru fel y gallai morwyr a milwyr a theithwyr eu bwyta wythnosau ar ôl eu gwneud. Roedd y rhain mor galed nes bod angen morthwyl i'w torri!

Heddiw bydd peiriannau'n cymysgu'r cynhwysion ac yn torri'r toes i'r siâp pwrpasol. Yna bydd y bisgedi'n cael eu cludo drwy ffwrn hir, ac erbyn iddyn nhw gyrraedd y pen arall byddan nhw wedi'u pobi ac yn barod i'w pacio.

(Mae llun y tu mewn i ffatri-wneud-bisgedi ar y tudalen nesaf.)

BLAENAU FFESTINIOG

Hon yw'r dref fwyaf ym Meirionnydd, wedi'i lleoli tu mewn i gylch o fynyddoedd – y Moelwyn, y Druman a'r Manod – yng ngogledd eithaf y dosbarth. Mae'n enwog am ei chwareli llechi.

Mewn rhai mannau, fel yn Llanberis, mae chwareli llechi wedi'u torri'n gyfres o lefelau neu "fonciau" ar ochr bryn neu fynydd. Ym Mlaenau Ffestiniog, ar y llaw arall, mae'r gweithfeydd i mewn yn y mynyddoedd, lle cafwyd siambrau anferth, a disgynfeydd ar oledd serth i'w cyrraedd o'r awyr agored. Torrwyd a holltwyd miloedd ar filoedd o dunelli o lechi ar gyfer adeiladu, palmantu a ffensio, ond bellach peidiodd y galw i raddau helaeth a daeth tro ar fyd i'r Blaenau, gyda llai o chwarelwyr a mwy o ddi-waith.

Bisgedi o haenau tenau o bastai wedi'u gorchuddio â siocled, yn barod i'w pacio, mewn ffatri ym Merthyr Tudful.

Er pan agorwyd y chwareli cyntaf yn y Blaenau tua chanol y ddeunawfed ganrif, rhaid oedd cario'r llechi gorffenedig mewn basgedi ar gefnau ceffylau neu mewn troliau i lawr at lannau afon Dwyryd islaw Tanybwlch, taith o ryw saith milltir, a'u cludo o'r fan honno mewn cychod fflat i borthladd Porthmadog, yn barod i'w cario oddi yno dros y byd mewn llongau hwylio. Dyna'r drefn tan 1836, pryd yr agorwyd rheilffordd o led cul o'r Blaenau i'r Port. Arni byddai'r gwagenni llawn yn rhedeg i lawr wrth eu pwysau eu hunain, gyda cheffylau'n teithio mewn gwagenni arbennig er mwyn tynnu'r trên gwag i fyny nôl. Yn 1863 daeth yr injan stêm cyntaf i'r lein fach, ac yn fuan wedyn dechreuwyd cludo teithwyr yn ogystal â llwythi o lechi. Am dri chwarter canrif cychwynnodd llechi chwareli'r Blaenau ar eu taith i bob rhan o'r byd ar y lein fach hon, hyd nes iddi gael ei chau ar ddechrau Awst 1946.

Ym mis Gorffennaf 1955 fe ail-agorwyd y lein, nid i gario llechi mwyach ond ymwelwyr. Atgyweiriwyd y stoc a thrwsiwyd a glanhawyd y lein ei hun a'i hagor fesul tipyn, ac erbyn 1973 roedd ar agor cyn belled â stesion y Dduallt, a'r bwriad oedd y byddai ryw ddiwrnod yn rhedeg eto cyn belled â'r Blaenau. Mae "lein fach Stiniog" yn atyniad i filoedd o dwristiad bob blwyddyn: yn ystod 1971 teithiodd tua 366,000 o ymwelwyr arni.

Atyniad arall yn yr ardal yw cynllun dŵr-trydan Tanygrisiau. I fyny ar fynydd y Moelwyn Bach mae Llyn Stwlan lle codwyd argae mawr ar gyfer cronni dŵr. Yn ystod y dydd mae'r dŵr o'r gronfa uchaf hon yn disgyn drwy dwneli a gloddiwyd yn y graig hyd at bwerdy trydan, tua milltir yn is i lawr ar lan Llyn Tanygrisiau. Ar ôl pasio drwy beiriannau'r pwerdy sy'n cynhyrchu trydan, bydd y dŵr yn rhedeg allan i'r llyn isaf hwn ac yna'n cael ei bwmpio nôl i gronfa Llyn Stwlan yn ystod y nos, yn barod i'w ddefnyddio eto drannoeth at wneud trydan.

Mae bellach atyniad arall yn y Blaenau ei hun. Yn 1972 agorwyd rhai o siambrau Chwarel y Llechwedd i'r cyhoedd, a gall ymwelwyr deithio'n gysurus ar hyd tramffordd a gariai lechi a gweithwyr gynt, drwy'r hen weithfeydd nes cyrraedd rhai o'r "ogofeydd" anferth a gloddiwyd allan o grombil y mynydd wrth weithio'r llechi. Ceisiwyd ail-greu'r olygfa fel yr oedd gan mlynedd yn ôl, gan osod gwahanol offer yn eu lleoedd priodol ac yma ac

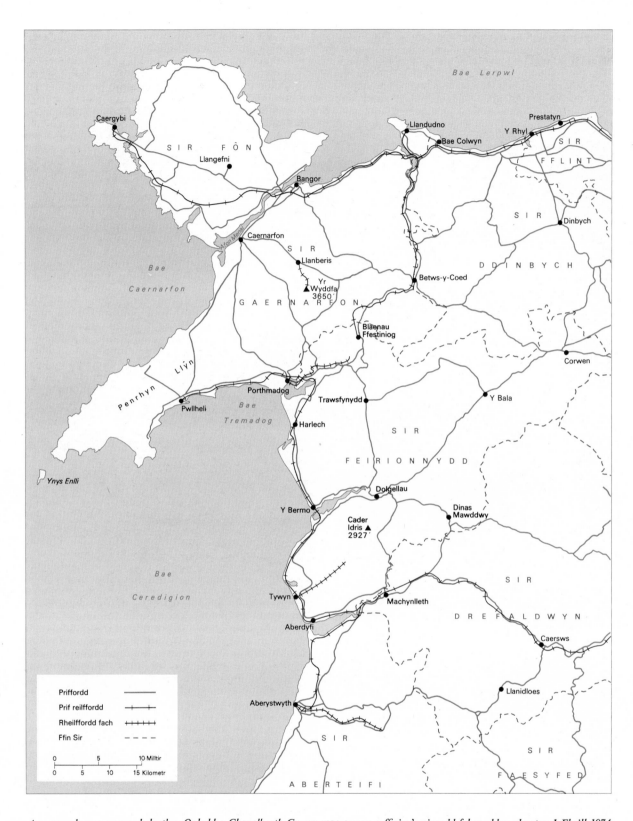

Ar y map hwn o rannau helaeth o Ogledd a Chanolbarth Cymru mae enwau a ffiniau'r siroedd fel roeddyn nhw tan 1 Ebrill 1974

Faint o'r trefi y mae sôn amdanyn nhw yn y gyfrol hon sydd i'w gweld ar y map? Welwch chi Aberystwyth, Machynlleth, Cader Idris, Y Bala, Harlech, Porthmadog, Blaenau Ffestiniog, Caernarfon a Bangor?

Un o'r siambrau yn chwarel y Llechwedd sydd ar agor i ymwelwyr. Yn y darn golau tua chanol y llun mae model maint-llawn o chwarelwr yn gweithio i fyny ar wyneb y graig·

acw fodelau o chwarelwyr yn "gweithio" ar wyneb y graig. Fe gafodd y fenter hon gymeradwyaeth Bwrdd Croeso Cymru a'r Awdurdod Twristiaeth Prydeinig.

Rhoddodd trigolion Stiniog le amlwg i ddiwylliant erioed, a bu'r ardal yn enwog ar hyd y blynyddoedd am ei heisteddfodau, am fandiau pres a chorau, a noddwyd llawer o'r gweithgarwch hyn gan y diwydiannau lleol. (Gweler hefyd – LLECHI, TRYDAN.)

BLAGURYN
Rhan o blanhigyn yw hwn, lle mae'n tyfu. Yma bydd blodyn neu ddail neu gangen newydd yn datblygu ac yna'n torri allan. Mae gwain o sepalau o gwmpas y blaguryn i amddiffyn y tyfiant newydd nes ei fod yn barod i ymddangos, ac os tynnwn y rhain i ffwrdd fe welwn betalau'r blodyn neu'r dail yn gorwedd yn dynn at ei gilydd. (Gweler hefyd – BLODAU, PLANHIGION.)

BLAIDD
Diflannodd yr anifail hwn o Gymru ers rhai canrifoedd, ond mae i'w gael o hyd yn fforestydd ac ar wastatiroedd gwledydd gogleddol Ewrop ac Asia, a Gogledd a De America.

Gall blaidd fod dros ddwy droedfedd o uchder a saith troedfedd o hyd o'i drwyn i flaen ei gynffon.

Mae ganddo glustiau sy'n sefyll i fyny'n syth, drwyn hir, a genau cryfion ar gyfer lladd anifeiliaid eraill.

Mae ei gôt ffwr drwchus yn amrywio yn ei lliw yn ôl ei gynefin: ger y Cylch Arctig mae'n olau, weithiau'n wyn; yng Ngogledd America mae rhai'n llwyd ac eraill yn gochlyd, ac mae'r blaidd sy'n byw yn Ewrop yn olau ar ei fol ac yn llwydfelyn yn gymysg â du ar ei gefn.

Bydd y cenawon yn cael eu geni yn y gwanwyn – tri neu bedwar ar y tro fel rheol, er y gellir cael cynifer â deuddeg mewn torllwyth weithiau. Bydd y ffau mewn twll yn y ddaear, ym monyn hen goeden neu ymysg creigiau.

Fel rheol bydd bleiddiaid yn heidio at ei gilydd i hela.

BLODAU
Pwrpas blodau yw cynhyrchu had a fydd yn troi yn blanhigion newydd.

Gall rhai planhigion, megis mwsogl a rhedyn, amlhau heb ddefnyddio had o gwbl, ond mae angen had ar y mwyafrif mawr, ac yn y blodau mae'r had yn datblygu. Bydd y planhigion hyn yn cynhyrchu paill ac yn ei storio mewn codau arbennig sydd yn aeddfedu ac yna'n ffrwydro gan ryddhau'r paill.

Mae gan y mwyafrif mawr o blanhigion rannau benywaidd a rhannau gwrywaidd. Bydd y planhigyn yn cynhyrchu "wyau" yn y rhannau benywaidd, ac os caiff yr wyau hyn eu ffrwythloni gan baill o rannau gwrywaidd planhigyn o'r un math, maen nhw'n troi'n had.

Weithiau bydd y paill yn cyrraedd wyau yr un planhigyn, ond fel rheol dydy'r planhigion hyn sy'n hunan-ffrwythloni ddim yn cynhyrchu had iach iawn.

Bydd paill gwahanol fathau o wair a grawn, a rhai planhigion eraill fel y llyriad, yn cael ei gario gan y gwynt o un planhigyn i'r llall, ond blodau digon salw sydd gan y planhigion hyn.

Pryfed sy'n ffrwythloni'r mwyafrif mawr o blanhigion. Fel rheol mae blodau'r planhigion hyn yn lliwgar a chanddyn nhw aroglau dymunol a stôr o neithdar melys – y cyfan i ddenu'r pryfed. Bydd paill yn glynu at gorff y pryfyn wrth iddo estyn i mewn i'r blodyn i gyrraedd y neithdar, ac yn cael ei gario i'r blodyn nesaf y bydd y pryfyn yn ymweld ag ef. Yno mae'r paill yn cyrraedd yr wyau ac yn eu ffrwythloni.

Fel rheol, planhigion o'r un math sy'n ffrwythloni fel hyn. Go brin, felly, y byddai paill o rosyn yn effeithio ar flodau bysedd y cŵn.

Mae miloedd ar filoedd o wahanol fathau o blanhigion yn y byd, yn amrywio'n fawr yn eu lliw a'u llun, a bydd botanegwyr yn eu dosbarthu yn ôl siâp eu blodau. Mae teulu'r rhosod – *Rosaceae* – yn cynnwys blodau sy'n debyg i rosyn gwyllt, fel

Planhigion Bysedd y Cŵn.
(*Enwau eraill—Gwniadur Mair, Menig Mair, Bysedd Cochion, Menig y Tylwyth Teg a Ffion y Ffridd.*)
Welwch chi wahanol rannau'r planhigyn? Yn y llun mae'r bonyn a'r dail; y blagur sydd heb agor ar y rhan uchaf; y blodau yn eu llawn dwf yn is i lawr; a thua'r gwaelod y codau had ar ôl i'r petalau syrthio.

mefus, mwyar duon, afalau, ceirios, ac eirin. Yn nheulu'r pys – *Leguminosae* – mae ffa, meillion, tresi aur, eithin a banadl.

Casgliad neu glwstwr trwchus o flodau yw'r hyn a alwn ni'n flodyn sengl ar lygad y dydd, blodau'r haul, sêr-flodau, ffarwel haf neu ddant y llew, a *Compositae* yw'r enw ar y teulu hwn. Mae pob un o'r blodau hyn yn datblygu parasiwt o edafedd main sy'n cario'r had o fan i fan.

Mae'n hawdd nabod teulu'r bresych – *Cruciferae* – sy'n cynnwys blodau'r fagwyr, beryn chwerw, berw'r dŵr, maip, rhuddygl a swllt dyn tlawd: pedwar petal sydd i bob blodyn. Mae planhigion sy'n tyfu pen mawr o flodau bach bitw yn perthyn i deulu'r persli, yr *Umbelliferae*.

Graminaeae yw'r gwahanol weiriau – eu blodau'n wyrdd ac yn ddinod. (Gweler hefyd – GWENYN, HAD, NEITHDAR, PAILL, PLANHIGION.)

BLWYDDYN

Dyma'r amser mae'r ddaear yn ei dreulio i fynd o amgylch yr haul unwaith, sef ychydig llai na $365\frac{1}{4}$ diwrnod. I bwrpas y calendr byddwn ni'n ystyried mai 365 diwrnod llawn sydd mewn blwyddyn, ac i wneud iawn am yr ychydig sy'n fyr bydd un diwrnod yn cael ei ychwanegu bob pedair blynedd: mewn blwyddyn o'r fath – blwyddyn naid – bydd diwrnod ychwanegol ym mis Chwefror.

A ellir rhannu rhif y flwyddyn rhwng pedwar – dyna sy'n penderfynu pryd y daw blwyddyn naid, ac felly roedd 1972 yn flwyddyn naid. Ond dydy'r cyfrif hwn ddim yn hollol gywir chwaith, a threfnwyd nad ydy blwyddyn olaf canrif ddim yn flwyddyn naid onid ydy'n bosibl rhannu ei rhif rhwng 400: doedd 1900 ddim yn flwyddyn naid, ond bydd 2000 felly.

Trigolion yr Aifft oedd y rhai cyntaf, ganrifoedd lawer yn ôl, i fesur hyd y flwyddyn, wrth sylwi pa sêr oedd yn y ffurfafen yr union adeg pan fyddai Afon Neil yn gorlifo – a doedden nhw ddim ymhell o'u lle: 365 diwrnod oedd eu cyfrif nhw. Bydden nhw'n rhannu'r flwyddyn yn dri thymor – tymorau'r gorlifo, yr hau a'r medi.

Am fod Cristnogion yn credu mai'r peth pwysicaf a ddigwyddodd erioed oedd geni Iesu Grist, dechreuwyd rhifo'r blynyddoedd o'r flwyddyn pryd, yn ôl y farn gyffredin, y digwyddodd hynny. Felly, byddwn yn cyfeirio at y blynyddoedd ar ôl ei eni fel blynyddoedd O.C. – hynny yw, "Oed Crist", neu yn Saesneg A.D., o'r Lladin *Anno Domini*, sef "blwyddyn ein Harglwydd". Gallwn hefyd gyfri tuag yn ôl o'r flwyddyn honno: er enghraifft byddwn yn dweud bod y Rhufeiniaid, dan arweiniad Iŵl Cesar, wedi glanio ym Mhrydain yn y flwyddyn 55 C.C. (hynny yw, "Cyn Crist"). Er 1752 mae trigolion Cymru a Lloegr wedi dathlu blwyddyn newydd ar ddiwrnod cyntaf mis Ionawr.

Erbyn heddiw mae'r mwyafrif mawr o wledydd y byd yn cyfri'r blynyddoedd fel hyn, er bod rhai pobl, i bwrpas eu crefydd, yn cyfri'n wahanol.

Mae'r Mohametaniaid yn rhifo o'r flwyddyn pan ffodd eu proffwyd Mohamed o Mecca, flwyddyn yr Hegira, a ddigwyddodd yn 622 yn ôl ein dull ni o gyfri. Felly, roedd 1970 yn 1248 iddyn nhw. O ddyddiad tybiedig cread y byd bydd yr Iddewon yn cyfri: y flwyddyn 5731 oedd 1970 iddyn nhw. (Gweler hefyd – AMSER, CALENDR, MIS, TYMHORAU.)

BODA

Aderyn mawr hardd yw'r boda sy'n cyrraedd dros ugain modfedd o'i ben i'w gynffon. Mae'n eitha cyffredin ar hyd y flwyddyn yng Nghymru, yr Alban a gogledd a gorllewin Lloegr, yn cartrefu mewn nyth swmpus o frigau coed a bonau'r grug, gyda leinin o ddail neu wymon, ar silff clogwyn ar lan y môr neu ar graig neu mewn coeden i mewn yn y tir.

Mae plu'r boda'n frown tywyll, gyda barrau golau ar draws ei frest, a'i goesau a'i big fachog yn felyn. Mae ei grafangau'n fachog hefyd, i'w gynorthwyo i afael yn ei ysglyfaeth. Ei hoff fwyd yw cwningod, llygod, gwaddod a chwilod: bydd yn hedfan yn isel at y ddaear, ei adenydd mawr llydan yn curo'n araf a rhythmig, neu'n sefyll ar gangen coeden a'i lygaid craff yn gwylio pob symudiad ar y ddaear, symudiad chwilen hyd yn oed, ac yna'n disgyn yn sydyn ar y creadur a wêl yno. Weithiau bydd yn lladd adar eraill. Gall dynnu pryfed genwair o'r pridd, ac ar brydiau bydd yn bwyta aeron.

Bydd y fenyw yn dodwy dau neu dri wy ddiwedd Ebrill neu ddechrau Mai, rhai gwynion gyda marciau brown arnyn nhw, a bydd hi a'i gŵr yn eu gori am bum wythnos. Ar ôl geni'r cywion bydd y rhieni yn cario bwyd iddyn nhw am ryw saith wythnos eto, nes eu bod yn barod i adael y nyth.

Enw arall ar y boda yw'r bwncath. Does dim cysylltiad rhyngddo â "bwyd y boda", un enw ar gaws llyffant. (Gweler hefyd – ADAR.)

Boda yn dychwelyd i'w nyth a'i chywion ar ôl dal cwningen.

George BORROW

Awdur *Wild Wales*, sy'n disgrifio'i daith trwy Gymru yn 1854 pan oedd yn 51 oed. Yn fachgen ifanc roedd wedi dysgu Cymraeg, yn bennaf, meddai ef ei hun, trwy ddarllen "Coll Gwynfa" – cyfieithiad Cymraeg o *Paradise Lost* – gyda gwreiddiol Saesneg John Milton wrth ei ochr. Roedd ganddo ddawn i ddysgu ieithoedd: cyn cyrraedd deunaw oed medrai rywfaint o Ladin, Gwyddeleg, Groeg, Hebraeg, Almaeneg, Daneg, Ffrangeg, Eidaleg a Sbaeneg.

Bu'n gweithio am beth amser i Gymdeithas y Beiblau, a phan ofynnwyd iddo gyfieithu'r Testament Newydd i Manchu, un o ieithoedd China, aeth ati i ddysgu'r iaith mewn tair wythnos! Mewn dwy flynedd roedd wedi gorffen y cyfieithiad a hefyd wedi cyfieithu peth o farddoniaeth Arabia, Persia, Twrci, Gwlad Pŵyl a Rwsia. Roedd yn hoff iawn o deithio, ac yn falch o'r cyfle i dreulio pedair blynedd a hanner yn Sbaen yn gwerthu Beiblau Sbaeneg. Disgrifiodd ei arhosiad yn y wlad honno mewn dau lyfr – *Gypsies in Spain* a *The Bible in Spain*.

Roedd hanes a llenyddiaeth Cymru'n apelio'n fawr ato. Dysgodd lawer iawn am ein beirdd o Daliesin ymlaen, a chyfieithodd i'r Saesneg waith mawr Ellis Wynne – "Gweledigaethau'r Bardd Cwsg". Hoffai harddwch Cymru hefyd, a phan ddisgynnodd o'r trên yng Nghaer ddiwedd Gorffennaf 1854, dewisodd gerdded ar hyd llwybrau lle gallai fwynhau golygfeydd godidog. Cerddai'n gyflym iawn: aeth o Gerrig-y-Drudion i Fangor – taith o dair milltir ar ddeg ar hugain – mewn diwrnod. Cerddai ar hyd llwybrau mynyddig dros dir garw iawn er mwyn mwynhau'r golygfeydd.

O bryd i'w gilydd ymwelai â chartref neu fan geni rhyw Gymro enwog. Ar y ffordd i Gaergybi siaradodd ag un o'r trigolion am Lewis Morris a Goronwy Owen – *yesterday*, meddai wrtho, *I visited his birthplace*. Gwnaeth ei ymweliad â'r Bala iddo gofio am Lywarch Hen, *a British prince and poet who in the very old time sought a refuge in the vicinity of this lake from the rage of the Saxons*. Bu ymweliad â Machynlleth yn esgus iddo adrodd hanes Owain Glyndŵr, a dyfynnu cywydd Iolo Goch i'r tywysog hwnnw.

Edrychai ar y daith hon fel cyfle i'w fwynhau ei hun mewn gwlad a garai yn fawr, ac i drosglwyddo'r mwynhad hwnnw i rai oedd yn byw y tu allan i'w ffiniau ac i ddehongli hanes, llenyddiaeth a phobl Cymru iddyn nhw. Pobl oedd ei ddiddordeb mwyaf: siaradai â phawb ar bob math o bwnc, a llwyddai i'w cael i sgwrsio ag ef bron yn ddieithriad. Mae'n croniclo'r sgyrsiau hyn yn *Wild Wales*, gan roi i'w ddarllenwyr, nid llyfr taith ffeithiol, moel, ond darlun cyflawn iawn o'i gymeriad ef ei hun, ac o bobl Cymru ar ganol y ganrif ddiwethaf.

Louis BRAILLE

Ffrancwr oedd hwn a ddyfeisiodd y dull o argraffu llyfrau ar gyfer deillion, dull sy'n dwyn ei enw hyd heddiw.

Fe'i ganed yn 1809 mewn pentref tuag ugain milltir o ddinas Paris, yn fab i gyfrwywr. Yn dair blwydd oed collodd ei olwg ar ddamwain pan aeth blaen un o offer trin lledr ei dad i'w lygad.

Y pryd hwnnw doedd fawr ddim darpariaeth ar gyfer plant bach dall, ond roedd ysgol arbennig iddyn nhw ym Mharis, ac anfonwyd Louis yno. Dysgodd sut i "ddarllen" llyfrau mawr trwchus lle roedd y llythrennau'n sefyll allan ar y tudalennau i'r bysedd symud drostyn nhw a'u teimlo. Ffordd anodd iawn oedd hon a theimlai Louis Braille y gallai ddyfeisio dull gwell.

Cyfarfu â swyddog o fyddin Napoleon a oedd wedi dyfeisio ffordd o gerfio llinellau a dotiau ar ddarnau o bren, i'w filwyr eu pasio o un i'r llall yn y tywyllwch er mwyn gwybod beth i'w wneud nesaf pan na allen nhw siarad ac anfon negeseuau yn y dull arferol. Soniodd y swyddog wrth Braille am y cynllun, a hoffodd hwnnw'r syniad ar unwaith. Ar ôl arbrofi llawer, cafodd y syniad gwych o wneud symbol ar gyfer pob llythyren gan ddefnyddio dotiau yn unig. Dim ond chwe dot oedd eisiau, fel sydd ar hanner domino ond eu bod yn sefyll i fyny ar wyneb y papur fel y gall y dall eu teimlo â'i fysedd, ac erbyn 1834 roedd Braille wedi eu trefnu ar gyfer yr wyddor lawn.

Dyma lun o fysedd yn "darllen" llinellau cyntaf yr erthygl hon wedi'u gosod "mewn Braille".

Araf iawn fu'r awdurdodau yn cymryd at yr wyddor ddotiau hon. Yn wir roedd Louis Braille wedi marw yn 1852, o'r darfodedigaeth, yn ddyn ifanc tair a deugain oed, cyn i'w gynllun gael ei dderbyn.

Erbyn heddiw fe'i defnyddir dros y byd i gyd. "Argraffwyd" llawer o lyfrau "mewn Braille" mewn nifer mawr o ieithoedd, gan gynnwys y Beibl – sydd, yn Saesneg, yn llenwi deugain cyfrol. Cynhyrchwyd rhai llyfrau Cymraeg yn y dull hwn.

Cyhoeddir papurau newydd Braille ar gyfer y deillion, ac wrth gwrs bydd dyn dall yn defnyddio oriawr â'r ffigurau ar ei wyneb ar ffurf dotiau.

Un o gymwynaswyr mawr y byd, yn ddiau, oedd Louis Braille.

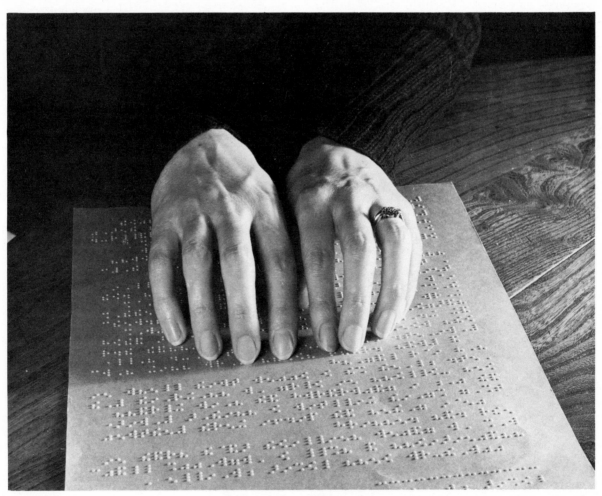

Bysedd ar dudalen o 'ysgrifen' Braille.
Mae peiriant tebyg i deipiadur yn cynhyrchu'r 'dotiau', sydd fel plorod bach bach yn sefyll i fyny ar wyneb y papur trwchus i'r bysedd gael eu teimlo a'u 'darllen'. Llinellau cyntaf yr erthygl hon am Louis Braille sydd yn y llun hwn.

BRAIN

Enw ar deulu o adar sy'n cynnwys y frân dyddyn, y frân lwyd, y gigfran, jac-y-do, y sgrech a'r frân goesgoch. Adar gweddol fawr yw'r rhain i gyd: mae jac-y-do, y sgrech a'r frân goesgoch yn mesur pymtheng modfedd o'r pen i'r gynffon, y lleill yn cyrraedd dros ugain modfedd, a'r gigfran yn mesur tipyn mwy.

Mae plu'r rhan fwyaf ohonyn nhw'n sgleinio'n ddu, a'u coesau a'u pigau'n dywyll hefyd ar wahân i'r frân goesgoch – mae ei phig hithau'n goch yn ogystal â'i choesau. Mae gan yr ydfran ddarn moel o groen golau wrth fôn ei phig.

Mae plu llwyd ar gefn y frân lwyd, ac ar rannau isaf ei chorff: anaml iawn y gwelwn hon yng Nghymru, ond mae gweddill y teulu yn gyffredin ymhobman ar hyd y flwyddyn, a'r frân goesgoch i'w gweld yn amlach yn y gorllewin nag yn unman arall – yn enwedig yn Llŷn ac ar Ynys Enlli.

Gellir nabod y bioden wrth y plu gwyn sydd ar fonau'i hadenydd ac ar ei bron a'i rhannau isaf. Mae sgrech y coed (neu bioden y coed) yn wahanol i'r lleill – plu pinc a brown sydd ganddi hi, gyda darnau glas a du ar fonau'r adenydd a choron ddu a gwyn ar ei thalcen.

Pioden—un o deulu'r brain

Hoff fwyd yr adar hyn yw pryfed a'u cynrhon, pryfed genwair, anifeiliaid bychain megis llygod, brogaod a malwod, ac weithiau cwningod ifainc, wyau a chywion adar eraill, had, grawn a ffrwythau, a chelanedd o bob math. Bydd y sgrech yn casglu mes yn yr hydref ac yn eu cuddio i'w bwyta'n nes ymlaen.

Mewn coeden, weithiau ar glogwyn, y byddan nhw'n adeiladu nyth mawr o fân-frigau gyda leinin o wair a dail sych ac weithiau llaid a mwsogl. Bydd y frân lwyd yn nythu hefyd ar lawr ymysg y grug.

BRASIL

Gwlad fawr iawn yn Ne America yw Brasil, o dros dair miliwn a chwarter o filltiroedd sgwâr, y bumed o ran maint yn y byd, a bron cymaint ag Ewrop i gyd.

Mae ynddi dros 85 miliwn o drigolion, y mwyafrif mawr (naw o bob deg) yn byw ar lwyfandiroedd ac arfordir y deau. Jyngl anghysbell a fforest drwchus yw gweddill y wlad, llawer iawn ohono heb ei dreiddio eto.

Mewn gwlad mor eang mae amrywiaeth mawr yn yr hinsawdd o un pen i'r llall. Mae'r gogledd eitha ar y Cyhydedd ac yno mae fforestydd trofannol gwlyb yr Amazon a'i changhennau. Mae'n boeth iawn y dydd ac oeraidd y nos ar lwyfandir anferth canolbarth y wlad. Poeth a llaith ydy'r gwastatiroedd culion ar arfordir Môr Iwerydd. Yn y deau, lle mae'r rhan fwyaf o'r bobl yn byw, mae'r hinsawdd yn fwy dymunol.

Er bod cymaint o'r wlad heb ei datblygu o gwbl eto, mae pedwar o bob pump o'r trigolion yn gweithio ar y tir, un ai'n tyfu gwahanol fathau o gnydau neu'n magu anifeiliaid, gwartheg, defaid a moch. Mae Brasil yn tyfu mwy o goffi nag unrhyw wlad arall yn y byd, a hefyd yn cynhyrchu rwber, cotwm, coco, reis, siwgr, gwenith, haidd, orennau, bananas, casafa (o wreiddiau'r planhigyn hwn gwneir tapioca), tybaco a chrwyn anifeiliaid, ac amrywiaeth o brennau at wneud dodrefn o'r radd flaenaf. Mae coed eraill yn rhoi cwinîn, cnau a gwahanol fathau o olew a chyffuriau.

Er nad oes yno ddim glo nac olew, mae digonedd o fwynau eraill – haearn (chwarter o gynnyrch yr holl fyd), manganîs (at galedu dur), bauxite (sy'n rhoi aliwminiwm), aur, platinwm, arian a diemwntau.

Yn gynnar yn y 16 ganrif glaniodd morwyr o Portiwgal ar arfordir Brasil a chymryd meddiant o'r wlad yn enw Brenin Portiwgal. Bu'n rhan o ymerodraeth Portiwgal tan 1822, – iaith Portiwgal yw iaith swyddogol Brasil, ac iaith y mwyafrif o'r trigolion tan heddiw. Mae'r wlad yn werinlywodraeth er 1889, a bu sawl gwrthryfel yno ers hynny.

Tan 1960 Rio de Janeiro oedd y brifddinas ond yn y pum degau codwyd dinas hollol newydd, Brasilia, dinas fodern iawn, ar lwyfandir y canolbarth, tua 600 milltir i'r gogledd o Rio a thua 500 milltir o'r môr. Bellach hon yw'r brifddinas, a'r bwriad yw datblygu oddi yno y wlad gyfoethog sydd o'i hamgylch.

(Mae map o Brasil ar y tudalen nesaf.)

Mae'r rhan fwyaf o wlad enfawr Brasil yn gorwedd rhwng y Cyhydedd a Throfan Capricorn

BRECHU

Dull yw hwn o gadw pobl yn ddiogel rhag dal clefyd, trwy roi cyffyrddiad ysgafn o haint iddyn nhw ac felly atal dôs gwaith.

Ddwy ganrif yn ôl, un o heintiau gwaetha'r byd oedd y frech wen. Byddai'n torri allan yn sydyn ac yn ddi-rybudd gan ladd miloedd, ac ni wyddai neb sut i wella cleifion oedd yn diodde ohono. Roedd un dosbarth o bobl yn cadw'n rhydd o'r frech wen, sef morynion a gweision fferm a fyddai'n arfer godro ac yn aml yn dal brech y fuwch. Doedd

hwn ddim yn glefyd difrifol, ac, ar ôl gwella ohono, anaml iawn y byddai'r bobl hyn yn diodde o'r frech wen.

Yn 1796 cafodd y Dr. Edward Jenner o Swydd Gaerloyw y syniad o roi'r frech hon i rywun o fwriad: yna rhoi'r frech wen iddo, eto'n fwriadol. Os gallai ei gorff wrthsefyll clefyd o'r frech gyntaf, tybed a allai hefyd gadw'n glir rhag cael brech arall?

Roedd arbrofion Jenner yn llwyddiannus iawn; rhoddwyd triniaeth o'r fath i filoedd o bobl mewn gwahanol wledydd a dechreuodd yr haint ddiflannu'n wyrthiol. Erbyn heddiw ychydig iawn o'r frech wen sydd ar ôl yn y rhan fwyaf o wledydd y byd. Tan 1948 roedd brechu'n orfodol ym Mhrydain.

Yn awr gellir cael triniaeth o'r fath ar gyfer atal nifer o heintiau a thwymynau eraill ar wahân i'r frech wen, yn eu plith afiechydon fel polio, teiffoid, colera, teiffys, tetanws, y frech goch, y pas, diffdtheria a'r darfodedigaeth (neu'r pla gwyn).

Bydd meicrobau'r heintiau hyn yn cael eu magu mewn labordai, ac yna'n cael eu lladd neu eu gwanhau cyn eu rhoi i bobl un ai trwy eu saethu i'r corff drwy'r croen neu wneud i'r bobl eu llyncu. (Gweler hefyd – BACTERIA, DARFO-DEDIGAETH, HAINT, EDWARD JENNER, MEDDYGAETH, LOUIS PASTEUR.)

BRETHYN

Darn o ddefnydd yw brethyn sydd wedi ei wau, fel rheol o wlân, (neu gall fod o gotwm neu o sidan neu edau eraill) ar gyfer gwneud dillad neu nwyddau ohono. Edafedd sydd ynddo wedi'u gwau drwy'i gilydd ar batrwm arbennig, yn ôl dewis y gwehydd; maen nhw'n rhedeg i ddau gyfeiriad – edafedd hirion yr ystof yn rhedeg ar hyd y brethyn a'r anwe yn eu croesi, bob yn ail, o un ochr i'r llall.

Yn y patrwm symlaf rhaid newid ymhob rhes, a gosod yr anwe i redeg o dan yr edafedd yr aeth drostyn nhw yn y rhes flaenorol. Neu gellir trefnu bod yr anwe'n croesi dau o edafedd yr ystof ar y tro, neu wneud patrymau eraill lawer mwy cymhleth na hyn.

Gellir lliwio'r edafedd hyn cyn eu defnyddio, neu liwio'r brethyn ar ôl ei wau. Ers miloedd o flynyddoedd bu pobl yn defnyddio staeniau prydferth iawn wedi'u gwneud o blanhigion: heddiw defnyddir staeniau artiffisial wedi'u darganfod a'u cynhyrchu gan gemegwyr. Ymhlith y brethynnau mwyaf lliwgar i gyd mae brithwe (*tartans*) trigolion yr Alban.

Gellir gwneud brethyn ffelt drwy wlychu ffibrau gwlân neu gotwm a'u gwasgu a'u rholio a'u curo nes bod y ffibrau'n glynu yn ei gilydd. Dydy hwn ddim yn para cystal â brethyn gwlân. (Gweler hefyd – COTWM, GWLÂN, SIDAN.)

(Mae llun lliw o ddarnau o frethyn gwlân Cymru ar dudalen 91.)

BRICS

Ers dros bum mil o flynyddoedd mae dynion wedi defnyddio brics o glai ar gyfer adeiladu. Mae haneswyr ac archaeolegwyr yn medru profi bod trigolion yr Aifft a gwledydd eraill y Dwyrain Canol a rhannau o'r India yn cymysgu llaid a gwellt â dŵr, yn torri'r cymysgedd yn flociau ac yn caledu'r rhain drwy eu sychu yn yr haul. Pwrpas y gwellt oedd dal y clai ynghyd nes iddo sychu. (Mae sôn am wneud brics â gwellt yn yr Aifft yn Llyfr Exodus yn y Beibl, pennod v.) Bydden nhw'n defnyddio llaid hefyd wrth adeiladu i wneud i'r brics hyn lynu yn ei gilydd, a bydd y dull hwn o adeiladu yn parhau o hyd mewn rhai gwledydd poeth, sych. Enw arall ar frics yw "priddfeini".

Os deuai glaw roedd brics o'r fath yn tueddu i chwalu, ond darganfuwyd yn gynnar iawn eu bod yn gryfach o lawer ar ôl eu crasu, ac yn gallu gwrthsefyll effaith y glaw. Daeth y Rhufeiniaid â'r grefft o ddefnyddio brics i Brydain, ond pren a phlaster oedd y defnyddiau mwyaf cyffredin tan yr ail ganrif ar bymtheg. Yn 1666 digwyddodd Tân Mawr Llundain, a sylweddolodd pobl pa mor beryglus oedd adeiladu o bren, ac oddi ar hynny bu galw mawr am gerrig a brics.

Heddiw mae peiriannau'n malu creigiau pwrpasol ac yna'n cymysgu'r gronynnau mân â dŵr i wneud clai hawdd ei drin. Bydd peiriannau eraill yn gwasgu'r clai ac yn ei dorri'n flociau petryalog, ryw naw modfedd wrth bedair a hanner, wrth ddwy a hanner neu dair modfedd. Ar ôl i'r blociau sychu maen nhw'n cael eu crasu mewn odynnau, miloedd ar y tro, mewn tymheredd uchel iawn o dros 1,000°C.

Mae lliw bricsen yn dibynnu ar y clai sydd ynddi. Coch yw'r lliw arferol, ond os bydd haearn yn y garreg wreiddiol bydd lliw glas ar y brics, tra bydd calch a magnesiwm yn y clai yn rhoi lliw melyn neu frown. Gellir rhoi sglein ar frics ar gyfer eu defnyddio lle mae'n rhaid cael wyneb glân i'r wal.

Er mwyn clymu'r brics yn ei gilydd wrth adeiladu defnyddir morter wedi'i wneud o dywod, calch a sment. Wrth osod brics rhaid gofalu rhwymo'r rhesi drwy osgoi trefnu'r uniadau un uwchben y llall, a gall crefftwr medrus weithio patrymau cywrain â'r brics wrth godi wal. (Gweler hefyd – ADEILADU.)

BRIGÂD DÂN

Heddiw os digwydd tân a bod angen galw'r frigâd dân, gallwn ddisgwyl i'r peiriannau gyrraedd y fan – os nad yw'n rhy anghysbell – cyn pen ychydig funudau i ddelio â'r tân, ei gadw rhag ymledu a'i ddiffodd. Golygfa ddigon cyffredin yn ein trefi a'n dinasoedd yw cerbyd ymladd tân yn prysuro ar ei daith a phob cerbyd arall ar yr heol yn rhoi ffordd iddo.

Gall peiriant modern dywallt mil o alwyni'r funud ar y fflamau, yn wahanol iawn i'r sefyllfa gynt pan nad oedd dim i'w gael i geisio diffodd tân ond bwcedi o ddŵr neu bwmp llaw – a'r tân wedi gafael, wedi ymledu ac wedi difa llawer o eiddo cyn i'r diffoddwyr allu cyrraedd.

Bellach mae gorsafoedd y frigâd dân wedi'u gosod heb fod yn rhy bell oddi wrth ei gilydd. Yno mae'r peiriannau a'r diffoddwyr tân yn barod bob amser, yn disgwyl yr alwad a ddaw dros y ffôn i ddweud bod tân wedi torri allan mewn man arbennig a bod angen eu cymorth.

Aelodau brigâd dân yn Llundain wrth eu gwaith yn ceisio diffodd tân.

llythyren H a welir yma ac acw ar wal mewn stryd: mae'n nodi'r fan lle mae'r heidrant, y falf lle gall y diffoddwr gysylltu ei bibell ef â'r brif biben. Er bod nerth sylweddol iawn yn y dŵr hwnnw a ddaw o'r brif biben, aiff fel rheol i bwmp sy'n rhoi mwy o nerth eto iddo fel gall y diffoddwr, o'i bibelli yntau, ei saethu ymhell i ganol y tân: mae hyn yn bwysig iawn pan na all y dynion fynd yn agos at dân mawr.

Gellir hefyd gario rhywfaint o ddŵr i safle'r tân mewn cerbyd arbennig, neu wrth gwrs ei gymryd o afon neu gamlas neu lyn a fo'n gyfleus.

Bydd gan rai brigadau gychod, gyda'r offer angenrheidiol arnyn nhw, er mwyn gallu delio â thân ar lan afon fawr neu mewn harbwr na ellir ei gyrraedd yn hawdd ar dir sych.

Dŵr sy'n cael ei ddefnyddio i ddiffodd y rhan fwyaf o danau, ond weithiau ni ellir ei ddefnyddio heb wneud y sefyllfa'n waeth. Dydy dŵr yn dda i ddim pan fydd olew ar dân: byddai'r olew llosg yn nofio ar wyneb y dŵr ac yn troi'r dŵr yn stêm, ac felly bydd y diffoddwyr yn ceisio gorchuddio'r fflamau â haen o nwy arbennig (fel carbon deuocsid) neu o ewyn (tebyg i drochion sebon) er mwyn ei fygu drwy gadw'r ocsigen sydd yn yr awyr rhag cyrraedd ato – all yr un tân losgi heb hwnnw. Eto, mae perygl i drydan redeg ar hyd ffrwd o ddŵr, yr un fath ag ar hyd gwifren, a lladd y dyn sy'n dal pen metel y bibell, ac felly rhaid defnyddio nwy eto – carbon tetracloreid y tro hwn – i ladd tân, dweder, mewn injan car.

Byddwn yn disgwyl i aelodau'r frigâd hefyd geisio arbed eiddo (fel dodrefn) trwy ei symud o afael y fflamau a rhag ei andwyo gan ddŵr neu ewyn. Mewn tân mawr mae rhai o'r diffoddwyr yn cario setiau radio bychain i'w cadw mewn cysylltiad, lle bynnag y bôn nhw, â'r swyddog sy'n rheoli'r gwaith. Gall y swyddog hefyd ddefnyddio'r radio i alw am gymorth peiriannau eraill o'i frigâd ei hun, neu hyd yn oed brigadau cyfagos os bydd eu hangen.

Rhaid i'r diffoddwyr wynebu problemau arbennig pan fydd coedwigoedd ar dân. Lle mae'r tyfiant yn sych bydd y fflamau'n ymledu'n gyflym gan ddifa erwau lawer, a bydd y diffoddwyr yn ceisio clirio llain lydan ar draws llwybr y fflamau, gan adael dim yno i'w losgi yn y gobaith na fydd y fflamau'n ei chroesi.

Dynion dewr iawn yw aelodau'r brigadau tân. Byddwn yn disgwyl iddyn nhw gyflawni gwahanol orchwylion nad oes a wnelon nhw â thân o gwbl, fel, er enghraifft, achub pobl neu anifeiliaid a fo wedi'u dal mewn lleoedd anodd, ar glogwyn neu mewn pwll dwfn, neu bwmpio dŵr i ffwrdd ar ôl llifogydd – am fod ganddyn nhw'r offer, a'r medrusrwydd.

Mae ceisio achub bywyd yn rhan o waith staff y frigâd, ac un o'r cerbydau cyntaf i adael yr orsaf yw hwnnw sy'n cario'r ysgol ddianc – cyfres o ysgolion, yn wir, sy'n gallu ymestyn i gyrraedd llofftydd adeilad uchel fel gall y diffoddwr achub rhywun a gafodd ei ddal ar un o loriau uchaf yr adeilad sydd ar dân. O ben yr ysgolion ymestyn hyn gall dywallt dŵr i lawr ar y fflamau.

Rhaid i'r diffoddwr hefyd fedru estyn cymorth cyntaf i'r sawl sy'n cael ei achub os bydd ei angen arno.

Os nad yw'r tân wedi gafael gormod nac wedi ymledu, mae'n bosibl weithiau ei ddiffodd â diffoddydd llaw – un o'r silindrau coch a welwn ar wal adeilad ar gyfer delio â thân nes y daw'r frigâd.

Bydd y peiriannau'n cario offer anadlu, rhag ofn bod pibau nwy gwenwynig wedi'u torri, neu fod y tân yn creu gormod o fwg i'r diffoddwyr allu anadlu heb eu defnyddio, neu fod angen ocsigen ar rywun a gaiff ei achub. Mae gan y diffoddwyr offer eraill hefyd ar gyfer torri i mewn i adeilad a all fod dan glo neu er mwyn torri i ffwrdd drawstiau neu rannau eraill o'r adeilad sydd yn y ffordd.

Yma a thraw ar hyd ein heolydd trefnwyd mannau cyfleus i'r diffoddwyr tân allu cymryd dŵr o'r pibau sydd dan y ddaear. Dyna ystyr y

BRITHYLL

Pysgodyn o deulu'r eog yw'r brithyll.

Mae brithyll y môr yn debyg iawn i'r eog, a bydd yn mudo yr un fath ag ef i'r môr – ond heb fynd mor bell – gan ddychwelyd i nant neu afon neu lyn i gladdu wyau mewn dŵr croyw. Unwaith mewn oes bydd eog yn gwneud hyn: gall brithyll y môr epilio ddwywaith neu dair. Yn wahanol i'r eog hefyd bydd y brithyll yn ymborthi tra bydd yn y dŵr croyw. "Sewin" yw'r enw a rown ni ar frithyll y môr yn afonydd Cymru.

Pysgodyn brych, hardd ydy'r brithyll brown, yn amrywio yn ei liw yn ôl ei gynefin. Mae hwn yn treulio'i oes mewn dŵr croyw, heb ymweld â'r môr o gwbl, a bydd ei faint yn dibynnu ar y bwyd sydd i'w gael yn y rhan o'r afon neu'r llyn lle mae'n dewis byw.

Mae'r brithyll yn dda i'w fwyta. Er mwyn cadw stoc dda yn yr afonydd ar gyfer pysgotwyr, gwneir trefniadau i gasglu wyau o'r fam a'u deor dan amodau ffafriol lle does dim perygl iddyn nhw gael eu difa cyn cael cyfle i dyfu. Yna caiff y pysgod bach eu rhyddhau i'r afon neu'r llyn.

Pluen fydd pysgotwyr yn ei defnyddio fel rheol wrth geisio dal brithyll. Camp arall, y bydd llawer o blant y wlad yn gwybod amdani, yw ceisio denu'r pysgodyn o gysgod y lan neu o dan garreg drwy ei oglais â'r bysedd, yna gafael ynddo'n sydyn a'i godi o'r dŵr i dir sych.

Bydd ambell frithyll yn pwyso dros ugain pwys, ond eithriadau yw'r rhain: un pwys yw'r maint cyffredin. (Gweler hefyd – EOG, PYSGOTA.)

BROCH

Anifail yw'r broch sy'n perthyn i'r wenci a'r arth. Enwau eraill arno yw'r pryf llwyd a'r mochyn daear.

Mae ganddo goesau byrion, gynffon fer, ben hir a thrwyn blaenfain. Mae lliw llwydaidd ar ei gorff llydan: mewn gwirionedd mae pob blewyn ar ei gefn a'i ochrau yn wyn yn y bôn, yn ddu yn y canol ac yn wyn eto yn ei ben blaen. Mae ei fol

Pâr o frochod yn chwarae gerllaw eu gwâl.

a'i fron yn ddu, ac mae ganddo rhesi llydan du a gwyn ar ei ben, o'i war i flaen ei drwyn. Gall yr anifail gyrraedd bron llathen o hyd, a phwyso tua 24 pwys.

Mae ewinedd hirion traed blaen y broch yn gymorth iddo dwrio gwâl anferth yn ddwfn i mewn i ochr bryncyn neu glawdd, gwâl ac iddi nifer o "ystafelloedd" a mwy nag un ffordd i mewn ac allan. Yno caiff tri neu bedwar o genawon eu geni yn y gwanwyn.

Yn y nos yn unig y daw'r teulu allan o'u cartref. Llygaid gwael iawn sydd gan y broch, ond gall glywed sŵn ac aroglau o bell. Mae'n dal ac yn bwyta llygod a chwningod, gan dorri i mewn i'w tyllau i'w cyrraedd, a llyffantod, malwod, ceiliogod y rhedyn ac weithiau nadroedd, a bydd hefyd yn bwyta cnau ac aeron, glaswellt a llysiau eraill a gwreiddiau.

Gynt byddai dynion yn ei ddal i'w fwyta. Un ffordd o ddal broch oedd taenu sach neu gwdyn ar draws agoriad y wâl a'i glymu pan redai'r creadur i mewn iddo. Yna byddai'r rhai oedd wedi'i ddal yn ymosod arno â'u traed â'u pastynau tra oedd yn gwingo yn y sach. Dyma, mae'n debyg, gychwyn y "chwarae broch yng nghod" sydd yn y Mabinogion, lle ceir hanes gweision Pwyll, Pendefig Dyfed, yn cael hwyl wrth roi gelyn mewn sach a'i gythruddo tra oedd yn troi a throsi wrth geisio dianc.

Heddiw defnyddir blew'r broch ar gyfer gwneud brwsys.

BRODWAITH

Brodwaith yw'r grefft o addurno defnydd ag edafedd lliwgar, neu edafedd o'r un lliw â'r defnydd ei hun, ac mae'n grefft hynafol iawn. Mewn darluniau a baentiwyd gan bobl oedd yn byw ymhell bell yn ôl gwelwn frodwaith ar wisgoedd, a gwyddom fod trigolion gwledydd y Dwyrain Canol yn dilyn y grefft hon o leiaf 3,500 o flynyddoedd yn ôl.

Cawn sôn yn llyfrau cynnar yr Hen Destament am frodwaith cywrain ar ddillad merched, ar wisgoedd yr Archoffeiriaid a'r offeiriaid eraill ac ar lenni'r Tabernacl – gweler Exodus xxxix, 3 (un enghraifft o blith llawer).

Ceir enghreifftiau cynnar iawn o Japan a China o luniau cymhleth wedi'u gweithio mewn lliwiau disglair ar ddefnydd sidan.

Ym Mhrydain gwisgoedd offeiriaid a llenni eglwysi fyddai'n cael sylw mwyaf y brodwyr yn y Canol Oesoedd, ond erbyn oes Elisabeth I roedd dillad pendefigion y llys, a gwisgoedd a dodrefn tai pobl gefnog, wedi'u brodio'n gywrain iawn.

Ymhlith yr enghreifftiau sydd i'w gweld yn Amgueddfa Sain Ffagan o waith gwniadyddesau Cymreig, mae casgliadau diddorol o gwrlidau a samplerau. Wrth wneud cwrlid rhaid pwytho drosto i gyd er mwyn cadw yn ei le yr haen o ddefnydd gwlanog oedd yn gorwedd rhwng y ddau liain allanol, ac roedd hyn yn gyfle i'r crefftwr lunio llu o batrymau, rhai'n draddodiadol, eraill o'i dychymyg hi ei hun, nes bod y cwrlid yn brydferth iawn yn ogystal â bod yn ddefnyddiol. Plant fyddai'n gweithio'r samplerau: roedd yn gyfle iddyn nhw ymarfer pwythau gwaith gwnïo, ac roedd rhai o'r samplerau'n ddim ond rhestr o wahanol batrymau brodwaith wedi'u gweithio mewn sidan lliw, neu gotwm neu wlân, ac ambell waith edau arian neu aur.

Gwaith llaw oedd hyn i gyd. Er bod y grefft yn dal yn boblogaidd, dydy peiriannau ddim yn cynhyrchu cymaint o frodwaith ar ddillad heddiw, a does dim cymaint o'i angen chwaith ar y defnyddiau lliwgar sydd i'w cael yn awr gyda phatrymau hardd wedi'u hargraffu arnyn nhw. (Gweler hefyd – SAMPLER.)

BRONS

Aloi o alcam (tun) a chopr yw brons. Tua phum mil o flynyddoedd yn ôl darganfu dyn yn rhywle fod toddi'r ddau fetel hyn gyda'i gilydd yn creu metel newydd, caled iawn, a chryfach na'r un o'r ddau fetel gwreiddiol. Enwau eraill ar yr aloi hwn yw efydd a phres.

Hyd yn hyn roedd dyn wedi gwneud ei arfau a'i offer o garreg a fflint: bellach gallai lunio bwyelli â gwell min arnyn nhw ar gyfer torri coed cyn clirio tir a'i drin a chodi cnydau, daeth yn fwy celfydd wrth ddefnyddio offer mwy effeithiol, ac roedd ganddo well arfau ar gyfer ymladd â gelyn a lladd anifail. Mae'n debyg mai ym Mesopotamia (Iraq heddiw) neu yn yr Aifft y darganfu dyn gyntaf sut i wneud brons, a hynny tua 3,000 o flynyddoedd cyn geni Crist. Tua mil o flynyddoedd yn ddiweddarach y dechreuodd trigolion Prydain

ddefnyddio brons at wneud offer a llestri, a pharhau i'w ddefnyddio nes darganfod haearn, tua 400 C.C. Oes yr Efydd yw'r enw a rown ni ar y cyfnod hwn.

Byddwn yn dal i ddefnyddio brons heddiw. Mae'n cynhyrchu sŵn yn dda, ac felly gwneir clychau ohono. O ychwanegu ychydig sinc a mymryn o blwm a ffosfforws, cawn ffosffor brons, ac o hwn gallwn wneud sbrings, llafnau twrbein a sgriwiau llongau.

Bydd brons yn para'n hir heb rydu, ac felly mae'n addas iawn ar gyfer cerfluniau fydd yn sefyll allan yn yr awyr agored ymhob tywydd. (Gweler hefyd – ALCAM, ALOI, COPR, MWY-NAU, RHWD.)

BRYTHONIAID

Yn ystod y pum canrif cyn geni'r Iesu daeth goresgynwyr i Brydain o'r cyfandir. Yr enw a rown ni arnyn nhw yw'r Celtiaid. Nid mewn un cwmni mawr y daethon nhw, nac ar un achlysur, ond fel ton ar ôl ton ar wahanol adegau.

Roedd o leiaf ddau beth yn gyffredin i'r Celtiaid i gyd: roedden nhw wedi dysgu sut i ddefnyddio haearn ac roedden nhw'n siarad yr un iaith, neu ieithoedd oedd yn debyg iawn i'w gilydd. Dwy brif gangen y teulu mawr hwn yw'r Goideliaid a'r Brythoniaid.

Mae'n debyg i'r Goideliaid fynd yn syth o Ffrainc i Iwerddon, ac i rai ohonyn nhw fynd oddi yno i'r Alban ac i Ynys Manaw. Eu hiaith nhw oedd mamiaith Gwyddeleg Iwerddon, Gaeleg yr Alban a Manaweg.

Glaniodd y Brythoniaid yn Lloegr a meddiannu'r wlad, a symud yn eu blaenau i Gymru. Ganddyn nhw (yn Saesneg – *Britons*) y cafodd Prydain (*Britain*) ei enw. Aeth rhai ohonyn nhw ymlaen i Gymru, a'u hiaith nhw, y Frythoneg, oedd mamiaith y Gymraeg, y Gernyweg a'r Llydaweg (sef iaith Llydaw yng ngogledd Ffrainc).

Dyma'r bobl oedd yn rheoli'r ynys hon pan ddaeth y Rhufeiniaid yma i'w goresgyn. Roedden nhw'n ffermwyr da, ac mae'n debyg eu bod wedi dysgu sut i ddofi anifeiliaid. Roedden nhw'n grefftwyr medrus, a chanddyn nhw arfau ac offer o bren a charreg a brons a haearn, llawer gwell na'r bobl oedd yn byw yn yr ynysoedd hyn cyn iddyn nhw gyrraedd. Roedden nhw wedi dysgu sut i gyd-weithio â'i gilydd, er eu bod yn ffraeo ac yn rhyfela'n aml.

Ond trechwyd nhw gan y Rhufeiniaid, a chododd y rheolwyr newydd gaerau mewn mannau fel Segontiwm, Caerllion, Caerwent a Chaer i gadw'r Brythoniaid mewn trefn. Mae'n ddiddorol olrhain datblygiad yr iaith Gymraeg a gwahaniaethu rhwng geiriau'r Brythoniaid gwreiddiol a'r geiriau hynny a dderbyniwyd o'r Lladin, iaith y meistri Rhufeinig. (Gweler hefyd – CELTIAID, CYMRU, RHUFEINIAID.)

BUDDUG

Dyma'r enw Cymraeg ar Boudicca, Brenhines yr Iceni, llwyth o Frythoniaid a drigai yn nwyrain Lloegr pan oedd y Rhufeiniaid ym Mhrydain.

Roedd y llywodraethwr Rhufeinig, Suetonius Paulinus, yng ngogledd Cymru yn ceisio concro ynys Môn, pan glywodd fod Buddug a'i milwyr wedi codi yn erbyn y Rhufeiniaid. Roedden nhw'n barod wedi goresgyn y caerau yn Camulodunum (lle mae Colchester heddiw) a Verulamium (St. Albans) gan ladd miloedd o Rufeiniaid.

Gan ofni mai Llundain fyddai'n syrthio nesaf, brysiodd Suetonius yn ôl o Fôn a chasglodd fyddin i wynebu'r Brythoniaid buddugoliaethus.

Bu brwydro ffyrnig mewn dyffryn cul yn y rhan o'r wlad sy'n awr yn Swydd Buckingham, a threchwyd yr Icene. Pan sylweddolodd Buddug ei bod wedi colli'r dydd, llyncodd wenwyn yn hytrach na chael ei chymryd yn garcharor gan y Rhufeiniaid. (Gweler hefyd – RHUFEINIAID.)

John BUNYAN (1628–1688)

Brodor o Swydd Bedford oedd John Bunyan, a mab i dincer. Bu'n ymladd yn y Rhyfel Cartref. Ar ôl priodi ymunodd â chwmni o Anghydffurfwyr yn Bedford a dechreuodd bregethu. Ond yn ôl cyfraith y wlad ni châi neb bregethu ar wahân i offeiriaid Eglwys Loegr, a doedd gan neb hawl i gynnal gwasanaeth nac addoli y tu allan i eglwys y plwyf. Felly taflwyd John Bunyan i garchar.

Bu yno am 12 mlynedd. Cafodd gynnig mynd yn rhydd droeon os addawai beidio â phregethu, ond mynnai na fyddai'n ymatal am ddiwrnod ar ôl cael ei ryddhau. Er hynny, cafodd bregethu i'r carcharorion eraill, sgrifennodd nifer o lyfrau a gwnaeth gareiau esgidiau a'u gwerthu wrth borth y carchar er mwyn cael arian i gynnal ei deulu.

Yn 1672 rhoddodd cyfraith newydd hawl i eraill bregethu ar wahân i offeiriaid Eglwys Loegr, a rhyddhawyd John Bunyan. Aeth yn weinidog ar Eglwys y Bedyddwyr yn Bedford. Fe'i anfonwyd yn ôl i garchar am ysbaid o chwe mis yn yr un flwyddyn pan newidiwyd y gyfraith unwaith eto, ac yn ystod yr amser hwn sgrifennodd ei lyfr enwog, *The Pilgrim's Progress*.

Mae hwn yn disgrifio pererin, Cristion, yn cychwyn ar ei daith o'i gartref yn Ninas Distryw i gyfeiriad y Ddinas Nefol. Mae'n cyfarfod â llu o anawsterau ar y daith, a chaiff ei rwystro gan rai fel Mr. Bydol Ddoeth, Ofnus a Drwgdybus, a'i galonogi gan Gymorth, Gwyliadwrus, Callineb, Ffyddlon ac eraill. Ar ôl cyfres o anturiaethau cyffrous – cael ei ddychryn gan lewod, ei ddal gan Gawr Anobaith a'i daflu i garchar yng Nghastell Amheuaeth – mae'n cyrraedd pen y daith, sef Porth y Nefoedd ar Fynydd Seion.

Ymgais oedd y llyfr hwn i ddisgrifio sut fywyd yw bywyd y Cristion, yr anawsterau mae'n rhaid iddo eu gorchfygu a'r gweithredoedd a wna pobl dda i'w gynorthwyo. Daeth y llyfr yn enwog, ac erbyn hyn fe'i cyfieithwyd i nifer fawr o ieithoedd, gan gynnwys sawl fersiwn yn Gymraeg.

Ar ôl gadael y carchar am y tro olaf bu Bunyan fyw am 16 mlynedd, yn pregethu i gynulleidfaoedd niferus ac yn sgrifennu llawer. Bu farw yn 1688 wedi dal annwyd wrth geisio gwneud cymwynas.

BURUM

Un defnydd pwysig i furum yw gwneud bara'n ysgafn. Mae'n effeithio ar y starts sydd yn y blawd ac yn creu nwy carbon deuocsid, ac mae hwn yn gwneud i'r toes chwyddo. Byddwn yn dweud bod y bara'n "codi". Pan fo'r dorth yn cael ei chrasu bydd y swigod nwy yn chwyddo eto cyn ffrwydro gan adael y bara yn ysgafn ac yn llawn o dyllau fel sbwng.

Heddiw gall gwraig sydd am bobi bara brynu burum o siop y groser, un ai fesul darn wedi'i dorri oddi ar dalp mawr fel prynu caws, neu'n belenni bach sych mewn paced neu mewn tun. Gynt byddai rhai'n gwneud eu burum eu hunain: dyma un rysáit – berwi tatws a hopys ac yna gwasgu'r dŵr ohonyn nhw a'i gymysgu â blawd, halen a siwgr, a chadw'r cymysgedd hwn mewn llestr pridd. Byddai'n barod mewn tridiau – neu'n gynt o ychwanegu ato rywfaint o hen furum wedi'i gadw o'r tro diwethaf.

Roedd rysáits eraill i'w cael hefyd, a byddai ambell wraig yn gwneud digon o furum ar y tro i'w werthu i'w chymdogion.

Ffordd arall o gael burum, pan fyddai tafarnwyr yn gwneud eu cwrw eu hunain, oedd ei brynu o'r dafarn agosaf. Casglai'r burum ar ben y ddiod, wrth iddo weithio, fel ewyn, ac mae'n debyg fod gwraig y bragwr weithiau'n ei werthu yn y farchnad. Yn ôl rhai pobyddion, y burum hwn fyddai'n rhoi'r bara ysgafna i gyd.

Mae'r Beibl yn sôn am "lefain", sef darn o does sur, wedi'i gadw o'r pobiad diwethaf a'i gymysgu gyda'r toes newydd i wneud i'r pobiad nesaf o fara godi. (Mewn dau lythyr mae Paul yn sôn am "lefain yn lefeinio'r holl does.") Roedd y dull hwn yn cael ei ddefnyddio yng Nghymru yn gymharol ddiweddar.)

Mae burum yn cael ei ddefnyddio hefyd wrth wneud gwinoedd a gwirodydd a diodydd alcoholig eraill. Math gwahanol yw hwn i furum y pobydd, ond planhigion yw'r ddau, mathau o ffwng sy'n cynnwys celloedd mân, mân – byddai dros dair mil ohonyn nhw'n mesur modfedd. Y celloedd hyn sy'n gwneud i'r burum weithio. (Gweler hefyd – BARA.)

BWA A SAETH

Filoedd o flynyddoedd yn ôl dysgodd dyn sut i wneud bwa a saeth, o bren a darnau o gerrig a rhaffau wedi'u torri oddi ar goed, a sut i'w defnyddio wrth hela anifeiliaid ac wrth ymladd yn erbyn ei elynion. Roedd ganddo waywffon yn barod – coes hir, syth o bren a darn o garreg neu fflint (â rhyw fath o flaen miniog arno) wedi'i glymu'n sownd ar un pen iddi. Ond doedd hon ddim mor hawdd ei thaflu, ac wrth hela anifail gwyllt y gamp oedd ei daro a'i ladd â'r ergyd cyntaf.

Pan ddiflannodd llawer o'r bwystfilod mawr, roedd yn angenrheidiol bod yr heliwr yn saethwr medrus, a darganfu y gallai yrru saeth ymhellach ac yn fwy syth. Coes syth o bren oedd i'r saeth eto, a darn bach o fflint yn sownd ar un pen, y darn hwnnw wedi'i dorri oddi ar dalp mwy, yn hirgul a blaen llym arno.

Ar ôl cael ei yrru o'r bwa, roedd yn rhaid i'r saeth fynd yn syth at y nod, a chafwyd bod hyn yn fwy tebyg o ddigwydd os oedd y darn fflint yn gymesur, fel deilen pren rhosyn. Yn nes ymlaen eto byddai bachyn ar bob ochr i'r blaen i wneud i'r saeth lynu yn y cnawd yr un fath â phen bachyn pysgota, a choes fach i glymu'r blaen wrth y siafft bren.

Mae llawer iawn o'r blaenau hyn wedi'u darganfod – gallwn weld sawl casgliad ohonyn nhw yn yr Amgueddfa Genedlaethol yng Nghaerdydd. Fel rheol mae'r goes wedi pydru, ac wedi diflannu, ond mewn ambell fan cafwyd saeth mewn cors fawnog a'r goes wedi cadw ei ffurf wreiddiol ar hyd yr oesoedd. Daethpwyd o hyd i sgerbwd dyn hefyd a blaen saeth yn sownd yn yr asgwrn cefn.

Darn o bren gwydn, hydwyth oedd y bwa, darn a fyddai'n plygu heb dorri. Daliai'r saethwr y bwa'n syth o'i flaen gan dynnu'r llinyn at ei frest wrth anelu.

Yn nes ymlaen dyfeisiwyd bwa croes: daliai'r saethwr y bwa hwn ar draws ei gorff. Roedd triger o fetel arno ar gyfer saethu bollt fer. Doedd hi ddim yn hawdd tynnu'r llinyn yn ôl ar y bwa hwn: weithiau roedd olwyn a dolen ar ddarn o bren ar ganol y bwa i ddirwyn y llinyn yn ôl. Byddai'n cymryd amser i filwyr wneud hyn ar ôl pob ergyd – gwelwyd hyn yn eglur ym mrwydr Crecy yng ngogledd Ffrainc yn 1346: roedd milwyr Ffrainc yn defnyddio bwa croes ond fe'u trechwyd yn hawdd gan filwyr byddin Lloegr oedd yn defnyddio bwa hir. Roedd y bwa hir cyn daled â dyn ac wedi'i wneud o goed yw: tynnai'r saethwr y llinyn at ei glust dde ac anelai saeth oedd yn llathen o hyd. Mae'n debyg bod nifer o Gymry ym myddin Lloegr yn y frwydr honno, ac ym mrwydr Agincourt yn 1415 – roedd y Cymry'n saethwyr campus â'r bwa hir.

Pan ddechreuwyd defnyddio gynnau ar ôl darganfod sut i wneud powdr gwn yn y 14 ganrif, dechreuodd y bwa a'r saeth ddiflannu fel arfau

rhyfel. Hyd heddiw mae saethyddiaeth yn dal i fod yn ddifyrrwch poblogaidd amser hamdden ar gyfer pobl o bob oedran. Bydd clybiau'n cystadlu â'i gilydd ac ar raddfa ryng-genedlaethol. Bellach gwneir y bwâu o aliwminiwm ac o ffibr gwydr yn ogystal ag o bren.

BWDA

Dyma'r enw mae ei ddilynwyr yn ei roi ar Siddhartha Gautama, athro crefyddol oedd yn byw yn yr India bum canrif cyn geni'r Iesu. Mae'n debyg ei fod yn fab i bendefig neu dywysog cyfoethog yn Nepal, a chafodd fwynhau bywyd moethus pan oedd yn fachgen. Ni wyddai ddim am gyflwr truenus pobl yr India nes ei fod yn ŵr ifanc, ac er ei fod wedi priodi, a chanddo fab, penderfynodd adael ei gartre cyfforddus a cheisio dod o hyd i ffordd o helpu'i gyd-ddyn.

Ar ôl chwilio'n ddyfal am rai blynyddoedd, daeth o hyd i'r ateb pan oedd yn eistedd ar lan afon, dan ffigysbren, yn myfyrio. Gwelai bellach mai dyhead dyn am feddiannu cymaint o eiddo ag y gallai oedd wrth wraidd pob dioddef, a rhaid cael gwared o'r blysiau drwg hyn cyn y gallai dyn orchfygu poen a chyrraedd y stad o dangnefedd, lle does dim chwant na dioddef yn bod, a alwai Gautama yn Nirfana. Rhaid i ddyn feddwl yn iawn, myfyrio'n ddwys a chyflawni gweithredoedd da.

O flaen cerflun o'r fath bydd dilynwyr Bwda'n penlinio mewn myfyrdod.

Ystyr y gair Bwda yw "yr un goleuedig", a dyhead ei ddilynwyr yw cael bod yr un mor oleuedig ag ef wrth ddilyn yr hyn a ddysgodd yn ystod ei fywyd. Maen nhw'n heddychwyr, yn credu bod pob bywyd yn sanctaidd. Yn eu tyb hwy mae pob dyn wedi byw bywydau eraill yn y gorffennol, a chosb neu wobr am weithredoedd bywyd blaenorol yw digwyddiadau'r bywyd presennol. Karma yw'r enw ar y gweithredoedd hyn: rhaid i ddyn gyflawni Karma da er mwyn dileu Karma drwg.

Mae'n debyg bod dros gant saith deg o filiynau o ddilynwyr Bwda'n byw heddiw yn nwyrain, de-ddwyrain a chanolbarth Asia – yn Japan, China, Bwrma, Thailand, Laos, Cambodia, Ceylon a Tibet. (Yn rhyfedd, ychydig iawn ohonyn nhw sydd yn yr India, ei wlad ef ei hun.) Yn y gwledydd hyn mae llawer o gerfluniau anferth ohono, yn eistedd yn goesgroes, â golwg dawel, dangnefeddus ar ei wyneb. Bydd ei ddilynwyr yn penlinio o'i flaen, nid mewn gweddi ond gan fyfyrio ar ei ddysgeidiaeth a'i esiampl ef: maen nhw'n ei ddilyn fel athro a ddysgodd i ddynion sut fywyd y dylen nhw fyw, yn hytrach na fel duw neu waredwr.

BWLB

Bydd gan rai planhigion wahanol ddulliau o storio bwyd dros gyfnod eu gorffwys ar gyfer tyfiant y flwyddyn ddilynol. Un dull yw tyfu bwlb fel y gwna nionyn: os torrwn nionyn yn ei hanner o'r top i'r gwaelod gwelwn haenau tew (cen-ddail) yn tyfu i fyny o'r gwaelod, yn glos at ei gilydd. Yn y canol, rhwng dwy o'r haenau hyn, mae'r blaguryn fydd yn tyfu'n ddail a blodyn y flwyddyn nesaf.

Pan fydd un o'r planhigion sy'n tyfu bylbiau (cenhinen Pedr, clychau'r gog, tiwlip neu arlleg, er enghraifft) yn gorffen blodeuo, bydd y dail yn dal i gynhyrchu starts o'r carbon deuocsid sydd yn yr awyr ac yn ei storio ar waelod y dail: mae'r rhan honno'n mynd yn dewach ac yn ffurfio bwlb, a'r dail – wedi gwneud eu gwaith – yn marw. Dyma pam mae'n bwysig peidio â thorri'r dail i lawr pan fydd y blodau wedi gorffen: ar draul anharddu'r ardd dylem adael iddyn nhw droi'n frown yn eu hamser eu hunain ar ôl llenwi'r bwlb â bwyd ar gyfer y tymor nesaf.

Bydd rhai planhigion yn tyfu gwreiddiau tew – dyna yw'r rhan honno o'r moron a'r panas y byddwn ni'n ei bwyta. Corm sydd gan eraill, megis saffrwn a blodau'r cleddyf: mae hwn yn grwn, ond yn wahanol i'r bwlb does dim haenau ynddo; un talp o starts ydyw ac mae'r blaguryn newydd yn tyfu o'r top yn hytrach nag o'r gwaelod. Gwreiddyn tew sydd gan deulu blodau'r enfys: mae hwn fel bonyn wedi chwyddo yn gorwedd dan wyneb y pridd. (Gweler hefyd – PLANHIGION.)

BWRDD CROESO CYMRU

Gwlad braf, brydferth iawn yw Cymru, gyda'i mynyddoedd a'i llynnoedd, ei hafonydd a'i rhaeadrau, ei glannau godidog, ei mannau unig, ei llwybrau diarffordd a'i threfi prysur, ei chestyll hynafol a'i diwydiannau traddodiadol, ei threnau bach a'i chyfleusterau marchogaeth merlod, a nifer fawr o atyniadau eraill sy'n gwneud Cymru'n lle ardderchog a diddorol i dreulio gwyliau. Pwrpas

Bwrdd Croeso Cymru yw hybu'r diwydiant ymwelwyr a denu twristiaid i dreulio'u gwyliau yma.

Bydd y Bwrdd yn paratoi ac yn darparu gwybodaeth am ddiddordebau ac atyniadau gwahanol ardaloedd Cymru ac am weithgareddau a digwyddiadau lleol, yn argraffu'r manylion hyn ar bosteri ac mewn pamffledi a llyfrynnau mewn gwahanol ieithoedd ar gyfer darllenwyr ar gyfandir Ewrop ac America gan mwyaf. Sefydlwyd "canolfannau croeso" mewn ardaloedd cyfleus ar gyfer gwasgaru'r cyhoeddiadau hyn a chynorthwyo i sicrhau llety ar fyr rybudd i ymwelwyr sydd heb drefnu ymlaen llaw.

Rhan o waith y Bwrdd Croeso yw trefnu arddangosfeydd ac ymgyrchoedd i hysbysebu ardaloedd arbennig, a nosweithiau llawen o adloniant nodweddiadol Gymreig er mwyn dangos yr hyn sy'n "wahanol" yng Nghymru. Trefnir gwibdeithiau trên o drefi yn Lloegr i ganolfannau gwyliau yng Nghymru, a than nawdd y Bwrdd Croeso daw trefnwyr gwyliau a newyddiadurwyr o wledydd eraill i Gymru i weld pa drefniadau ar gyfer gwyliau sydd i'w cael yn y wlad brydferth hon.

Mae'r Bwrdd yn derbyn grantiau gan y Llywodraeth ac yn eu defnyddio i estyn cymorth ariannol ar gyfer codi gwestai newydd ac ehangu a gwella gwestai presennol, ac ar gyfer cynlluniau arbennig eraill a fydd yn darparu neu'n datblygu cyfleusterau i ymwelwyr er mwyn eu denu i ardaloedd newydd yng Nghymru nid yn unig yn ystod misoedd yr haf ond hefyd yn y gwanwyn, yr hydref ac ar wyliau byr drwy'r gaeaf.

Un o ogofeydd Dan-yr-ogof, Cwm Tawe, sy'n denu miloedd o ymwelwyr bob blwyddyn.

117

Trên bach Talyllyn sy'n rhedeg o Dywyn i Abergynolwyn ym Meirionnydd, un o'r trenau bach enwog sy'n atyniad mawr i lawer iawn o ymwelwyr â Chymru bob blwyddyn. Arferai'r rheilffordd gul hon gario llechi o chwareli Abergynolwyn i lan y môr yn Nhywyn i'w hallforio, ynghyd â theithwyr a phob math o nwyddau.

BWYD

Mae'n rhaid i bopeth byw, dyn ac anifail, gael bwyd er mwyn iddo gadw'n fyw a thyfu.

Sylweddolodd dyn yn gynnar iawn yn ei hanes y byddai'n fwy sicr o fwyta'n rheolaidd os gallai dyfu cnydau a dofi anifeiliaid, yn lle gorfod dibynnu ar gasglu ffrwythau a chnau a gwreiddiau a dail llysiau gwyllt a dal anifeiliaid a phryfed a chynrhon. Ar y dechrau, byddai'n bwyta popeth yn amrwd, fel anifail, ond ar ôl iddo ddarganfod, trwy ddamwain efallai, fod gwell blas ar gig ar ôl ei rostio, aeth ati i ddod o hyd i wahanol ddulliau o goginio a thrin bwyd a'i wneud yn fwy blasus i'w fwyta ac yn haws ei dreulio.

Erbyn heddiw rydym yn deall bod gan wahanol fwydydd wahanol rinweddau: mae rhai yn addas ar gyfer tyfu cyrff da – cig a physgod ac wyau a chaws; eraill yn rhoi ynni a gwres i'r corff – gwahanol fathau o fraster, siwgr, a bwydydd wedi'u gwneud o flawd; ac eraill eto yn amddiffyn ein cyrff rhag heintiau ac afiechyd – ffrwythau a llysiau yn arbennig. Ffordd arall o ddweud yr un peth yw nodi bod angen y pethau canlynol arnon ni – carbohidrad (siwgr a starts), braster (menyn, hufen a chig bras), prodin (cig coch, pysgod, llaeth, ffa, caws ac wyau), mwynau (calsiwm a haearn) a fitaminiau.

Daw llawer iawn o'n prif fwydydd o blanhigion. Rhaid tyfu gwahanol blanhigion dan amodau arbennig: er enghraifft, mae angen hinsawdd sych a chynnes ar wenith, un o'r prif gnydau, ond mae'n rhaid i reis gael ei wreiddio mewn digonedd o ddŵr.

Bydd rhai gwledydd, megis Seland Newydd, Awstralia a Canada, yn tyfu mwy o fwyd na mae ei angen ar eu trigolion eu hunain, a byddan nhw'n gwerthu'r hyn sydd weddill i wledydd tramor. Bydd gwledydd eraill – Prydain Fawr er enghraifft – yn tyfu llawer llai na'r angen: bydd hi'n cynhyrchu digon o laeth, wyau a thatws ar gyfer ei phoblogaeth, ond rhaid iddi allforio nwyddau i dalu am yr holl fwydydd eraill a fydd yn cael eu mewnforio – gwenith o Awstralia, Seland Newydd, yr Unol Daleithiau ac Ariannin, cig eidion o Ariannin, Canada a Seland Newydd, gwartheg o Iwerddon, cig oen o Seland Newydd, menyn o Seland Newydd eto ac o Awstralia a Denmarc, cig moch o Denmarc ac Iwerddon, a ffrwythau o Dde Affrica, o wledydd cynnes glannau'r Môr Canoldir ac o India'r Gorllewin.

Un o broblemau mawr y byd heddiw yw cael digon o fwyd ar gyfer poblogaeth sy'n cynyddu'n gyflym iawn. Er bod dulliau newydd o dyfu bwyd yn cael eu dyfeisio a'u defnyddio o hyd, mae'r boblogaeth yn dal i chwyddo'n gyflymach nag erioed. Mae rhannau helaeth iawn o'r byd (Diffeithwch Sahara, er enghraifft, a gwledydd oer y gogledd a mynydd-diroedd uchel) lle nad oes dim yn tyfu ar hyn o bryd, ac, yn ogystal â cheisio newid y sefyllfa yn y mannau hynny a'u gwneud yn fwy ffrwythlon, mae gwyddonwyr yn ceisio hefyd ddod o hyd i ddulliau o gael mwy o fwyd o'r môr. Mae rhai gwledydd poblog yn rhy dlawd i brynu bwyd gan eraill, a does ganddyn nhw mo'r ddawn na'r adnoddau i dyfu mwy o gnydau eu hunain, i ddatblygu bridiau gwell o anifeiliaid a mathau gwell o gnydau: fe gymer amser hir i ddysgu'r crefftau hyn iddyn nhw a'u hyfforddi sut i ddefnyddio gwrtaith a pheiriannau i wella ansawdd eu tir.

Dyma broblem mae Cymdeithas Fwyd ac Amaethyddiaeth y Cenhedloedd Unedig yn ceisio'i datrys, fel bod pawb o bobl y byd, ryw ddiwrnod, yn cael digon o fwyd – a digon o amrywiaeth o fwyd – i'w fwyta. (Gweler hefyd – AMAETHYDDIAETH, FITAMINIAU, FFRWYTHAU, LLYSIAU, PLANHIGION, PYSGOD.)

BYD

Planed yw ein byd ni, un o'r naw planed sy'n teithio o gwmpas yr haul. Mae pedair o'r wyth arall yn fwy na'r byd, a phedair yn llai. Mae pob planed ar ffurf pelen.

Diamedr pelen y byd yw tua 7,900 o filltiroedd, ac felly pe bai dyn am fynd o gwmpas y byd, gan ddilyn y Cyhydedd, byddai'n teithio bron 25,000 o filltiroedd. Arwynebedd y belen hon yw bron 200 miliwn o filltiroedd sgwâr. Er ei fod yn ymddangos yn fawr iawn, mewn gwirionedd mae'r byd yn fach o'i gymharu â llawer o'r sêr a'r planedau eraill sydd yn y bydysawd.

Ganrifoedd yn ôl doedd neb yn credu bod y byd yn grwn, ond mae'n hawdd profi ei fod felly wrth sefyll ar lan y môr a gwylio llong yn dod i'r golwg dros y gorwel, y rhannau uchaf i ddechrau, yna'r corff yn raddol, nes bod y llong i gyd yn y golwg. Pan fydd diffyg ar y lleuad mae cysgod y byd yn syrthio ar draws rhan ohono ac mae'r cysgod hwnnw'n grwn. Pan aiff astronot i'r gofod ac edrych yn ôl ar y byd oddi yno, mae'n ei weld fel pelen, ac mae'r lluniau a dynnwyd gan astronots, a chan y rocedi a'r lloerenni a yrrwyd i'r gofod cyn i ddyn fentro yno erioed, yn tystio i'r un peth – bod y byd yn grwn.

A bod yn fanwl gywir, mae'r byd *bron* yn grwn. Mae'n chwyddo rywfaint tua'r canol, ac yn tueddu i fod yn fflat ar y pen ac ar y gwaelod. Mae'r diamedr ar y Cyhydedd tua 27 milltir yn fwy na'r pellter o'r top i'r gwaelod, hynny yw, o Begwn y Gogledd i Begwn y De.

Mae'n debyg mai tua 4,000 o filiynau o flynyddoedd yn ôl y ffurfiwyd y byd o gwmwl anferth o lwch a nwy. Yn ystod y cyfnod hir hwnnw bu llawer o newid: nid fel y maen nhw heddiw y bu'r moroedd a'r cyfandiroedd ar hyd yr amser. Symudodd y tir i fyny ac i lawr a suddodd gwaelod y môr – weithiau'n sydyn ar adeg arbennig neu'n raddol dros gyfnod. Ar hyd yr amser bu rhew a gwynt a glaw yn erydu wyneb y tir, yn ei dreulio'n raddol gan newid ffurf mynyddoedd ac yn creu nentydd a fyddai'n golchi pridd i ffwrdd ac yn torri cafnau dwfn sydd bellach yn gymoedd dwfn ac yn welyau afonydd.

Mae haen dew o awyr o gwmpas y byd: hon sy'n ei gadw rhag cael ei losgi gan wres yr haul yn ystod y dydd, a rhag oeri gormod yn y nos.

Mae'r byd yn troi ar ei echel unwaith bob dydd. Dyma sy'n achosi dydd a nos: mae'r ochr sy'n wynebu'r haul yn mwynhau golau dydd tra mae'n nos ar y gweddill. Mae hefyd yn teithio o gwmpas yr haul unwaith mewn blwyddyn, nid mewn cylch ond gan ddilyn llwybr hirgul a chadw, ar gyfartaledd, bron 93 miliwn o filltiroedd oddi wrtho. (Gweler hefyd – BLWYDDYN, Y CYHYDEDD, CYLCH Y PEGWN, DAEAREG, DAEARGRYN, DISGYRCHIANT, DYDD A NOS, ERYDIAD, HYDRED A LLEDRED, MAPIAU, PLANEDAU, SÊR, TYMHORAU.)

BYDDIN

Yn gynnar iawn yn ei hanes byddai dyn yn setlo cweryl drwy gael ei berthnasau a'i gyfeillion i ymladd gydag ef yn erbyn y sawl roedd ganddo gŵyn yn ei erbyn. Yn nes ymlaen byddai brenin neu bennaeth yn gallu gorfodi ei ddeiliaid a'i ddilynwyr i ymladd drosto. Yn aml cwmni digon annhrefnus oedd y rhain, ond gwelwyd yn gynnar yr angen am ddisgyblaeth a hyfforddiant ar sut i drin arfau fel y byddai'r milwyr yn barod pryd bynnag y byddai angen eu gwasanaeth.

Felly ffurfiwyd "byddinoedd", sef cwmnïoedd neu finteioedd o ddynion arfog wedi'u disgyblu a'u dysgu a'u trefnu i ymladd.

O ddyddiau'r brenin Alfred ymlaen, bu gan bob brenin yn Lloegr ei fyddin ei hun, llu o filwyr yn cael eu cynnal a'u talu am ymladd yng ngwasanaeth y Goron. Fel rheol byddai gan bob uchelwr ei fyddin breifat, a gallai drosglwyddo'r rhain i fyddin y brenin pan ddeuai cais am hynny. A gallai unigolyn gasglu o'i gwmpas fyddin o rai o'r un syniadau ag ef ei hun i ymladd wrth ei ochr, fel y gwnaeth Owain Glyndŵr a'i ddilynwyr yn erbyn byddin Harri'r IV.

Byddin y goron oedd y fyddin fwyaf sefydlog ymhob gwlad, ac ar hyd y canrifoedd mae dylanwad a phwysigrwydd gwlad wedi dibynnu i raddau helaeth iawn ar faint a nerth ei byddin. Erbyn heddiw mae byddin yn rhan hanfodol o luoedd arfog llawer iawn o wledydd – y ddwy brif gangen arall yw'r awyrlu a'r llynges. Bydd rhai gwledydd, Rwsia a China, er enghraifft, yn gorfodi pob llanc iach o gorff i dreulio tymor yn un o'r lluoedd arfog beth bynnag fo'i alwedigaeth. Ar adeg rhyfel, wrth gwrs, bydd eraill yn cael eu galw i wasnaethu dros gyfnod yr ymladd.

Mae byddin heddiw yn sefydliad cymhleth a chanddi arfau ac arfogaeth arbennig iawn – ac mae'r milwyr sydd ynddi'n wahanol i'r gwŷr hynny, ganrifoedd yn ôl, na wyddai ddim byd ond sut i anelu bwa a saeth ar orchymyn eu harweinydd. Gall bechgyn – a merched hefyd – ymuno â'r fyddin am gyfnod penodedig cyn dychwelyd i fod yn ddinasyddion cyffredin yn dilyn galwedigaethau eraill. (Gweler hefyd – YR AWYRLU, Y LLYNGES, RHYFEL.)

BYFFLO

Anifail tebyg i fuwch neu ych yw'r byfflo. Mae dau brif fath i'w cael, un yn Asia a'r llall yn Affrica.

Mae byfflo Asia yn hawdd ei ddofi, a'i ddefnyddio i garia llwythi a thynnu certi ac offer fferm. Gwelir y byfflo yn gwneud gwaith o'r fath yn yr India, yn yr Aifft ac yng ngwledydd deheuol Ewrop ar lannau'r Môr Canoldir. "Byfflo dŵr" yw hwn: yn ei gynefin mae'n hoff o fyw gerllaw afon a gorwedd yn y mwd – er mwyn osgoi'r gwres a'r pryfed – ac felly mae'n ddigon parod i lusgo aradr yn y caeau gwlyb lle tyfir reis. Gall gyrraedd uchder o chwe throedfedd wrth yr ysgwydd. Mae ganddo groen llwyd-ddu, a chyrn hir iawn sy'n ymestyn dros chwe throedfedd. Mae'n byw ar laswellt, ac yn rhoi llaeth maethlon, cig blasus a lledr rhagorol.

Creadur gwyllt, amhosibl ei ddofi, yw byfflo Affrica. Mae cyrn hwn ychydig yn llai, a mwy o dro ynddyn nhw, a du yw ei groen. Yng ngorllewin Affrica ceir math arall sy'n gochlyd ei groen ac yn llai ei faint.

Dau fynach yn hofio yng ngardd yr abaty ar Ynys Bŷr.

YNYS BŶR

Ynys fechan, ryw filltir a hanner wrth filltir, yw Ynys Bŷr, tua dwy filltir o Ddinbych y Pysgod yn ne-orllewin Dyfed. Enw da arni fyddai Ynys y Mynachod.

Ddechrau'r ganrif hon cododd aelodau o Urdd Sant Bened yr abaty coch a gwyn sydd ar yr ynys heddiw, ond bu'r lle'n seintwar i fynachod ganrifoedd cyn hynny. Mae'n debyg mai yn y chweched ganrif y codwyd y fynachlog wreiddiol yno, ac mai

Pŷr oedd yr abad cyntaf: ar ei ôl ef yr enwyd yr ynys a Maenorbŷr, plwyf ar y tir mawr nid nepell i ffwrdd ar draws y Swnd. Dilynwyd ef am amser byr gan yr esgob Samson a adawodd ei enw ar ogof, pont, croesffordd a fferm gerllaw Stackpole Elidyr, ychydig filltiroedd i'r gorllewin o Faenorbŷr, lle bu'n feudwy am ysbaid.

Yn y ddeuddegfed ganrif codwyd priordy ar Ynys Bŷr gan fynachod o Urdd Sant Bened a ddaeth yno o Landudoch yng ngogledd Sir Benfro, ger Aberteifi, a buon nhw yno nes i'r brenin Harri'r VIII ddiddymu'r mynachlogydd i gyd yn

1534. Hwyrach na fu mynachod ar yr ynys wedyn tan 1906: y flwyddyn honno daeth aelodau o'r un Urdd yno a chodi'r priordy presennol.

Pan aethon nhw oddi yno i Prinknash yn Swydd Gaerloyw yn 1928 fe'i dilynwyd gan gwmni o'r Brodyr Gwynion (y Sistersiaid), ac mae tua deugain ohonyn nhw yno ar hyn o bryd. Maen nhw'n trin y tir ac yn cadw gwenyn, gan werthu'r cynnyrch ar y tir mawr yn Ninbych y Pysgod. Maen nhw hefyd yn tyfu blodau a llysiau ar gyfer gwneud peraroglau: mae nifer o wahanol fathau ar y farchnad heddiw. (Gweler hefyd – MYNACH.)

Seremoni cadeirio'r bardd buddugol yn Eisteddfod Genedlaethol Cymru yn Rhuthun, Dyffryn Clwyd, 1973.

C

CACTWS

Dyma enw teulu o blanhigion rhyfedd yr olwg sydd wedi'u haddasu'u hunain ar gyfer byw mewn gwledydd sych poeth yn neheudir yr Unol Daleithiau, Mexico, De America, yr Eidal a gwledydd eraill o gwmpas pen dwyreiniol y Môr Canoldir. Mae llawer math o gactws, rhai yn fach iawn ac eraill yn golofnau mawr sy'n cyrraedd uchder o 50 troedfedd.

Mae gwreiddiau'r rhan fwyaf ohonyn nhw'n ymledu'n agos at wyneb y pridd er mwyn dal y glaw prin cyn iddo sychu. Yng ngwres yr haul bydd lleithder yn anweddu oddi ar ddail llawer o blanhigion, ond, yn wahanol i bron pob planhigyn arall, does dim dail gan y cactws. Bydd y bonyn tew yn derbyn dŵr o'r gwreiddiau ac yn ei storio a'i droi yn fwyd i'r planhigion.

Gwahanol fathau o gactws yn tyfu yn Niffeithwch Arizona yng Ngogledd America.

Byddai anifeiliaid yn bwyta'r bonau iraidd onibai am y drain pigog sy'n tyfu ar lawer ohonyn nhw. Weithiau bydd ffermwyr yn y gwledydd poeth lle mae'r cactws yn tyfu yn plannu cloddiau ohono i gadw'u hanifeiliaid i mewn gan ei bod yn anodd torri trwyddyn nhw.

Anaml iawn y bydd y cactws yn blodeuo, ond mae'r blodau mawr o liwiau llachar yn werth aros amdanyn nhw, er mai un blodyn efallai sydd ar bob planhigyn. Gellir gwneud jam a melysion a diodydd oer o'r ffrwythau ac o sudd y bonau tew.

Gallwn dyfu rhai mathau o gactws mewn tai gwydr yn y wlad hon.

CADER IDRIS
Ardal fynyddig yn Sir Feirionnydd, rhwng afonydd Mawddach a Dyfi, ac i'r deau o dref Dolgellau. Mae yno sawl copa – yr uchaf yw Pen y Gader (2,927 o droedfeddi uwch lefel y môr) sy'n edrych i lawr ar ddau lyn, Llyn y Gader a Llyn y Cau. (Gweler y map ar dudalen 104.) Mae nifer o hen goelion yn gysylltiedig â'r ardal: dywedir nad oes gwaelod i Lyn y Cau a bod anghenfil yn trigo yn ei ddyfroedd, bod tylwyth teg yn byw mewn ogofeydd ar y mynyddoedd hyn, a bod perygl i bwy bynnag sy'n dewis cysgu'r nos ger y copa ddeffro'n wallgof yn y bore.

Does neb yn gwybod pwy oedd Idris. Un ystyr i'r gair 'cadair' yw man gwersylla, a hwyrach mai cawr neu bennaeth oedd Idris a ymsefydlodd yno rywbryd yn yr hen oesoedd.

Mae'r ardal brydferth hon yn rhan o Barc Cenedlaethol Eryri, ac yn Warchodfa Natur o ddiddordeb anghyffredin am fod yno blanhigion prin. (Gweler hefyd – PARC CENEDLAETHOL.)

CADEIRIO
Ganrifoedd lawer yn ôl yng Nghymru, roedd gan bob un o swyddogion pwysica'r deyrnas gadair arbennig yn llys y brenin. Un o'r rhain oedd y bardd, neu'r "pencerdd" fel mae cyfreithiau Hywel Dda yn sôn amdano. Wyddom ni ddim ai ar ôl rhyw fath o gystadleuaeth yr enillai'r bardd ei gadair a'r hawl i eistedd arni yn llys y brenin, ond fe wyddom fod cystadlu yn arferiad hen iawn yng Nghymru.

Mor bell yn ôl â 1176 trefnwyd "eisteddfod" o ryw fath yng nghastell Aberteifi. Roedd yno ddwy brif gystadleuaeth, un i feirdd ac un i gerddorion, a rhoddwyd cadair i'r buddugol ymhob un, ynghyd â gwobrau ac anrhegion eraill.

Mae'r Eisteddfod Genedlaethol heddiw yn cadw'r un arferiad o gynnig cadair i brifardd yr ŵyl, ac, wrth gwrs, caiff y bardd buddugol fynd â'i gadair adref gydag ef a'i chadw am byth. Cynigir y wobr hon am gyfansoddi awdl ar fesurau traddodiadol barddoniaeth gaeth Cymru, ac os bydd y beirniaid yn penderfynu bod un o'r ym-geiswyr yn deilwng o'r wobr, caiff yntau ei gadeirio

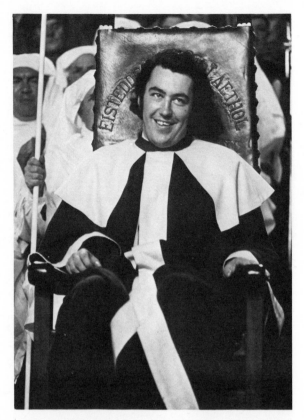

Alan Lloyd Roberts o Lŷn, Prifardd ifanc Eisteddfod Genedlaethol Dyffryn Clwyd yn Rhuthun, 1973.

mewn seremoni arbennig ar brynhawn dydd Iau, wythnos yr Eisteddfod. Trefnir y seremoni hon gan Orsedd y Beirdd. Erbyn heddiw, chaiff neb ennill mwy na dwy gadair yn yr Eisteddfod Genedlaethol.

Bydd sawl eisteddfod lai hefyd, ar hyd a lled Cymru, yn cynnig cadair fel prif wobr i fardd ac yn cynnal seremoni arbennig i gadeirio'r bardd buddugol. (Gweler hefyd – AWDL, CORONI, EISTEDDFOD GENEDLAETHOL CYMRU, GORSEDD BEIRDD YNYS PRYDAIN.)

CADNO
Anifail gwyllt yw'r cadno, perthynas agos i'r ci, sy'n gyffredin iawn dros rannau helaeth o'r byd. Mae'r cadno a welwn yng Nghymru'n greadur hardd, â'i gôt frown cochlyd, ei lygaid gloyw, ei safn a'i glustiau pigfain a'i gynffon drwchus flewog. Mae'n mesur rhyw lathen o flaen ei drwyn i ben ei gynffon, a thua throedfedd o uchder. Anaml y gwelwn ef yn symud yn heini ar hyd bôn clawdd yng ngolau dydd: creadur y nos ydyw, a'r pryd hwnnw bydd yn hela cwningod a llygod – bach a mawr – ac, os daw cyfle, yn lladd ieir ac ŵyn bach, ac yn twrio am gynrhon a chwilod. Mae'n eitha parod hefyd, os bydd angen, i fwyta ffrwythau ac aeron, pysgod, celanedd a glaswellt.

Bydd ffermwyr yn hela'r cadno, a phan ddaw'r cŵn ar ei ôl bydd yntau'n dangos pa mor gyfrwys ydyw drwy redeg drwy nant neu afon, neu neidio

Cadno wrth enau ei wâl.

ar gefn dafad er mwyn difetha'r trywydd. Os caiff ei ddal bydd cadno weithiau'n cymryd arno ei fod wedi marw gan obeithio cael cyfle i ddianc yn nes ymlaen.

Mewn gwledydd eraill ceir llwynogod o liwiau gwahanol. Du yw cadno Canada a blaenau gwynion i'w flew tywyll; brown yw lliw cadno Pegwn y Gogledd yn yr haf, ond mae'n troi'n berffaith wyn yn y gaeaf. Defnyddir crwyn y ddau gadno hyn ar gyfer gwneud cotiau ffwr.

CAER (pob. 1971–61,990)

Dinas ar y gororau rhwng Cymru a Lloegr yw Caer, ar lannau afon Dyfrdwy heb fod ymhell o'r fan lle mae honno'n llifo i'w haber rhwng gogledd-ddwyrain Cymru a'r Wirral.

Cododd y Rhufeiniaid wersyllfan i'w milwyr – Deva oedd eu henw hwy ar y lle – er mwyn ymosod ar drigolion gogledd Cymru, ac adeiladwyd ffordd fawr yn rhedeg o Deva i Segontiwm (Caernarfon heddiw). Daeth Deva'n ganolfan bwysig i'r Rhufeiniaid, ac mae llawer o'u holion i'w gweld mewn amgueddfa yng Nghaer heddiw. Adeiladwyd ffyrdd oddi yno i'r gogledd (i Gaer Efrog), i'r de-ddwyrain i gyfeiriad Llundain (Ffordd Watling oedd hon) ac un arall tua'r deau ar hyd gwasta-tiroedd y gororau. Enw'r Cymry ar Gaer oedd Caerllion Fawr, ac roedd y ffordd o'r gogledd i'r

de yn ei chysylltu â chaer arall ac iddi enw tebyg – Caerllion-ar-Wysg.

Am ganrifoedd wedyn cadwodd y Saeson fyddinoedd yng Nghaer i gadw trigolion Gogledd Cymru mewn trefn. Adeiladodd William Goncwerwr gastell yno, a hyd heddiw mae rhannau o'r ddinas y tu mewn i'r hen furiau.

Roedd Caer gynt yn borthladd, ond newidiodd yr afon ei chwrs ac adenillwyd tir o'r aber nes ei bod yn amhosibl bellach i longau gyrraedd y ddinas.

Mae yno ddwy atynfa nodedig i ymwelwyr – yr Eglwys Gadeiriol hardd a'r rhesi o siopau sydd yn y prif heolydd, un rhes ar ben y llall fel petai. (Gweler hefyd – RHUFEINIAID.)

CAERDYDD (pob. 1971–276,790)

Dinas a phorthladd pwysig yn Neheudir Cymru yw Caerdydd. Yn y ganrif gyntaf ymsefydlodd y Rhufeiniaid yno, lle mae afonydd Rhymni, Taf ac Elái yn llifo i Fôr Hafren, ac am rai canrifoedd roedd gwersyllfan yno ar y ffordd a redai o Gaerllion-ar-Wysg i Gastell Nedd ac ymlaen i Gaerfyrddin (Maridunum). Roedd ffordd Rufeinig arall yn rhedeg o Gaerdydd i'r gogledd, i'r Gelli Gaer, Pen-y-Darren ac Aberhonddu. Mae llawer o olion arhosiad y Rhufeiniaid yn y cylch i'w gweld yn yr Amgueddfa Genedlaethol.

124

Digwyddodd fawr ddim o bwys yn hanes y lle am gyfnod hir ar ôl i'r Rhufeiniaid ymadael. Yn niwedd yr 11 ganrif daeth y Normaniaid, a chododd Robert Fitzhamon gastell ar safle'r hen gaer Rufeinig, i fod yn amddiffynfa rhag ymosodiadau'r Cymry o'r bryniau. Erbyn y flwyddyn 1100 roedd Caerdydd yn fwrdeistref Normanaidd, ond lle bach digon cyffredin oedd am ganrifoedd wedyn, yn gartref i grefftwyr a physgotwyr – ac yn hafan i fôr-ladron.

Yn sgîl y Chwyldro Diwydiannol y daeth bri i Gaerdydd. Yn y 18 ganrif roedd pyllau glo wedi'u suddo yn y cymoedd i'r gogledd i'r dref a gweithfeydd haearn wedi'u hagor ym Merthyr a Dowlais,

porthladd, a rhaid oedd adeiladu dociau newydd yng Nghaerdydd i drafod y nwyddau hyn.

Tan ganol y 19 ganrif, i borthladdoedd eraill ym Mhrydain yr âi rhan helaeth o'r glo o Gaerdydd, ond tua 1840 dechreuwyd allforio mwy i wledydd tramor a thyfodd y fasnach hon yn hynod: bron chwarter miliwn o dunelli yn 1850, dros filiwn yn 1860 ac ymhell dros ddwy filiwn yn 1870 – a'r pryd hwnnw Caerdydd oedd y porthladd pwysicaf yn y byd am allforio glo.

Yn 1801 roedd poblogaeth Caerdydd yn llai na 2,000; erbyn 1841 roedd wedi cyrraedd 10,000 ac yn 1871 roedd bron yn 40,000. Yna cynyddodd yn

Llun o'r awyr o ran o Ddinas Caerdydd.
(1) Y Ganolfan Ddinesig; (2) Parc Bute; (3) Castell Caerdydd; (4) ardal y siopau a'r farchnad; (5) Y Stadiwm Cenedlaethol, canolfan Rygbi yng Nghymru; (6) Afon Taf; (7) Pwll Nofio—yr Empire Pool; (8) Gorsaf y Rheilffordd—Yr Orsaf Ganol.

a byddai ceffylau a mulod yn cludo'r glo a'r haearn ar eu cefnau – neu'n eu llusgo mewn wagenni mawr – bob cam i Gaerdydd i'w hallforio. Yn 1794 agorwyd camlas o Gaerdydd i Ferthyr: bellach roedd y dasg o gludo glo a haearn i'r porthladd yn haws o lawer, ac yn haws fyth pan ddaeth y rheilffyrdd i gysylltu'r cymoedd a'r

gyflym dros ben: 1881 – 82,000, 1901 – 164,000 a 1921 – 220,000.

Heddiw mae Caerdydd yn ddinas hardd a helaeth, ac ynddi weithfeydd eang yn cynhyrchu dur a thunplat, ffatrïoedd rhaffau, brics a bisgedi, melinau blawd a bractai. Mae'n ganolfan weinyddol bwysig iawn: yn chwedegau'r 20 ganrif symudwyd llawer o swyddfeydd y Llywodraeth oedd yn delio â Chymru i Gaerdydd a'u canoli yno yn y Swyddfa Gymreig.

Mae canolfan ddinesig o adeiladau gwych ym Mharc Cathays yng nghanol y ddinas. Yno mae Neuadd y Ddinas a Neuadd Sir Morgannwg (canolfan gweinyddiaeth Sir Forgannwg tan 1 Ebrill, 1974), Coleg y Brifysgol ac Athrofa Gwyddoniaeth a Thechnoleg Prifysgol Cymru, y Llysoedd Barn ac Amgueddfa Genedlaethol Cymru, y Deml Heddwch a'r Swyddfa Gymreig. Yno hefyd mae'r Gofeb Genedlaethol i gofio'r Cymry a syrthiodd yn y ddau Ryfel Byd. Yn 1971 agorwyd ysbyty newydd yng Nghaerdydd – y mwyaf modern yn Ewrop – ynghyd ag Ysgol Feddygol Genedlaethol ar gyfer hyfforddi doctoriaid, nyrsys a deintyddion.

Erbyn y 19 ganrif roedd hen gastell y Normaniaid wedi dadfeilio, ond fe'i hatgyweiriwyd gan Ardalydd Bute a'i addasu yn gartref yng Nghymru ar gyfer ei deulu. Yn 1947 rhoddodd yntau'r castell i Gyngor Dinesig Caerdydd i'w ddefnyddio er budd trigolion y ddinas. Mae mewn safle hynod o gyfleus yn un o'r prif heolydd, yn atynfa i filoedd o ymwelwyr bob blwyddyn, ac am rai blynyddoedd bu rhan ohono'n gartref i'r Coleg Cerdd a Drama nes y codwyd adeilad newydd iddo ym Mharc Cathays.

Yng Nghaerdydd mae canolfannau'r B.B.C. a Theledu Harlech, y naill yn Llandaf a'r llall ym Mhontcanna. Yn Llandaf mae'r Eglwys Gadeiriol lle codwyd cerflun enwog Jacob Epstein – "Majestus" – "Crist mewn gogoniant". Yn y ddinas hefyd mae canolfan Undeb Rygbi Cymru a maes chwarae enwog Parc yr Arfau lle bydd timau rygbi'r crysau cochion yn ymgiprys â thimau o wledydd eraill. Ym Mharc Ninian bydd tîm socer Caerdydd yn chwarae â'r bêl gron, a thîm criced Morgannwg yn defnyddio rhan o Erddi Soffia. Yn agos at y maes criced mae Canolfan Chwaraeon Cymru.

Ar gyffiniau'r ddinas, yn Sain Ffagan, mae Amgueddfa Werin Cymru, a thuag wyth milltir i ffwrdd mae maes awyr y Rhŵs.

Rhan o Ddinas Caeredin—llun o'r awyr.
(1) Castell Caeredin; (2) Parc Holyrood; (3) Cader Arthur (823 troedfedd o uchder); (4) Ffordd y Tywysogion—Princes Street; *(5) Neuadd Usher*—Usher Hall.

126

Yn 1955 rhoddwyd urddas Prifddinas Cymru ar Ddinas Caerdydd. (Gweler hefyd – AMGUEDDFA GENEDLAETHOL CYMRU, AMGUEDDFA WERIN CYMRU, EGLWYS GADEIRIOL, GLO, HAEARN, LLANDAF, NORMANIAID, PRIFYSGOL CYMRU, RHU-FEINIAID.)

CAEREDIN (pob. 1971 – 468,765)

Dyma brifddinas yr Alban, ychydig filltiroedd o lan ddeheuol aber afon Forth.

Ganrifoedd yn ôl ymsefydlodd trigolion cynnar o gwmpas y gaer sy'n dal i sefyll ynghanol y ddinas hardd hon. Ar ei chopa mae'r castell a fu'n gartref i lawer o frenhinoedd yr Alban. Yn y chweched ganrif roedd llwyth o Frythoniaid a siaradai Gymraeg, y Gododdin, yn byw yn neheudir yr Alban a gogledd Lloegr, ac roedd gan eu harweinydd lys yng Nghaeredin.

Yr Ynysoedd Prydeinig—a'r pum prifddinas

Mae Caeredin yn Fwrdeistref Frenhinol, yr un fath â Chaernarfon. Yno mae rhai o adeiladau a sefydliadau pwysica'r wlad: Prifysgol a agorwyd yn 1582, Eglwys Gadeiriol Sant Giles, Palas Holyrood (un o gartrefi teulu brenhinol Prydain), Tŷ'r Senedd – er na chyfarfu senedd yno ers 1707 pan unwyd Lloegr a'r Alban, a chae rygbi enwog Murrayfield lle bydd tîm cenedlaethol yr Alban yn herio timau gwledydd eraill yn eu tro.

Leith yw porthladd Caeredin, un o'r rhai mwyaf yn y wlad. Bydd yn mewnforio grawn, bwydydd, pren, haearn a dur, gwrtaith a sment, ac yn allforio cwrw, gwinoedd a gwirodydd (yn enwedig whisgi), glo a phapur. Mae yng Nghaeredin felinau gwneud

papur, ac mae'r ddinas yn enwog am yr holl lyfrau a chylchgronau sy'n cael eu hargraffu a'u cyhoeddi yno.

Ers 1947 mae'n enwog hefyd am yr ŵyl fawr flynyddol a gynhelir yno am dair wythnos ddiwedd Awst a dechrau Medi, pryd daw miloedd ar filoedd i Gaeredin i fwynhau gwledd o gerddoriaeth, opera a bale, a dramâu ac arddangosfeydd darluniau a cherffuniau. Ar y Sadwrn o flaen yr Ŵyl cynhelir Mabolgampau Ucheldiroedd yr Alban yng Nghaeredin. (Gweler hefyd – ANEIRIN, YR ALBAN.)

CAERFADDON (pob. 1971 – 85,600)

Dinas yng Ngwlad yr Haf yw hon, ryw ddeuddeng milltir i'r de-ddwyrain o Fryste. Mae'n enwog am ei ffynhonnau – yr unig ddinas yn Lloegr ac ynddi ffynhonnau naturiol o ddŵr poeth.

Yn y ganrif gyntaf cododd y Rhufeiniaid faddonau enfawr yno, gan ddefnyddio plwm o Fryniau Mendip gerllaw, a galwyd y lle *Aquae Sulis* – Dyfroedd Sul, un o'r duwiau roedden nhw'n eu haddoli. Deuai cleifion yno o bell ac agos i ymdrochi a chael gwared o'u hanwylderau.

Ond doedd fawr o fri ar y ffynhonnau ar ôl i'r Rhufeiniaid ymadael. O'r 13 ganrif tan y 18, roedd y lle yn enwog fel tre farchnad a chanolfan wau brethyn: wrth adrodd hanes y bererindod i Gaergaint mae Chaucer yn haeru bod y Wraig o Gaerfaddon yn well gwehydd na chrefftwyr Fflandrys.

Yn gynnar yn y 18 ganrif aeth pedwar o'r trigolion ati i adfer y ddinas a'i gwneud yn lle dymunol i ymwelwyr: Richard Nash (a anwyd yn Abertawe ac a ddaeth yn enwog wrth ei lys-enw, Beau Nash), Ralph Allen (gŵr cefnog), a dau bensaer, tad a mab o'r enw John Wood. Cynlluniwyd yn ofalus, codwyd llawer o adeiladau newydd gan ddefnyddio'r garreg leol roedd digonedd ohoni i'w chael, ac ail-agorwyd hen faddonau'r Rhufeiniaid. Erbyn heddiw mae Caerfaddon yn ganolfan wyliau ffasiynol. (Gweler hefyd – FFYNNON BOETH, RHUFEINIAID.)

CAERGAINT (pob. 1971 – 33,630)

Roedd pobl yn byw lle mai Caergaint heddiw, ar lannau Afon Stour yn ne-ddwyrain Lloegr, am ganrifoedd cyn i'r Rhufeiniaid ddod i Brydain a chodi tref yn y fan honno. Enw'r Rhufeiniaid ar y lle oedd Durovernum. Ymhlith olion o'u cyfnod nhw sydd i'w gweld yno heddiw mae sylfeini amffitheatr anferth.

Tua diwedd y 6 ganrif daeth Awstin o Rufain i Brydain i bregethu Cristnogaeth. Cafodd Brenin Deheudir Lloegr dröedigaeth; adeiladwyd eglwys fawr yng Nghaergaint ac Awstin oedd ei Harchesgob cyntaf. Dinistriwyd yr eglwys honno gan dân, ond codwyd un arall, ac erbyn heddiw daw pobl o bob rhan o'r byd, yn eu miloedd, i weld Eglwys Gadeiriol wych Caergaint.

Eglwys Gadeiriol Caergaint.
Sefydlwyd yr eglwys gyntaf yma yn y flwyddyn 597, ond does dim o'r adeilad hwnnw ar ôl. Cychwynnwyd yr adeilad presennol yn 1067.

Archesgob Caergaint yw prif archesgob Eglwys Loegr – Primas Lloegr gyfan – a bydd y Prif Weinidog yn gofyn ei gyngor pan fydd angen penodi esgobion newydd yn yr Eglwys honno.

Yn 1162 penodwyd Thomas Becket yn Archesgob Caergaint. Ar y dechrau roedd yntau a'r brenin Harri'r Ail yn gyfeillion, ond bu ffrae rhyngddyn nhw. Un diwrnod yn 1170, gan wybod y carai'r brenin gael gwared o'r Archesgob, aeth rhai o'i weision i Gaergaint a llofruddio Becket wrth yr allor yn yr Eglwys Gadeiriol. Am ganrifoedd wedyn byddai pererinion yn teithio i Gaergaint i gofio am Sant Thomas Becket ac i addoli wrth ei fedd. Tua 1390 ysgrifennodd y bardd Saesneg Geoffrey Chaucer hanes pererindod o'r fath, gan gynnwys y straeon a adroddai'r gwahanol bererinion er mwyn difyrru'r cwmni ar y daith o Lundain i'r cysegr yng Nghaergaint. Enw'r llyfr yw *The Canterbury Tales.*

Cyn dychwelyd byddai'r pererinion yn prynu clychau bychain i'w gosod ar ffrwynau eu ceffylau i gofio'r achlysur, ac o'r arferiad yma y cafodd y blodau Clychau'r Cawr eu henw Saesneg *Canterbury Bells.*

Agorwyd Prifysgol Caint yng Nghaergaint yn 1965. (Gweler hefyd – ARCHESGOB, EGLWYS GADEIRIOL, RHUFEINIAID.)

CAERGRAWNT (pob. 1971 – 102,500)

Dinas yn nwyrain Lloegr, tua 50 milltir i'r gogledd o Lundain. Yma ac yn Rhydychen mae'r ddwy brifysgol hynaf ym Mhrydain. Sefydlwyd y coleg cyntaf yng Nghaergrawnt, Coleg Peterhouse, yn 1284: i'r coleg hwn yr aeth John Penry yn 1580. Erbyn diwedd y 16 ganrif roedd 16 o golegau ym Mhrifysgol Caergrawnt: heddiw mae yno 23, gan gynnwys tri i ferched; y diweddaraf i'w sefydlu oedd y coleg sy'n dwyn enw'r Prif Weinidog enwog, Churchill, a agorwyd yn 1966.

Mae rhai o'r colegau hyn yn adnabyddus iawn, fel Coleg Sant Ioan lle'r aeth Edmwnd Prys (awdur "Salmau Cân") a William Morgan (cyfieithydd y Beibl) yn efrydwyr yn 1565 – mae plac ar y wal yno yn cofnodi'r ffaith hon yn Gymraeg. Mae capel enwog iawn yng Ngholeg y Brenin, a sefydlwyd gan Iorwerth VI yn 1441. Coleg y Drindod yw'r coleg mwyaf: sefydlwyd hwn

128

gan Harri'r VIII yn 1546; yno bu'r mathemategwr enwog, Isaac Newton, a byth oddi ar ei gyfnod ef mae Prifysgol Caergrawnt yn enwog am ddysgu mathemateg. Mae'r Brifysgol yn ganolfan bwysig ar gyfer ymchwil wyddonol hefyd: yn Labordy Cavendish yno yn nhridegau'r ganrif hon yr holltodd y gwyddonydd Rutherford yr atom.

Adeiladau nobl iawn yw llawer o'r colegau hyn, gyda gerddi prydferth a lawntiau eang, rai ohonyn nhw'n ymestyn i lawr at lan afon Cam sy'n llifo y tu ôl i rai o'r colegau.

Roedd Caergrawnt yn ganolfan fasnachol bwysig cyn sefydlu'r Brifysgol yno, a heddiw mae amrywiaeth o ddiwydiannau yno – gwaith radio ac electronig, gwneud sment a chynhyrchu offer gwyddonol.

CAER GWYDION

Os edrychwn i fyny i'r wybren ar noson dywyll, glir, fe welwn strimyn llydan o olau gwan yn ymestyn fel cwmwl gwyn ar draws y ffurfafen. Daw'r golau o galacsi anferth o filiynau ar filiynau o sêr: mae rhai seryddwyr yn amcangyfrif bod yno gynifer â dau can mil o filiynau (200,000,000,000) ohonyn nhw, yn edrych fel pe baen nhw wedi'u crynhoi'n glos at ei gilydd. Mewn gwirionedd, wrth gwrs, mae pellter mawr rhwng pob seren a'r nesaf ati.

Mae'r galacsi fel dwy soser wedi'u gosod at ei gilydd fel bod tu mewn y ddwy yn wynebu'i gilydd, ac fel bod y rhan letaf yn y canol: byddwn ni'n edrych ar yr ymyl, y rhan gulaf.

Llun o ran o Gaergrawnt o'r awyr, yn dangos rhai o golegau'r Brifysgol.
(1) Afon Cam; (2) Y "bacs"—gerddi a lawntiau ar lannau'r afon; (3) Coleg y Brenin; (4) Capel gwych Coleg y Brenin; (5) Coleg Clare; (6) Coleg Neuadd y Drindod; (7) Coleg y Drindod; (8) Coleg Crist; (9) Coleg Penfro; (10) Coleg Peterhouse.

Yng "Ngweledigaethau'r Bardd Cwsg" mae Elis Wynn yn breuddwydio iddo gael ei godi myrddiwn o filltiroedd "oni welwn yr haul ymhell odditanom, a thrwy Gaer Gwydion, a llawer o sêr tramawr eraill, i gael golwg o hirbell ar fydoedd eraill".

Dywedir mai ar ôl seryddwr o'r drydedd ganrif, Gwydion ap Dôn, y cafodd y galacsi ei enw; iddo ddilyn merch, a oedd wedi dianc oddi wrtho, ar draws y ffurfafen gan adael llwybr ar ei ôl, ac wedi hynny galwyd y llwybr hwnnw "Caer Gwydion".

Enw arall ar y galacsi – am reswm digon amlwg – yw "Y Llwybr Llaethog". (Gweler hefyd – SÊR, SERYDDIAETH.)

CAERLLION-AR-WYSG

Enwir y lle hwn, sydd ychydig filltiroedd i fyny Afon Wysg o dref Casnewydd yng Ngwent, ar ôl y lleng Rufeinig a gododd ddinas gadarn yma tua'r flwyddyn 75 O.C. Erbyn hynny roedd y Rhufeiniaid wedi llwyddo i feistroli'r Cymry, ar ôl cryn ymdrech: codwyd y gaer hon yn y deheudir, yn Isca, ac un arall yn y gogledd, yn Deva (lle mae dinas Caer heddiw), a nifer o gaerau cynorthwyol yma a thraw yng Nghymru i gadw'r trigolion dan reolaeth.

Roedd y milwyr a ymgartrefodd yn Isca yn perthyn i'r Ail Leng a enwyd ar ôl Augustus Cesar. (Wrth gloddio cafodd archaeolegwyr sawl teilsen ac ar bob un y nod LEG II AVG, talfyriad o'r enw *legio secunda Augusta*.) Roedd ynddi bron 6,000 o filwyr, mewn deg mintai, ac mae llawer o'u holion i'w gweld heddiw yn sylfeini'r adeiladau a ddatguddiwyd gan archaeolegwyr ac yn y casgliad o hen bethau a gawson nhw yn y cylch ac sydd bellach yn Amgueddfa Caerllion.

Yn y gaer hon roedd llety'r milwyr, eu gweithdai, stordai, swyddfeydd, baddonau a thai bach,

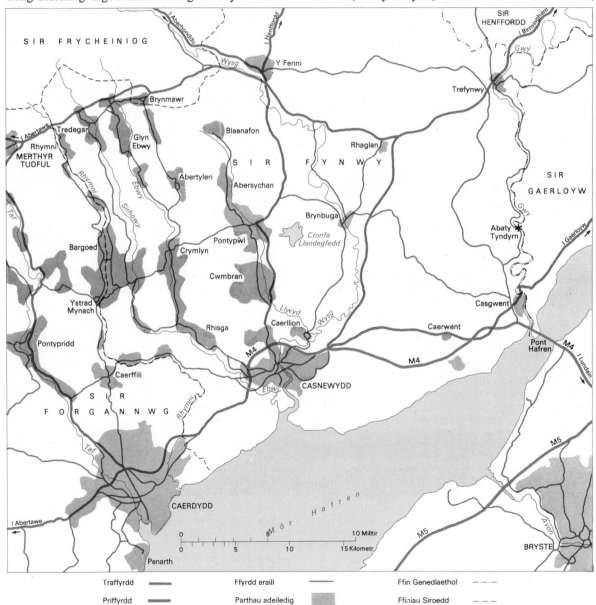

Mae Caerllion-ar-Wysg bron ar ganol y map hwn. Mae enwau a ffiniau'r siroedd fel roeddyn nhw tan 1 Ebrill 1974. Gwent yw'r enw bellach ar y rhan fwyaf o'r wlad a welir yma.

130

Erbyn heddiw dim ond adfeilion ac olion hen adeiladau sydd yng Nghaerllion. Hwyrach mai adeilad o'r fath yma oedd amffitheatr y Rhufeiniaid yn y ganrif gyntaf.

ysbyty, stablau a cheginau, a'r cyfan y tu mewn i wal gerrig tuag ugain troedfedd o uchder gyda thwredau ar-hyd-iddi a gwrthglawdd o bridd y tu ôl iddi. Roedd pencadlys y gwersyll yn y canol – stordai a swyddfeydd a neuadd fawr. Mae gweddillion sylfeini llawer o'r adeiladau hyn o'r golwg dan strydoedd a thai a siopau'r pentref modern, ond mae cornel orllewinol i'w gweld yno heddiw.

Y tu allan i'r gaer roedd amffitheatr anferth, agored i'r wybren, arena o dywod yn y canol lle byddai'r milwyr yn ymarfer, a digon o seddau pren o'i amgylch ar glawdd o bridd i'r lleng gyfan ymgynnull yno i wylio ymryson neu seremonïau neu ryw fath o ddifyrrwch. Mae'r amffitheatr hon wedi'i chloddio a'i chadw i roi syniad da i ymwelwyr am un agwedd o fywyd gwersyll Caerllion yng nghyfnod y Rhufeiniaid.

Y tu allan i'r gaer hefyd roedd cartrefi'r trigolion lleol – crefftwyr, siopwyr, masnachwyr, tafarnwyr – a fyddai'n diwallu anghenion y milwyr.

Yn yr Amgueddfa leol (sydd bellach yn gangen o Amgueddfa Genedlaethol Cymru) gallwn weld enghreifftiau o arfau ac arfwisg milwyr y gaer, eu gwisgoedd, eu hoffer a'u celfi, eu bwyd a'r dysglau a ddefnyddien nhw. Yn 1970 cafwyd

enghraifft ragorol o gerflun o ben gwraig Rufeinig, wedi syrthio efallai oddi ar garreg fedd o dywod-faen lleol. Mae'r gweddillion hyn yng Nghaerllion-ar-Wysg yn rhoi darlun rhagorol i ni heddiw o fywyd y milwyr yno pan oedd y Rhufeiniaid yn feistri ar Brydain. (Gweler hefyd – RHUFEINIAID.)

CAERNARFON (pob. 1971 – 9,370)

Tref yng ngogledd-orllewin Cymru, yng nghysgod mynyddoedd Eryri, lle mae Afon Seiont yn llifo i Gulfor Menai. Ganrifoedd cyn i'r Rhufeiniaid ddod i Brydain roedd pobl yn byw yn yr ardal honno: yn Nhre'r Ceiri ar lechweddau mynyddoedd Yr Eifl, ychydig filltiroedd i'r gorllewin, ac yng "Nghhytiau'r Gwyddelod" – fel y gelwir nhw ar lafar – sydd yma a thraw ar fryniau'r cylch cafwyd olion Celtiaid a fu'n byw yno o 500 C.C. ymlaen.

Erbyn 80 O.C. roedd y Rhufeiniaid wedi concro trigolion y gogledd: adeiladwyd caer yn Segontiwm, ar fryn sydd y tu ôl i'r dref bresennol, a ffordd i'w chysylltu â Deva (Caer heddiw). Defnyddiodd y Rhufeiniaid y gaer hon am ryw dair canrif: erbyn 300 O.C. roedd yn ganolfan weinyddol bwysig i'r rhan honno o ogledd Cymru. Mae rhywfaint o'u holion i'w gweld yn yr amgueddfa sydd ar y safle heddiw.

Ychydig a wyddom am hanes Caernarfon yn yr Oesoedd Tywyll ar ôl i'r Rhufeiniaid ymadael tua diwedd y 4 ganrif. Wedi Concwest y Normaniaid codwyd nifer o gestyll yng Nghymru i gadw trefn ar y trigolion, a rywbryd tua diwedd yr 11 ganrif adeiladwyd castell cyntaf Caernarfon ar y tir gwastad ger aber Afon Seiont, ond nid arhosodd y Norman yn y cylch yn hir, a sefydlodd tywysogion Cymreig y Gogledd eu llys yno. Ar ei daith trwy Gymru gydag Archesgob Baldwin yn 1188, aeth Gerallt Gymro drwy "Kaer-yn-Arfon".

Roedd y Saeson yn dal i geisio gorchfygu'r Cymry ond roedd mynyddoedd Eryri'n amddiffynfa naturiol i'r brodorion. Yn 1283 lladdwyd y Tywysog Llywelyn gan filwyr y Brenin Iorwerth 1, a chododd hwnnw gestyll mawr ar hyd yr arfordir o Gaer i Harlech, yn eu plith Castell Caernarfon a orffennwyd tua 1330.

Yng Nghaernarfon y ganed mab Iorwerth I ym mis Ebrill 1284, a'i enwi'n Dywysog Cymru gan ei dad yn y gobaith y byddai hyn yn ei wneud yn haws i'r Cymry dderbyn awdurdod y Saeson arnyn nhw.

Yn 1401 ceisiodd Owain Glyndwr yrru'r Saeson o Gymru, ond methodd ei ymgyrch yn erbyn Caernarfon. Wedi hynny dirywiodd y Castell fel caer filitaraidd i raddau helaeth iawn, a dechreuodd ddadfeilio. Yn ystod y Rhyfel Cartref yn yr 17 ganrif newidiodd ddwylo sawl gwaith. Trwsiwyd y Castell yn y 19 ganrif, a heddiw ni allwn feddwl am Gaernarfon heb yr adeilad gwych hwn sydd ar safle amlwg ger "Y Maes" – sgwâr y dref.

Yma cynhaliwyd Arwisgiad Charles, Tywysog Cymru, yn 1969, ac yno hefyd yn 1911, y bu Arwisgiad ei ewythr, a ddaeth i'r orsedd fel Iorwerth VIII yn 1936.

(Mae llun lliw o seremoni'r Arwisgiad ar dudalen 91.)

Dros y blynyddoedd cynyddodd pwysigrwydd Caernarfon fel canolfan weinyddol, a phrif dref y sir. Yma roedd pencadlys Heddlu Gwynedd, swyddfeydd y Cyngor Sir a Bwrdd Afonydd Gwynedd, a chynhelir llysoedd barn yma hefyd. Ddechrau'r ganrif hon roedd Caernarfon yn borthladd o fri, yn allforio llechi o chwareli Eryri, ond gyda dirywiad y chwareli hynny, dadfeiliodd y porthladd ac ychydig o longau sy'n galw yno mwyach – er bod "Cei Llechi" yno o hyd.

Mae nifer o adeiladau hen iawn yn y dref – ar wahân i'r castell – yn eu mysg hen eglwys Llanbeblig ar y ffordd allan i gyfeiriad Beddgelert, ac eglwys arall, Eglwys Fair, ar lan Afon Menai y tu mewn i furiau'r Castell. Nodwedd arall i'r dref yw'r dafodiaith liwgar anghyffredin sydd gan rai o'r trigolion – y "cofis" – a'r cymeriadau gwreiddiol sydd yn eu plith : does neb yn gwybod o ble y daeth "iaith y cofis", ond mae rhai yn awgrymu bod a wnelo hi â iaith tinceriaid.

132

Yn 1284 crëwyd Caernarfon yn fwrdeistref a rhoddwyd breintiau arbennig iddi. Yn 1958 rhoddodd y Frenhines urddas Bwrdeistref Frenhinol arni. (Gweler hefyd – CESTYLL, CYTIAU'R GWYDDELOD, ERYRI, DAVID LLOYD GEORGE, GERALLT GYMRO, OWAIN GLYNDŴR, LLECHI, NORMANIAID, RHUFEINIAID, TYWYSOG CYMRU.)

CAETHION

Arferiad hen iawn yw cadw caethion, sef gwerthu a phrynu pobl a'u gorfodi i weithio i'w meistri newydd. Mae'r Beibl yn sôn yn aml am wneud caethion o garcharorion a ddaliwyd wrth ryfela ac am brynu gwŷr a gwragedd – fe gofiwn fod brodyr Joseff wedi'i werthu ef i'r Ismaeliaid am ugain darn o arian a hwythau'n ei werthu i Potiffar, distain Pharo, ac mae'r proffwyd Eseciel yn sôn am "farchnata am ddynion a llestri pres". Caethion fyddai plant caethion. Oni allai lleidr dalu dirwy a osodwyd arno, gellid ei werthu fel caethwas ("oni bydd dim ganddo, gwerther ef am ei ladrad"). Darllenwn am wraig oedd mewn dyled yn dweud bod echwynnwr (hynny yw, y dyn oedd wedi rhoi benthyg arian iddi) wedi dod i gymryd ei dau fab hi i fod yn gaethion iddo am na allai hi dalu ei dyled.

Byddai'r Groegiaid a'r Rhufeiniaid yn cadw llawer iawn o gaethion ac yn eu gorfodi i weithio yn eu cartrefi, ar ffermydd, mewn pyllau glo neu chwareli – neu hyd yn oed i ymladd ag anifeiliaid gwyllt er mwyn difyrru pobl eraill.

Yn hanes Prydain dechreuodd yr arfer o brynu a gwerthu caethion ymhell bell yn ôl. Yn amser y Frenhines Elisabeth y Gyntaf, yn 1563, glaniodd morwr enwog o Loegr, Syr John Hawkins, yn Sierra Leone ar arfordir gorllewinol cyfandir Affrica. Cipiodd rai cannoedd o'r brodorion duon ac aeth â nhw i India'r Gorllewin a'u gwerthu fel caethion i'r Sbaenwyr yno. Wedi hynny byddai miloedd ar filoedd o negröaid yn cael eu dal yn Affrica bob blwyddyn gan forwyr a masnachwyr o Brydain a Ffrainc a'r Iseldiroedd a gwledydd eraill yn Ewrop. Rhaid oedd i'r rhain ddioddef mordaith ofnadwy – llawer iawn gormod ar y tro wedi'u gwthio i howldiau cyfyng, wedi'u cadwyno, heb fawr o fwyd, a nifer fawr yn marw cyn cyrraedd pen y daith, a'r gweddill yn cael eu gwerthu am y prisoedd uchaf fel anifeiliaid mewn mart, a'u gorfodi i weithio'n galed dan amodau creulon iawn yn aml.

Roedd rhai gwŷr cefnog ym Mhrydain yn cadw caethion – bechgyn a llanciau duon – i weithio drostyn nhw, ond roedd pobl eraill yn gryf iawn yn erbyn yr arferion hyn, ac yn 1807, diolch yn bennaf i ymdrechion Aelod Seneddol o'r enw William Wilberforce, pasiwyd Deddf yn Senedd Prydain Fawr i ddileu'r fasnach gaethion, a Deddf arall yn 1833 i ryddhau pob caethwas drwy'r Ymerodraeth Brydeinig i gyd. Dilynodd gwledydd eraill esiampl Prydain Fawr, ond bu

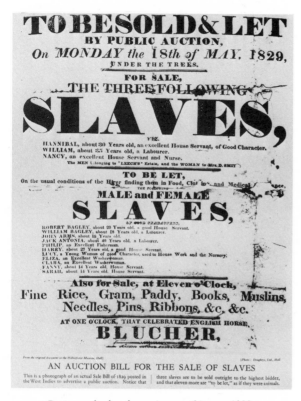

Poster yn hysbysebu ocsiwn caethion yn 1829.

helynt yng ngogledd America pan geisiodd Abraham Lincoln ddileu caethwasiaeth yno – dyma un o brif achosion y rhyfela a fu yno rhwng y de a'r gogledd yn chwedegau'r 19 ganrif.

Mae'r arferiad o gadw caethion yn parhau mewn rhai rhannau o'r byd o hyd, yn Arabia, rhannau o'r Dwyrain Pell ac o Ganolbarth America. (Gweler hefyd – ABRAHAM LINCOLN, WILLIAM WILBERFORCE.)

Caethion yn dathlu cael eu rhyddhau—yn claddu'u cadwynau a'u gefynnau, a chwip y meistr.

CANGHELLOR Y TRYSORLYS

Ef yw pennaeth yr adran bwysicaf yn y Llywodraeth – y bwysicaf am mai hon yw'r adran sy'n gyfrifol yn y pen draw am economi'r wlad, am ddod o hyd i'r arian y mae eu hangen ar yr adrannau eraill, ac am reoli pa faint y maen nhw'n ei wario ar addysg, ar amddiffyn y wlad, ar y gwasanaeth iechyd, ar bensiynau, ar godi tai ac yn y blaen.

Yn gynnar bob blwyddyn mae'n rhaid i bob adran hysbysu'r Trysorlys faint o arian y bydd hi am ei wario yn ystod y flwyddyn nesaf. Os bydd ganddi bolisïau neu gynlluniau newydd a fydd yn costio mwy, rhaid eu trafod gyda swyddogion y Trysorlys. Bydd y Canghellor yn crynhoi'r wybodaeth yma i gyd ac yn penderfynu sut i godi'r holl arian y bydd eu hangen. Yna ym Mis Mawrth neu'n gynnar yn Ebrill mae e'n cyflwyno'i Gyllideb i'r Senedd yn Nhŷ'r Cyffredin.

Math o fantolen ariannol yw'r Gyllideb sy'n rhestru'r anghenion ac yn esbonio sut mae'r Llywodraeth yn golygu talu amdanyn nhw, yn enwedig pa drethi y maen nhw'n bwriadu'u codi. Mae dau fath o drethi – rhai uniongyrchol y mae'n rhaid i'r mwyafrif o bobl y wlad eu talu yn ôl eu hamgylchiadau, yn arbennig maint eu cyflog a'u heiddo, a'r trethi anuniongyrchol y bydd dyn yn eu talu wrth brynu nwyddau, fel, er enghraifft, treth bwrcas ar gar moẟur neu ddodrefn neu set deledu neu un o lu o bethau tebyg, neu'r gyfran o bris pob galwyn o betrol, o bob owns o dybaco, o bob potel o whisgi, o bob sedd mewn sinema, ac yn y blaen, sy'n cael ei throsglwyddo i'r Trysorlys.

Yn ei araith, wrth gyflwyno'i Gyllideb, bydd y Canghellor yn ymdrin yn fanwl â chyflwr economaidd y wlad, ac yna'n datgelu pa gyfnewidiadau yn y trethi sydd ganddo mewn golwg. Hwyrach y bydd am gasglu ceiniog ychwanegol ar bob galwyn o betrol sy'n cael ei werthu, neu swllt ar bob potel o whisgi, trwy godi'r pris. Bydd ei gynigion yn hollol gyfrinachol nes iddo ef ei hun eu hysbysu i'r Senedd, ac fel rheol bydd cyfnewidiadau o'r fath yma'n dod i rym ar unwaith rhag i neb frysio i brynu llawer o'r nwyddau hyn am yr hen bris ac felly osgoi talu'r dreth uwch.

Efallai bydd y Canghellor am godi ychwaneg o dreth incwm, y dreth y bydd y rhan fwyaf ohonon ni'n ei thalu ar ein cyflogau. Peth digon cymhleth yw gweithio allan faint o dreth incwm y mae'n rhaid i ddyn ei thalu am fod y swm yn dibynnu nid yn unig ar ei gyflog ond ar amgylchiadau eraill – faint o blant sydd ganddo, faint o eiddo ac yn y blaen.

Bydd cynigion y Canghellor yn cael eu trafod a'u dadlau gan y Senedd. Wrth gwrs, fydd pawb ddim yn cytuno â'i gynlluniau a bydd tipyn o feirniadu arno, ond ar y cyfan bydd y Llywodraeth y mae yntau'n aelod ohoni yn cytuno ag ef, a chan

133

mai ganddyn nhw mae'r mwyafrif yn Nhŷ'r Cyffredin, bydd y Mesur Cyllid yn cael ei basio gan y Senedd.

Mae pob Canghellor yn byw yn 11 Stryd Downing, drws nesaf i'r Prif Weinidog. (Gweler hefyd – Y LLYWODRAETH, Y SENEDD, TŶ'R CYFFREDIN.)

CALAN

Ystyr 'calan' yw diwrnod cyntaf blwyddyn newydd, a byddwn yn ei ddefnyddio hefyd wrth sôn am ddiwrnod cyntaf pob mis. Calan Mai neu Glanmai yw dechrau tymor yr haf, a diwrnod cyntaf Tachwedd yw Calan Gaeaf.

Er 1752, Ionawr 1 yw Dydd Calan y flwyddyn newydd ym Mhrydain. Cyn hynny, byddai'r Eglwys am rai canrifoedd yn croesawu'r flwyddyn newydd ar 25 Mawrth, sef dyddiad yr ŵyl eglwysig i gofio am yr angel Gabriel yn dweud wrth Mair Forwyn mai hi fyddai mam yr Iesu.

Yng Nghymru mae nifer o arferion a chredoau diddorol yn gysylltiedig â'r Calan. Sut bynnag y byddai dyn yn ymddwyn ar y diwrnod hwnnw, felly y treuliai weddill y flwyddyn. Feiddiai neb fenthyca dim ar y Calan, a rhaid talu dyledion erbyn y diwrnod hwnnw rhag ofn byw mewn dyled ar hyd y flwyddyn. Mewn gwahanol ardaloedd roedd coelion rhyfedd ynglŷn â'r person cyntaf a welai rhywun yn y flwyddyn newydd, ac roedd rhai lliwiau a rhai enwau'n lwcus, ac eraill yn anlwcus.

Yng ngorllewin Cymru byddai grwpiau o fechgyn yn ymweld â thai'r ardal gan gario dŵr ffres o ffynnon i'w daenellu ar ddwylo'r sawl a roddai fwyd neu arian – sef 'calennig' – iddyn nhw.

Roedd seremoni'r Mari Lwyd yn gyffredin gynt ar hyd a lled Cymru dros gyfnod yn ymestyn o'r Nadolig i ganol mis Ionawr. Yn 1752 newidiwyd y calendr, gan wneud i 14 Medi ddilyn 2 Medi yn y flwyddyn honno, a daliai rhai pobl am flynyddoedd i wrthod ddilyn y drefn newydd gan fynnu eu bod wedi colli un diwrnod ar ddeg. Dyna un rheswm pam y cadwyd dyddiadau gwahanol ar gyfer dilyn hen arferion.

Mae un ardal yng Nghymru – Cwm Gwaun yn Nyfed – yn dal i ddathlu'r Hen Galan ar 13 Ionawr bob blwyddyn gan gynnal noson lawen a swper yn un o ffermdai'r fro. Yn nechrau'r ganrif o'r blaen byddai pobl ardal Llandysul yn dathlu'r Hen Galan ar 12 Ionawr drwy chwarae gêm pel droed, a honno'n parhau drwy'r dydd weithiau, ac yn mynd yn reit stormus cyn y diwedd, ond er 1833 gŵyl grefyddol sydd yno ar y diwrnod hwnnw gydag Ysgolion Sul y cylch yn cyd-gyfarfod i adrodd darnau o'r Ysgrythur a chanu anthemau. (Gweler hefyd – AMSER, BLWYDDYN, CALENDR, MARI LWYD.)

CALCH

Filiynau o flynyddoedd yn ôl ffurfiwyd math o graig neu garreg ar waelod y môr o gregyn myrddiynau o greaduriaid mân. Gwasgwyd y rhain dan bwysau'r dŵr nes iddyn nhw galedu'n garreg; yna'n ddiweddarach, wrth i wyneb y ddaear symud, cododd llawr y môr a gwthiwyd y graig hon i fyny o'r dŵr gan ffurfio bryniau o galchfaen ar y tir sych, yma ac acw dros y byd i gyd.

Un math o galchfaen yw marmor. Math arall, math meddal, yw sialc. Mae rhai mathau o galchfaen caled yn addas i'w torri'n flociau ar gyfer adeiladu. Bydd tár yn glynu at galchfaen, ac felly caiff darnau o'r garreg – wedi'u gorchuddio â thár – eu defnyddio i wneud ffyrdd. Defnyddir calchfaen hefyd yn y broses o wneud haearn.

Os caiff calchfaen ei gynhesu mewn odynau mawr bydd yn torri i fyny'n bowdwr gwyn. Calch yw hwn, ac fe'i defnyddir wrth wneud concrit a sment, plastig, paent a farnais, wrth drin crwyn a'u troi'n lledr, ac wrth buro dŵr a thrin carthion. Cyn plannu, byddwn yn taenu calch ar wyneb y pridd er mwyn ei buro, ac yn ei chwistrellu ar lysiau ac ar goed ffrwythau ac ar lysiau i gadw pryfed a haint draw. Ceir odynau o'r fath ar y Mynydd Du yng Nghaerfyrddin – mae D. J. Williams ac awduron eraill yn sôn amdanyn nhw – ac ar Fynydd y Garreg (enw awgrymog iawn) ger Cydweli, ac mewn mannau eraill yng Nghymru, lle bynnag y bydd calchfaen yn brigo ar wyneb y tir, a glo i'w gael yn hwylus i'w losgi.

Math o galch hefyd sy'n gwneud y pibonwy a'r pyst a welwn mewn ogofâu megis Dan-yr-Ogof yng Nghwm Tawe. (Gweler hefyd – CONCRIT, CREGYN, HAEARN, MARMOR, OGOFÂU, SIALC a SMENT.)

CALENDR

Dull dyn o drefnu amser yn ôl dyddiau, wythnosau, misoedd a blynyddoedd yw llunio a defnyddio calendr.

Filoedd o flynyddoedd yn ôl byddai dynion yn mesur amser wrth sylwi ar dymhorau'r flwyddyn ac ar symudiadau'r lleuad a'r haul. Ychydig dros 4,000 o flynyddoedd cyn geni Crist ceisiodd yr Eifftiaid fesur hyd y flwyddyn drwy nodi pa sêr oedd yn y ffurfafen pan fyddai Afon Neil yn gorlifo, a'u cyfrif oedd 365 diwrnod, gan gymryd diwrnod fel yr amser a gymerai'r byd i wneud un tro cyflawn ar ei echel.

Er ei fod yn agos i'w le, doedd y cyfrif hwn ddim yn hollol gywir: erbyn heddiw fe wyddom mai hyd union blwyddyn yr haul – sef yr amser mae'r byd yn ei gymryd i deithio unwaith o amgylch yr haul – yw 365 diwrnod 5 awr 48 munud a 46 eiliad. Hyd mis (hynny yw, y cyfnod rhwng dwy leuad lawn) oedd $29\frac{1}{2}$ diwrnod, ac mae'n amlwg fod ffigurau anghyfleus fel y rhain yn gosod problem i'r dynion cynnar hynny wrth iddyn nhw geisio llunio calendr.

Yng nghalendr yr Eifftiaid roedd deuddeng mis, 30 diwrnod ymhob un, a phum niwrnod yn ychwanegol ar ddiwedd y flwyddyn. Roedd blwyddyn y Babiloniaid yn fyrrach, ac ymhen amser doedd eu tymhorau nhw ddim yn cyfateb o gwbl i'r calendr, a deuai amser hau ymhell o'r dyddiad lle dylai fod. Roedd calendrau o'r fath yn well na dim, ond doedden nhw ddim yn foddhaol iawn am fod yn rhaid eu cywiro o bryd i'w gilydd.

Gwnaeth y Rhufeiniaid sawl ymgais i lunio calendr. Mae enwau Saesneg misoedd olaf y flwyddyn yn awgrymu mai deng mis yn unig oedd yn un o'u calendrau nhw. Erbyn 46 C.C. roedden nhw'n credu mai 365¼ o ddyddiau oedd mewn blwyddyn, ac yn y flwyddyn honno lluniodd yr Ymerawdwr Iŵl Cesar galendr ac ynddo 365 o ddyddiau, pum mis o 30 diwrnod, chwech o 31, ac un – Chwefror – o 29, a gorchmynnodd ychwanegu un diwrnod bob pedair blynedd – ym mis Chwefror – i wneud i fyny am y chwarter diwrnod a gollwyd ymhob blwyddyn arall. Dyma gychwyn y flwyddyn naid.

Roedd hwn yn welliant mawr, ond eto doedd y cyfrif ddim yn hollol gywir – roedd pob blwyddyn, ar gyfartaledd, tua 11 munud yn rhy hir. Doedd 11 munud mewn blwyddyn ddim yn llawer iawn, ond dros y canrifoedd roedd yn cynyddu i gyfanswm sylweddol. Erbyn y 16 ganrif roedd wedi cyrraedd deng niwrnod ac am fod hyn yn effeithio ar amseriad gwyliau'r Eglwys penderfynodd y Pab Gregory XIII fod deng niwrnod i'w colli o'r flwyddyn 1582, ac – er mwyn gwneud y calendr newydd yn fwy cywir – peidio cyfrif blwyddyn olaf pob canrif yn flwyddyn naid oni ellid rhannu'i rhif yn gyfartal rhwng 400: felly fyddai 1700 ddim yn flwyddyn naid, na 1800 na 1900, ond roedd 1600 yn iawn.

Derbyniwyd y calendr Gregoraidd hwn gan y gwledydd Pabyddol i gyd, ond gwrthododd Prydain Fawr ei fabwysiadu tan 1752. Erbyn hynny roedd y gwall yn 11 diwrnod, a phenderfynodd y Llywodraeth ar y pryd fod 14 Medi i ddilyn 2 Medi yn y flwyddyn honno. Am eu bod yn methu deall y rheswm am hyn, protestiodd llawer o bobl, gan godi reiat yn y strydoedd a gweiddi, "Rhowch ein 11 diwrnod yn ôl i ni".

Erbyn heddiw mai bron y cyfan o wledydd y byd yn defnyddio'r calendr hwn. (Gweler hefyd – AMSER, BLWYDDYN, CALAN, MIS, TYMHORAU.)

CAMEL

Dyma anifail sydd wedi'i addasu ar gyfer byw a gweithio mewn ardaloedd sych, diffaith. Am fod sôn amdano'n gynnar iawn yn y Beibl, fe wyddom ni fod trigolion yr Aifft yn defnyddio'r camel filoedd o flynyddoedd yn ôl. Er iddo gael ei ddofi

cyhyd, mae'n dal yn sbeitlyd ac yn ddrwg ei dymer, yn dueddol i boeri a chnoi. Ond mae'n gallu goddef amodau digon caled, a dal i weithio pan fyddai anifeiliaid eraill yn llwgu ac yn marw.

Cyn cychwyn ar daith hir ar draws tywod poeth y Sahara bydd camel yr Arab yn cael bwyta ac yfed faint a fynno. Mae'r crwmp sydd ar ei gefn yn caledu wrth iddo lenwi â braster, a gall yr anifail droi hwn yn ymborth a theithio am dri neu bedwar diwrnod heb fwyta nac yfed dim, ac er ei fod yn edrych yn greadur afrosgo gall gario llwyth o bron chwarter tunnell am dros ugain milltir y dydd. Ar ddiwedd taith o'r fath bydd y crwmp yn feddal ac yn llipa, a rhaid gadael i'r camel fwyta'i lond cyn cael ei ddefnyddio eto.

Camelod Bactrian.

Mae ganddo ewinedd fforchog ar ei draed mawr, a bydd dwy ran y droed yn ymledu ac yn cadw'r camel rhag suddo mewn tywod sych. Mae padiau ar ei benliniau i'w hamddiffyn pan fydd yr anifail yn penlinio wrth gael ei lwytho neu'i ddadlwytho. Mae'n tyfu aeliau trwchus a blew hir ar ei amrannau i gadw'r tywod o'i lygaid, a blew hir yn ei glustiau i'r un pwrpas, a gall gau ei ffroenau rhag i lwch a thywod gael eu chwythu i mewn i'w drwyn. Mae wrth ei fodd yn bwyta'r llwyni pigog sy'n tyfu yma ac acw yn y diffeithwch.

Bydd yr Arab yn godro'i gamel, yn bwyta'i gig pan aiff yn rhy hen i weithio, a hyd yn oed yn sychu'i dail i'w ddefnyddio fel tanwydd. Gweneir defnydd dillad braf o flew brown-olau'r camel, a lledr o'i groen.

Mae math arall o gamel – y camel Bactrian – yn gweithio ar ddiffeithdiroedd canolbarth Asia. Dau grwmp sydd gan hwn; mae ei draed yn fach ac yn wydn, addas at gerdded dros gerrig, ac mae'n tyfu côt drwchus o flew hir i'w gadw'n gynnes yn y gaeaf.

135

CAMERA

Teclyn yw hwn ar gyfer tynnu lluniau. Mae ugeiniau o wahanol fathau o gamerâu i'w cael, rai ohonyn nhw'n gymhleth iawn.

Yn ei ffurf symlaf, blwch yw camera, blwch na all golau fynd i mewn iddo ond pan fydd y sawl sy'n defnyddio'r camera'n dewis iddo wneud. Yn un pen i'r blwch mae ffrâm i ddal rhôl o ffilm, sef papur wedi'i drin â chemegau arbennig. Yn y pen arall mae lens – disg crwn o wydr – wedi'i osod yn ochr y blwch, gyda sgrîn neu gaead y tu ôl iddo i rwystro golau rhag mynd i mewn i'r blwch. I dynnu llun rhaid anelu'r lens at y gwrthrych a defnyddio botwm neu lifar i agor twll bychan yn y sgrîn am ysbaid byr iawn, ac yn y cyfnod byr hwnnw mae'r lens yn taflu llun y gwrthrych ar y ffilm yng nghefn y camera wrth i'r golau sy'n pasio drwy'r lens effeithio ar wyneb y ffilm.

Dyna sut mae tynnu llun â chamera syml iawn, ond mae mathau eraill yn fwy cymhleth o lawer. Yn y mwyafrif mawr gallwn amrywio maintioli'r twll yn y sgrîn er mwyn rheoli pa faint o olau sy'n cyrraedd y ffilm: mewn tywydd heulog mae agoriad bach, bach yn ddigon – yn wir byddai gadael gormod o olau i mewn yn rhoi llun gwael, annelwig – ond os nad yw'r golau'n dda iawn rhaid cael agoriad sy'n fwy er mwyn gadael i gymaint o olau ag sy'n bosibl basio drwodd.

I'r un pwrpas gallwn amrywio'r cyfnod y mae'r twll yn y sgrîn ar agor, o bum canfed ran o eiliad i fyny at eiliad llawn. Mae'n bosibl hefyd i ni adael y twll ar agor am fwy na hynny, am amser penodedig wedi'i drefnu ymlaenllaw yn ôl yr amgylchiadau: byddwn yn defnyddio'r dechneg hon lle mae'r golau naturiol yn wael iawn.

Os byddwn am dynnu llun yn y tywyllwch gallwn danio fflach o olau ar yr union adeg y bydd y twll ar agor er mwyn goleuo'r olygfa sydd i'w gosod ar y ffilm.

Mae gan rai camerâu lens cyfansawdd, sef nifer o ddisgiau o wydr wedi'u ffurfio'n ofalus iawn a'u gosod at ei gilydd: mae lens o'r fath yn taflu mwy o olau ar y ffilm ac yn caniatáu tynnu llun clir hyd yn oed lle mae golau naturiol yn wael.

Trwy ddefnyddio metr arbennig sy'n mesur golau, gallwn wybod i sicrwydd sut orau i drefnu maintioli'r twll ac amseriad yr agor er mwyn creu llun da. Weithiau mae metr o'r fath yn rhan o'r camera.

Fel arfer mae "ffenestr" fach yn y camera: gallwn edrych drwyddi a gwneud yn siwr bod y camera wedi'i anelu'n union at yr olygfa y byddwn am dynnu llun ohoni. Beth bynnag a welwn ni drwy'r ffenestr, hwnnw fydd yn ymddangos yn y llun.

Cyn gwasgu'r botwm neu symud y lifar i agor y twll a thynnu'r llun, rhaid symud y lens yn ôl neu ymlaen fel bod y llun mewn ffocys, hynny yw, yn

eglur: er enghraifft, os am dynnu llun ceffyl mewn cae gyda bryniau y tu ôl iddo yn y cefndir, mae'n bwysig gofalu y bydd y ceffyl yn eglur ar y llun hyd yn oed os nad ydy'r bryniau felly, a rhaid canolbwyntio lens y camera arno fe, – a gallwn ofalu am hyn drwy ddefnyddio teclyn arall, un ai ar y camera neu ar wahân iddo, sy'n mesur pa mor bell i ffwrdd mae'r ceffyl oddi wrth y camera.

Pan fo camera'n tynnu llun llonydd rhaid i'r gwrthrych beidio â symud o gwbl tra bo'r twll ar agor, a rhaid dal y camera'n ddisyfl hefyd rhag difetha'r llun. Ond mae rhai pethau'n dueddol i symud, y ceffyl yn y cae am godi'i ben, neu'r babi ar y lawnt am gripian i ffwrdd, felly gorau i gyd po leiaf y bydd y twll ar agor.

Gall math arall o gamera dynnu ffilm lle mae pethau'n symud. Mewn gwirionedd mae'n tynnu nifer fawr o luniau llonydd, un ar ôl y llall, yn gyflym iawn: yna, pan ddangosir y ffilm mae'r lluniau llonydd hyn yn dilyn ei gilydd mor gyflym nes creu'r effaith bod yr hyn a ffilmiwyd yn symud.

Math arall o gamera eto sy'n cael ei ddefnyddio mewn stiwdio deledu neu ble bynnag y bydd rhaglenni teledu'n cael eu cynhyrchu: mae'r rhain yn fwy cymhleth eto. (Gweler hefyd – TELEDU, TYNNU LLUNIAU.)

CAMLESI

Math o ffos lydan yw camlas, wedi'i chloddio allan o'r tir gan ddynion, a'i llenwi â dŵr i gychod hwylio arni a chario nwyddau – math o afon artiffisial. Ers canrifoedd lawer bu dyn yn defnyddio afonydd naturiol i'w gario ef a'i nwyddau o fan i fan, ond doedd pob afon ddim yn gyfleus nac yn hawdd dibynnu arni.

Bydd afon bob amser yn llifo gyda rhediad y tir, gan dorri llwybr lle mae'n gyfleus iddi hi heb boeni ai dyna'r cyfeiriad y byddai fwyaf hwylus i ddyn ei defnyddio. Weithiau ar ôl glaw bydd afon yn llifo'n rhy gyflym i gychod hwylio'n ddiogel arni, ac mewn cyfnod o dywydd sych gall lefel y dŵr syrthio mor isel fel na all cwch symud arni. Yn aml bydd cerrig a chreigiau ynddi'n achosi dŵr gwyllt a rhaeadrau mewn mannau, nes ei bod yn amhosibl i gwch fentro arni, ac yn waeth na dim fydd afon byth yn llifo i fyny ond i lawr ar y goriwaered bob cam o'i thaith.

Ond sylweddolodd dyn y gallai greu ei afon ei hun drwy adeiladu camlas a fyddai'n rhydd o'r anawsterau hyn ac yn dilyn y llwybr a fynnai ef iddi fynd. Yn ystod y 18 ganrif, yn sgîl y Chwyldro Diwydiannol roedd galw mawr ym Mhrydain am ddulliau rhad o symud nwyddau o fan i fan: doedd dim rheilffyrdd yn bod eto, roedd y ffyrdd yn wael, a gwaith araf a chostus oedd defnyddio ceffylau a mulod i gario llwythi, – a daeth bri ar adeiladu camlesi a oedd yn rhad i'w defnyddio ac yn rhad i'w cynnal.

Yn 1761 gofynnodd Duc Bridgewater i'r peiriannydd James Brindley adeiladu camlas iddo i gario glo mewn badau o'i bwll ger Worsley i Fanceinion, saith milltir i ffwrdd. Ar y daith fer hon roedd yn rhaid croesi Afon Irwell a chododd Brindley bont garreg ryw ddeugain troedfedd uwchben dŵr yr afon i gario'r gamlas drosodd, a gosod haen ar ben haen o glai fel leinin iddi i gadw'r dŵr rhag colli.

Yn ystod yr hanner can mlynedd nesaf adeiladwyd nifer fawr o gamlesi ym Mhrydain. Yn 1793 gofynnwyd i Thomas Telford adeiladu camlas a fyddai'n cysylltu afonydd Dyfrdwy a Hafren, ac wrth gynllunio llwybr iddi, gan gychwyn yn Llangollen a symud i'r de-ddwyrain, gwelai Telford y byddai'n rhaid croesi dau ddyffryn eang, Dyffryn Dyfrdwy ger Froncysyllte a Dyffryn Ceiriog gerllaw'r Waun. Ond sut?

Rhaid i gamlas redeg yn wastad, ond gall y sawl sy'n ei hadeiladu osod llifddorau ynddi a pheri iddi godi a disgyn mewn cyfres o risiau. Ble bynnag mae'r tir yn codi neu'n disgyn, gosodir dau set o lifddorau, digon pell oddi wrth ei gilydd i fad sefyll rhyngddyn nhw tra bo lefel y dŵr yn cael ei godi neu'i ostwng, fel gall y bad fynd i mewn ar un lefel i'r basn sydd rhwng y llifddorau a symud allan y pen arall ar lefel uwch neu lefel is, ac ymlaen ag ef wedyn ar ddarn gwastad o gamlas nes cyrraedd y llifddorau nesaf. Dyfais hwylus dros ben, ond un sy'n gwastraffu amser i deithwyr ar y gamlas, ac yn gwastraffu dŵr hefyd.

(Mae llun lliw o'r gamlas yn Llangollen ar dudalen 90.)

Doedd y dull hwn ddim yn apelio at Telford, a chariodd ef ei gamlas dros y ddau ddyffryn ar bontydd uchel – Pont Cysylltau yn fil o droedfeddi o hyd ac yn 127 troedfedd uwchben llawr y dyffryn, a Phont y Waun yn 700 o droedfeddi o hyd a 70 troedfedd i fyny yn yr awyr. Gwnaeth i'r gamlas redeg mewn cafn o blatiau haearn y tu mewn i blisgyn o gerrig ar ben pileri trwchus. Agorwyd y naill yn 1805 a'r llall yn 1801: mae'r ddwy bont yn dal i sefyll heddiw, ond cychod pleser yn unig sy'n hwylio ar y gamlas hon bellach.

Adeiladwyd nifer o gamlesi ym Morgannwg a Mynwy i gario nwyddau rhwng porthladdoedd yr arfordir a'r canolfannau diwydiannol newydd i fyny'r cymoedd. Pan agorwyd gweithiau haearn ym Merthyr a Dowlais ar ôl darganfod haearn crai a glo yn y cylch, talodd y perchnogion am adeiladu Camlas Morgannwg a agorwyd yn 1794. Am flynyddoedd wedyn cludai'r gamlas hon lo a nwyddau haearn o'r cymoedd i Gaerdydd, pellter o 25 milltir ac arni hanner cant o lifddorau wrth i'r gamlas ddisgyn bron 600 troedfedd o flaenau Cwm Taf i lefel y môr.

Yng ngorllewin y sir adeiladwyd camlas rhwng Abertawe ac Ystradgynlais i gario glo, cerrig a chalch o gymoedd Clydach, Twrch a Giedd i'r gweithfeydd alcam a chopr yng ngwaelod Cwm Tawe, ac un arall yng Nghwm Nedd i gario glo i'w allforio o lan y môr, a haearn, clai, cerrig a choed o flaenau'r cwm ar gyfer y gweithfeydd newydd ar lannau'r afon.

Gyda dyfodiad y rheilffyrdd dirywiodd y camlesi hyn ac erbyn heddiw mae llawer ohonyn nhw wedi dadfeilio, ond mae rhai pobl yn awyddus iawn i weld eu trwsio a'u glanhau er mwyn eu defnyddio ar gyfer hwylio cychod pleser. Yn barod mae darn o gamlas Telford yn Llangollen yn boblogaidd iawn gan ymwelwyr a ddaw i'r Eisteddfod Ryngwladol. Yn 1967 cyhoeddodd y Llywodraeth ei bwriad i adfer 1,000 o filltiroedd o gamlesi ym Mhrydain fel ffyrdd dŵr i bobl eu mwynhau yn eu horiau hamdden.

Cychod neu fadau fyddai'n arfer teithio ar y camlesi hyn, ond adeiladwyd rhai camlesi ar gyfer llongau mawr. Er nad yw Manceinion ar lan y môr, ef yw'r porthladd mwyaf ond dau ym Mhrydain. Rhwng y ddinas a'r môr mae Camlas Longau Manceinion, 36 milltir o hyd, a agorwyd yn 1894, a gall llongau o 15,000 tunnell deithio arni. Llongau llai o dipyn sy'n gallu tramwyo Camlas Caledonia a adeiladodd Thomas Telford ar draws ucheldiroedd yr Alban o Inverness i Fort William.

Torrwyd Camlas Suez yn 1869 ar draws y darn cul o dir, 100 milltir o led, a oedd yn uno cyfandiroedd Asia ac Affrica, i arbed mordaith hir o gwmpas Penrhyn Gobaith Da i longau ar eu ffordd i India a'r Dwyrain Pell. (Er 1967, pryd y torrodd rhyfel allan rhwng yr Aifft ac Israel, ni all llongau hwylio ar hyd y gamlas hon.)

I bwrpas tebyg y cloddiwyd camlas, 50 milltir o hyd, ar draws culdir Panama, rhwng De a Gogledd America, yn 1914. Yn 1959 gorffennwyd adeiladu cyfres o gamlesi rhwng llynnoedd mawr Gogledd America a genau afon Sant Lawrens er mwyn i longau o Fôr Iwerydd gyrraedd porthladdoedd ym mhen gorllewinol Llyn Superior, hanner ffordd ar draws y cyfandir! (Gweler hefyd – LLIFDDORAU.)

CANADA

Gwlad enfawr yw Canada, bron cymaint â chyfandir Ewrop. Mae'n ymestyn dros ychydig llai na phedair miliwn o filltiroedd sgwâr o gyfandir Gogledd America. I'r gorllewin mae'r Môr Tawel, a Môr Iwerydd i'r dwyrain. I'r deau mae Unol Daleithiau America: mae rhan o'r ffin rhwng y ddwy wlad yn gorwedd ar hyd llinell cyhydedd 49°. Mae trefi ar yr arfordir dwyreiniol yn agosach i Lundain nag i Vancouver sydd draw ar ochr arall y wlad ar lan y Môr Tawel. Yn y gogledd mae tiriogaeth Canada'n cyrraedd bron i'r Pegwn.

Mewn gwlad sydd mor fawr mae amrywiaeth mawr yn yr hinsawdd, yn y diwydiannau, yn y cnydau sy'n cael eu tyfu, ac yn iaith ac arferion y trigolion. Yn y dwyrain mae'r gaeaf yn oer a'r haf

Mae system o gamlesi a llifddorau, 291 kilometr o hyd, yn cysylltu aber Afon Sant Lawrens a llynnoedd mawr Canada. Yma gwelwn y llifddorau a enwyd ar ôl yr Arlywydd Dwight D. Eisenhower. Welwch chi'r briffordd sy'n rhedeg dan y gamlas?

yn gynnes iawn; mae'r dyffrynnoedd yn ffrwythlon a cheir fforestydd eang ar y bryniau isel. O symud tua'r gorllewin down at dir ffermio da o boptu afon Sant Lawrens lle mae'r tywydd cymedrol yn addas iawn ar gyfer tyfu ffrwythau – grawnwin, bricyll ac eirin gwlanog – tybaco a llysiau, a'r fasarnen fach – deilen hon yw arwyddlun Canada, ac o sudd y goeden gwneir siwgr a thriagl melyn yn un o brif ddiwydiannau'r wlad. Yma mae rhan helaeth o boblogaeth Canada'n byw, ac yma mae Montreal a Quebec, dwy o ddinasoedd mwya'r wlad, a'r brifddinas Ottawa.

Mae bae anferth yn ymwthio fel môr mawr i mewn i'r wlad o'r gogledd, wedi'i enwi ar ôl Henry Hudson, morwr o Sais a fu'n ceisio cyrraedd Japan a China, ar ddechrau'r 17 ganrif, ar ôl hwylio o Brydain i gyfeiriad Pegwn y Gogledd. Mewn hanner cylch o gwmpas glannau'r bae hwn, i'r gogledd o'r Llynnoedd Mawr, mae gwlad sy'n gyfoethog mewn mwynau – haearn, nicel, aur, arian, platinwm a chobalt, a math o byg du sy'n rhoi radiwm ac wraniwm. Mae'r gaeafau yma'n hir ac yn oer, a dydy'r parthau eang hyn ddim yn addas at dyfu cnydau.

I'r gorllewin eto mae'r paith, gwastadedd anferth o dir tywyll, bras, un o'r ardaloedd mwyaf ffrwythlon yn y byd. Yma ar ffermydd anferth bydd amaethwyr yn magu defaid, gwartheg a cheffylau, ac yn tyfu aceri lawer o wenith sy'n aeddfedu'n braf yn yr haf sych poeth. Dinas bwysicaf yr ardal hon yw Winnipeg.

Yna cyn cyrraedd y Môr Tawel down at y Rockies, cadwyn o fynyddoedd sy'n ymestyn am 4,000 o filltiroedd o Alaska yn y gogledd pell ar hyd ochr orllewinol Canada a'r Unol Daleithiau cyn belled â Mexico. Mae 1,000 o filltiroedd o'r gadwyn yn Canada, y rhan fwyaf ohoni dros 6,000 troedfedd o uchder a'r cribau uchaf dros 12,000 troedfedd, rhai wedi'u gorchuddio â fforestydd trwchus. Yma mae mwyngloddiau copr, wraniwm, aur ac arian, ond mae llawer o'r wlad heb ei ddatblygu o gwbl a daw miloedd o ymwelwyr i'r ardal i fwynhau'r golygfeydd gwych.

Ar arfordir y Môr Tawel mae hinsawdd y dyffrynnoedd yn addas at dyfu ffrwythau a magu gwartheg, defaid a da godro. Un o ddiwydiannau pwysica'r ardal yma yw dal eogiaid yn yr afonydd ac ar lan y môr, a'u hallforio dros y byd. Dinas bwysica'r ardal yma yw Vancouver ger y ffin rhwng Canada a'r Unol Daleithiau.

Yng ngogledd y wlad mae twr o ynysoedd, rhai bach, rhai'n fawr iawn, sydd dan eira am y rhan fwyaf o'r flwyddyn. Mae'n oer iawn, a does fawr o ddim byd yn tyfu yno.

Amaethyddiaeth, gwneud nwyddau, tyfu coed, mwyngloddiaeth a chynhyrchu trydan yw diwydiannau pwysicaf Canada. Mae dŵr cyflym yr afonydd yn cynhyrchu bron y cyfan o'r trydan y mae'r wlad anferth hon yn ei ddefnyddio. Tyfir llawer o goed cóniffer ar gyfer y diwydiant gwneud papur. Er bod llawer o fwynau'n cael eu cloddio, mae rhannau helaeth o'r wlad heb eu datblygu eto. Yn ddiweddar darganfuwyd olew dan y paith gwenith: pwy a ŵyr pa gyfoeth o fwynau sy'n aros eto heb eu darganfod?

Diwydiant pwysig arall yw dal anifeiliaid gwyllt – yr arth, y minc, y wiwer, yr afanc, y carlwm a'r llwynog – er mwyn defnyddio'u crwyn i wneud dillad ffwr. Anifeiliaid eraill sy'n crwydro'n wyllt yw'r carw, y caribŵ, y blaidd, y mŵs a'r wapiti. Mae pysgota'n ddiwydiant pwysig hefyd: yn y dwyrain, yn y Môr Iwerydd, bydd pysgotwyr yn dal mecryll, penwaig, cimychiaid, pysgod penfras, hadoc a halibyt, – ac yn y gorllewin, eogiaid, penwaig a physgod cregyn.

Mae'r Llynnoedd Mawr yn croesi rhan o'r ffin rhwng Canada a'r Unol Daleithiau. Adeiladwyd camlesi i'w cysylltu ag afon fawr Sant Lawrens, a gall llongau mawr gyrraedd pen gorllewinol Llyn Superior, 2,200 o filltiroedd o Fôr Iwerydd – ar wahân i'r gaeaf pan mae rhannau helaeth o'r afon a'r camlesi wedi rhewi. Rhwng Llyn Ontario a Llyn Erie mae rhaeadr enwog Niagara: cloddiwyd camlas Welland rhwng y ddau lyn i longau fynd heibio i'r rhaeadr fawr.

Indiaid Cochion ac Escimos oedd trigolion Canada pan ddechreuodd arloeswyr o Ffrainc a Phrydain ymsefydlu yno o ddiwedd y 16 ganrif ymlaen. Y rhai cyntaf o Brydain i ddod o hyd i'r wlad oedd y brodyr John a Sebastian Cabot a hwyliodd o Fryste tua'r gorllewin yn 1497 gyda'r bwriad o gyrraedd China. Bu'r Ffrancod a'r Prydeinwyr yn ymladd â'i gilydd tan 1763, pryd daeth Canada dan reolaeth Prydain. Yn 1931 pasiodd Llywodraeth Prydain Fawr ddeddf yn caniatáu i Canada ei rheoli ei hun fel aelod annibynnol o'r Gymanwlad.

Mae Llywodraethwr Cyffredinol yn cynrychioli'r Frenhines yno. Bellach rhannwyd y wlad yn ddeg talaith – British Columbia, Alberta, Saskatchewan, Manitoba, Ontario, Quebec, New Brunswick, Nova Scotia, Prince Edward Island a Newfoundland – a dau ranbarth arbennig, Northwest

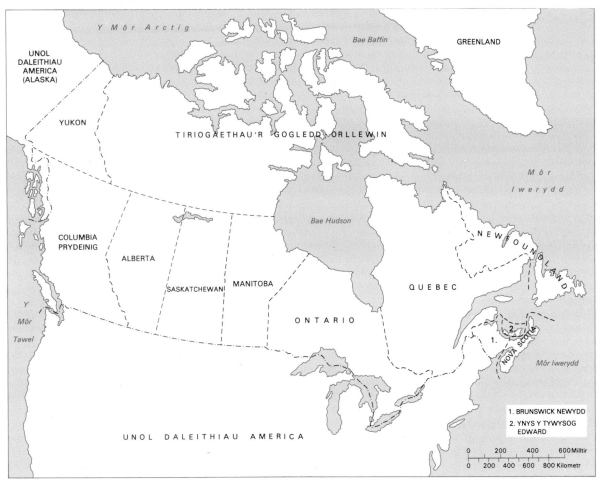

Canada—yn dangos ffiniau'r deg talaith a'r ddau ranbarth arbennig

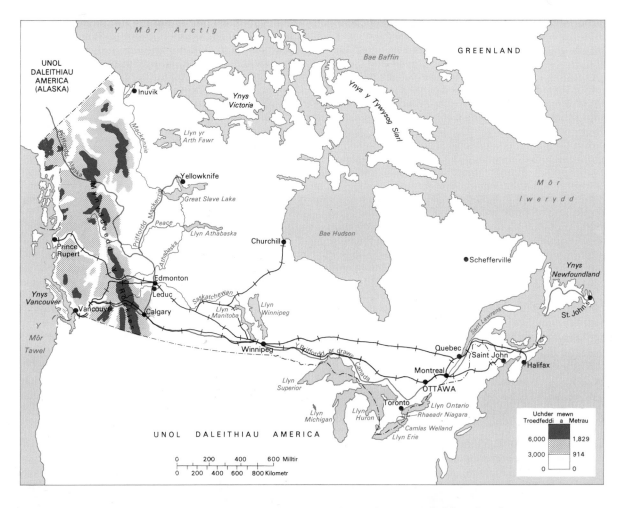

Mae'r map hwn yn dangos y prif reilffyrdd a phriffyrdd sy'n croesi gwlad fawr Canada.

Territories a Yukon. Mae gan bob talaith ei llywodraeth ei hun, ac hefyd mae senedd ganolog, ffederal, yn cyfarfod yn Ottawa: hon sy'n gwneud deddfau a chyfreithiau ar gyfer Canada i gyd, ac yn delio â'i pherthynas hi â gwledydd eraill.

Prydeinwyr yw tua hanner poblogaeth Canada heddiw, a Ffrancod yn y gwraidd yw un rhan o dair. Saesneg a Ffrangeg yw dwy iaith swyddogol y wlad. Cymysg yw gweddill y bobl, ac yn eu plith mae tua 200,000 o Indiaid Cochion a 14,000 o Escimos; bellach, ychydig o'r rhain sy'n dal at eu dull cyntefig o fyw. Cyhoeddir papurau newydd mewn mwy na 40 o wahanol ieithoedd.

Does unman yn Canada yn cael llai nag ugain modfedd o eira mewn blwyddyn, a bydd rhannau o Quebec ac arfordir y dwyrain yn cael dros gan modfedd. Mae'r gaeaf yn hir ac yn oer a does dim syndod bod y Canadiaid yn bencampwyr ar chwarae hoci-iâ. Bydd ymwelwyr yn tyrru yno yn eu miloedd i fwynhau mabolgampau'r gaeaf a golygfeydd gwych y wlad. (Gweler hefyd – INDIAID COCHION, NIAGARA, UNOL DALEITHIAU AMERICA.)

CANNWYLL

Yn syml, mae i bob cannwyll ddwy ran – y pabwyr neu'r llinyn yn y canol, y darn sy'n cael ei gynnau, a'r haen o wêr neu gŵyr sydd o'i gwmpas i'w helpu i losgi. Mae'r grefft o wneud canhwyllau yn hen iawn. Yn "Y Gododdin" a sgrifennodd Aneirin yn y chweched ganrif mae'r bardd yn sôn am y milwyr yn yfed medd gloyw "wrth leu babir", hynny yw wrth olau pabwyr neu gannwyll. Fe wyddom ni hefyd fod y Rhufeiniaid, ymhell cyn hynny, yn gwneud ac yn defnyddio canhwyllau gwêr.

Mewn ardaloedd lle tyfai coed a resin ynddyn nhw byddai'r brodorion er yn gynnar iawn yn hollti darn o'r bonyn yn lleiniau main hir, ac yn cynnau un pen i roi golau – ar ôl trochi'r sbilsen mewn gwêr efallai. Ychydig o goed o'r fath a dyfai yng Nghymru tan ryw dair canrif yn ôl, a'r arfer yma oedd gwneud canhwyllau brwyn.

Roedd yn rhaid casglu digonedd o frwyn praff a fyddai'n tyfu mewn lleoedd gwlyb, drwy eu tynnu o'r gwraidd a gofalu peidio â'u gwasgu. Yn yr hydref y digwyddai hyn, fel rheol, neu o leiaf cyn

140

i'r brwyn rewi. Yna mynd ati i'w pilio'n ofalus: weithiau byddai cymdogion yn cyfarfod i'r pwrpas hwn yn nhai ei gilydd, gyda'r nos ar "noswaith bilio". Rhaid gadael llefryn neu rimyn tenau o'r pil glas ar ôl, fel asgwrn cefn i'r mwydyn gwyn. Y cnewyllyn brau hwn fyddai pabwyr y gannwyll, a rhaid gofalu peidio'i dorri er bod pob darn o leiaf 2 droedfedd o hyd.

Y cam nesaf fyddai gadael i'r pabwyr hyn sychu, ac yna'u trochi mewn padell neu ddysgl o iraid poeth – saim neu wêr anifail wedi'i doddi – eu tynnu allan a'u gadael i'r gwêr galedu ar y pabwyr. Fel rheol roedd blwch arbennig ('dil' oedd yr enw arno) yn hongian ar y mur i gadw'r canhwyllau brwyn yn barod i'w defnyddio. Byddai rhai yn crasu'r pabwyr cyn eu gosod yn y gwêr, rhag i'r gannwyll boeri wrth losgi, medden nhw.

Bydd rhai pobl yng Nghymru yn dal i wneud a defnyddio canhwyllau brwyn hyd heddiw.

Darn o bren â hollt ynddo oedd y canhwyllbren gwreiddiol mae'n debyg, a rhaid gosod y gannwyll ar oleddf ynddo yn hytrach nag yn syth i fyny yr un fath â channwyll wêr. Disodlwyd y *canhwyllbren* gan y *canhwyllarn*, gwaith y gof, o haearn, gyda gefel fechan arno i ddal y gannwyll frwyn, ac weithiau soced neu hoelen yr ochr arall i ddal cannwyll wêr. Byddai cannwyll frwyn ddwy droedfedd o hyd yn para'n agos i awr, a rhaid ei symud bob hyn a hyn wrth iddi losgi at y canhwyllbren.

Erbyn canol y 18 ganrif roedd canhwyllau gwêr yn fwy cyffredin yng Nghymru. I'w gwneud gartref rhaid cael nifer o bolion syth (priciau wedi'u torri oddi ar goed neu lwyni) a chrochan neu ddysgl fawr i ddal gwêr wedi'i doddi. Y cam cyntaf oedd clymu darnau o edau cywarch neu stribedi o liain ar bolyn, tua dwy fodfedd oddi wrth ei gilydd, fel bod rhyw ddeng modfedd yn hongian i lawr. Yna'u trochi yn y crochan, eu codi oddi yno a gosod pennau'r polyn i orffwys ar ddwy gadair i'r gwêr gael sychu a chaledu, a gwneud hyn drosodd a throsodd gan adael haen ychwanegol o wêr ar bob llinyn bob tro nes bod y canhwyllau'n ddigon tew.

Fel rheol byddai teulu'n neilltuo diwrnod cyfan at y dasg hon. Wrth gwrs byddai ganddyn nhw sawl polyn ar waith ar yr un pryd, a gallen nhw wneud cannoedd o ganhwyllau cyn nos, digon i'r teulu am y flwyddyn, a digon efallai i'w gwerthu i eraill.

Wrth ladd anifail y byddai'r teulu'n cael gwêr – halltu'r cig a thoddi'r braster i ffwrdd ar gyfer gwneud canhwyllau. Dafad neu afr fyddai'n rhoi'r gwêr gorau am ei fod yn wyn ac yn galed wedi iddo oeri, ond gwnâi braster mochyn neu fuwch ganhwyllau eitha da, a byddai pobl dlawd yn defnyddio cymysgedd o bob math o wêr, hyd yn oed crafion oddi ar groen yr anifail a laddwyd, a'r saim a fyddai'n casglu ar ben crochan o gawl neu wrth ferwi darn o gig mochyn.

Mewn rhai gwledydd bydden nhw'n casglu gwêr a adawai pryfyn bychan ar risgl coed, neu'n crafu braster a fyddai'n ffurfio o gwmpas had rhai mathau o blanhigion. Fel rheol, beth bynnag

fyddai'r gwêr, roedd arogl digon annymunol iddo wrth i'r gannwyll losgi, nes darganfod ffordd i'w drin yn iawn.

Ffordd arall o wneud cannwyll oedd arllwys gwêr poeth i fold wedi'i wneud o biwter neu alcam – neu o bren: ymhlith y llu o offer gwneud canhwyllau sydd yn yr Amgueddfa Werin yn Sain Ffagan mae enghraifft o diwb o bren, fel darn o bambŵ, a gafodd ei ddefnyddio i'r pwrpas hwn.

Weithiau byddai dyn a gasglai grwyn anifeiliaid o'r lladd-dŷ i'w gwerthu i'r barcer yn crafu haen o fraster oddi arnyn nhw ac yn defnyddio'r gwêr hwnnw i wneud canhwyllau. Y tu allan i dref Conwy mae adfeilion hen "ffatri" a fyddai'n gwneud canhwyllau gwêr ar gyfer trigolion yr ardal a gweithwyr y mwyngloddiau plwm lleol.

Byddai'r Rhufeiniaid yn defnyddio cŵyr gwenyn i wneud canhwyllau. Roedd y rhain yn well na chanhwyllau gwêr, ac hyd heddiw mae'r canhwyllau a ddefnyddir ar yr allor mewn eglwysi Pabyddol yn cynnwys cyfran helaeth o gŵyr. Pan ddechreuwyd hela'r sperm-forfil ym moroedd y De yn y 18 ganrif, cafwyd defnydd newydd, sef spermaseti, o ben yr anifail hwnnw. Erbyn canol y ganrif nesaf roedd cŵyr paraffin ar gael, ar ôl rhyw ugain mlynedd o arbrofi ar betroliwm a oedd newydd ei ddarganfod mewn math arbennig o garreg glai yng nghanolbarth Lloegr ac ar faes glo yn yr Alban. O gŵyr paraffin y gwneir y mwyafrif mawr o'r canhwyllau a losgir ym Mhrydain heddiw.

Roedd gweithwyr mewn mwyngloddiau tun yng Nghernyw yn defnyddio canhwyllau dan ddaear tan yn ddiweddar iawn, a glowyr yr un fath mewn rhai pyllau glo lle nad oedd nwy a allai achosi ffrwydrad. Byddai'r gweithiwr yn gosod ei gannwyll yn sownd ar big ei gap neu mewn canhwyllbren arbennig wedi'i fachu ar un o'r pyst pren a ddaliai'r to i fyny.

Mae'n bosibl cadw cyfrif o'r amser wrth losgi cannwyll! Yn y 9 ganrif gorchmynnodd y Brenin Alffred i'w weision wneud canhwyllau o hyd neilltuol a gosod marciau arbennig arnyn nhw fel y cymerai awr union i gannwyll losgi o un marc i'r nesaf.

Ar hyd y canrifoedd byddai pobl yn llosgi canhwyllau mewn seremonïau crefyddol ac yn eu cario wrth orymdeithio i'r cysegr ar adegau gwyliau eglwysig. Olion yr arferion hyn yw'r defnydd a wnawn ni o ganhwyllau adeg y Nadolig, ac wrth eu gosod ar deisen ben-blwydd byddwn yn cofio'r hen arfer o osod cannwyll fechan yn llaw plentyn pan gâi ei fedyddio. (Gweler hefyd – GOLAU, GWENYN, LAMPAU.)

Hen Gastell enwog Caernarfon, atyniad i filoedd ar filoedd o ymwelwyr bob blwyddyn.

142

LLUNIAU A BRASLUNIAU

(Dymunir cydnabod parodrwydd perchnogion yr hawlfraint a nodir i ganiatáu defnyddio'u lluniau)

143

LLUNIAU A BRASLUNIAU—*Parhad*